U0918027

21世纪普通高等院校系列教材

金融经济学

JINRONG JINGJIXUE

主　编　燕汝贞
副主编　高　伟　吴　栩　李逸卓

中国·成都

图书在版编目(CIP)数据

金融经济学/燕汝贞主编.—成都:西南财经大学出版社,2020.12
(2022.8 重印)
ISBN 978-7-5504-4663-2

Ⅰ.①金… Ⅱ.①燕… Ⅲ.①金融学 Ⅳ.①F830

中国版本图书馆 CIP 数据核字(2020)第 235454 号

金融经济学
主　编　燕汝贞
副主编　高　伟　吴　栩　李逸卓

策划编辑:何春梅
责任编辑:王青杰
封面设计:杨红鹰　张姗姗
责任印制:朱曼丽

出版发行	西南财经大学出版社(四川省成都市光华村街 55 号)
网　　址	http://cbs. swufe. edu. cn
电子邮件	bookcj@ swufe. edu. cn
邮政编码	610074
电　　话	028-87353785
照　　排	四川胜翔数码印务设计有限公司
印　　刷	郫县犀浦印刷厂
成品尺寸	185mm×260mm
印　　张	9. 75
字　　数	228 千字
版　　次	2020 年 12 月第 1 版
印　　次	2022 年 8 月第 2 次印刷
书　　号	ISBN 978-7-5504-4663-2
定　　价	29. 80 元

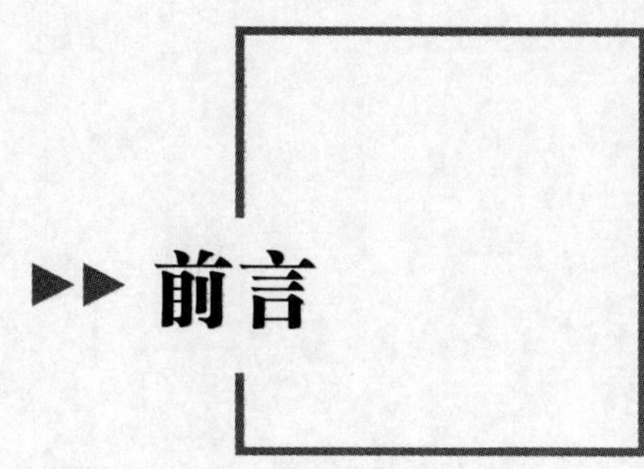

前言

本书是编者在多年来讲授金融经济学课程讲义基础上，结合金融经济学理论、国内外最新研究成果编撰的。本书可用作高等院校经济学、金融学及经济管理类相关专业高年级本科生和低年级硕士研究生教材，同时可作为相关研究人员的参考用书。本书一方面通过对基础理论的介绍和模型推演，较为详细地阐述了金融经济学相关理论基础知识，可以协助高年级本科生、低年级研究生更好地理解和掌握金融经济学相关理论；另一方面，通过对投资组合、有效市场假设等相关理论研究前沿地拓展介绍，可以帮助高年级本科生和低年级研究生更好地紧跟学术前沿，拓展学术视野。

本书共七章，其中前六章主要是介绍金融学基础性知识，在丰富和补充前期基础的同时，阐述金融经济学的基本原理等内容；第七章主要是金融经济学的相关扩展知识和研究前沿，借助编者的国家自然科学基金“分形特征约束下基于动量生命周期的反馈交易策略研究（71903017）”、教育部人文社会科学研究青年基金项目“分形市场下股票价格惯性风险监测与防范研究（17YJC790168）”、国家自然科学基金“基于流动性的适应性算法交易策略模型构建与应用研究（71501018）”、国家社会科学基金后期资助项目“金融供给侧结构性改革背景下中小企业供应链决策研究（20FGLB060）”等项目的相关研究成果，从交易成本、流动性以及分形理论的角度对算法交易、投资组合理论、以及量化投资等领域的前沿成果进行了介绍。这些研究前沿内容的引入不仅可以增强理论教学的深度、拓展教学的广度，还可以更新教师知识结构、完善知识结构，提高教学效果。同时，本书还得到了成都理工大学学科发展基金等项目的支持，特此表示感谢！

由于编写时间仓促，且编者能力所限，疏漏可能在所难免，恳请同行专家和读者提出宝贵意见，以便于未来进行修改和完善。

编者

2020 年 12 月

目录

1 / **第一章　期望效用理论**

第一节　序数效用和基数效用 …………………………………………………… (1)

第二节　Arrow-Pratt 风险厌恶度量 ………………………………………… (3)

第三节　随机占优 …………………………………………………………………… (5)

第四节　几种常用的效用函数 ………………………………………………… (8)

第五节　期望效用理论的局限性 ……………………………………………… (9)

12 / **第二章　投资组合理论**

第一节　预期收益与风险的权衡 ……………………………………………… (12)

第二节　均值-方差模型 ………………………………………………………… (15)

第三节　投资组合理论的局限性 ……………………………………………… (18)

第四节　投资组合发展前沿 …………………………………………………… (18)

25 / **第三章　资本资产定价模型**

第一节　CAPM 的基本假设 …………………………………………………… (25)

第二节　CAPM 的推导 ………………………………………………………… (26)

第三节　CAPM 的应用与缺陷 ………………………………………………… (29)

31/ **第四章　套利定价理论**

第一节　套利概述 …………………………………………………… (31)

第二节　套利定价理论概述 ………………………………………… (34)

36/ **第五章　BSM 期权定价理论**

第一节　期权与期权市场 …………………………………………… (36)

第二节　BSM 期权定价模型的基本假设 …………………………… (41)

第三节　Black-Scholes 期权定价公式 …………………………… (42)

49/ **第六章　有效市场理论**

第一节　有效市场理论 ……………………………………………… (49)

第二节　有效市场假说的检验 ……………………………………… (52)

第三节　国内外主要证券交易市场 ………………………………… (53)

第四节　有效市场研究前沿 ………………………………………… (79)

87/ **第七章　金融经济学研究前沿**

第一节　现代分形投资组合研究前沿 ……………………………… (87)

第二节　分形统计测度在投资组合中的应用 ……………………… (94)

第三节　交易成本 …………………………………………………… (102)

第四节　算法交易 …………………………………………………… (110)

140/ **参考文献**

第一章 期望效用理论

第一节 序数效用和基数效用

效用理论是微观经济学的一个重要的基础性理论，被广泛用来解释商品定价、投资组合构建等问题。它是研究消费者如何分配在各种商品、劳务或投资项目之间的投入，从而实现自身满足感最大化的理论。要考察消费者行为，可以采用以基数效用论为基础的边际效用分析方法，或者以序数效用论为基础的无差异曲线分析。目前，现代西方经济学界常用的是无差异曲线分析。

商品需求来源于消费，而消费一般都会带来消费者自身效用的增加，所以消费者常常被假定是以理性经济行为追求自身利益最大化，也就是理性人假设，这也是现代西方微观经济学的理论基础。所谓的理性消费者经济行为主要表现为：根据自身的目标和资源在消费能力允许的条件下进行最优决策。对于消费者而言，其效用函数也就决定了其在不同商品间应该如何做出选择，所有消费者对商品的选择行为也就构成了社会对商品的总需求；对于生产厂商而言，厂商也是根据自己的效用函数来决定对应商品的产量，所有厂商总产量就构成了社会对该商品的总供给。当总供给与总需求相等时，整个市场就处于均衡状态，此时这种商品的价格也就处于一种稳定状态。

效用函数虽然已经在微观经济学、金融资产定价等领域受到了广泛关注，但是对于效用函数的使用，学术界和业界还是存在一定的争议，关键就在于效用函数很难在真实情况下被实际测量。于是效用函数就逐渐被偏好所替代。在一般经济均衡的分析中，所有消费者或生产商的行为都是以效用函数最大化为目标，并在这个目标下进行决策。具体而言，消费者效用函数就是消费商品数量的函数，生产者的效用函数就是关于其生产计划的函数。在不确定性的一般经济均衡的讨论中，一种处理不确定性的有效方法就是假定商品是一个随机变量，也就是说数量的多少依赖于不确定状态。通过以上分析可以看出，无论是消费者还是生产商一般都很难直接使用效用函数进行决策，但是可以利用效用函数的数学期望等性质来辅助决策过程。

在理性人的假设下，效用最大化是投资者和消费者的最终目标。根据决策的性质，我们将个体理解为消费者或投资者，这里的个体并不一定是单一个体，也可能是一个决策的团队或主体。我们将个体面临的所有选择构成的集合称为选择集，以下将选择集记作 S，同时还要求这个选择集 S 是一个凸集，即若 $x_i \in S\ (1 \leqslant i \leqslant n)$，则组合 $x = \sum_{i=1}^{n} \alpha_i x_i \in S$，其中：$\alpha_i \geqslant 0$，$\sum_{i=1}^{n} \alpha_i = 1$。

不失一般性，我们假定 S 是一个消费计划的集合。对于任意 x，$y \in S$，如果 $x \succeq y$，则意味着 x 优于 y。如果 $x \succeq y$ 且 $y \succeq x$，则称 x，y 无差异，记为：$x \sim y$。如果 $x \succeq y$，且 $x \sim y$ 不成立，则称 x 严格优于 y，记为：$x \succ y$。

我们假定偏好满足如下的四个公理：

公理 1.1：对 $\forall x \in S$，$x \succeq x$。

公理 1.2：对 $\forall x$，$y \in S$，$x \succeq y$ 与 $y \succeq x$ 至少有一个成立。

公理 1.3：对 $\forall x$，y，$z \in S$，$x \succeq y$ 且 $y \succeq z$，那么 $x \succeq z$。

公理 1.4：对任意的 x，y，$z \in S$，且 $\alpha \in (0,\ 1]$，如果 x 和 y 存在关系 $x \succ y$，那么 $\alpha x + (1-\alpha)z \succ \alpha y + (1-\alpha)z$。

以上四个公理说明了二元关系"$\succeq$"的自反性、对称性、传递性、独立性等性质，我们也称这样的偏好关系"$\succeq$"为理性偏好关系。当然，在仅满足上述公理的选择集 S 上时，*Debreu* 指出可能会不存在效用函数。所谓的独立性公理是指，对于一个消费行为而言，在一个给定事件下的消费满意度并不取决于在另外一件事情发生时这个消费计划的状态。

定义 1.1：效用函数 U：$S \to \mathbb{R}$ 是满足下列条件的一个函数，如果 $x \succeq y$，那么 $U(x) \geqslant U(y)$。

公理 1.5（阿基米德公理）：对任意的 x，y，$z \in S$，如果 $x \succ y \succ z$，那么存在 α，$\beta \in (0,\ 1)$，使得

$\alpha x + (1-\alpha)z \succ y \succ \beta x + (1-\beta)z$。

公理 1.6（有界性公理）：存在 x^*，$y^* \in S$ 满足：对任意的 $z \in S$，$x^* \succeq z \succeq y^*$ 成立。

定理 1.1：如果选择集 S 上的偏好关系 $\succeq$ 满足公理 1.6，则 S 上存在效用函数 U：$S \to \mathbb{R}$，满足：

（1）如果存在二元关系 $x \succ y$，那么有 $U(x) > U(y)$；

（2）如果存在二元关系 $x \sim y$，那么有 $U(x) = U(y)$。

由定义可知：如果 H：$\mathbb{R} \to \mathbb{R}$ 是严格单调增加函数，则 U 也是 S 上的效用函数，那么效用函数不能比较一个选择比另一个选择优多少，它仅仅给出了 S 上的序关系。

大多数用效用函数讨论的问题都涉及效应函数的最大化，因此涉及效用函数的连续性与可导性。存在性定理不能保证效用函数更多的分析性质，下面给出与此相关的公理和结论。

公理 1.7（单调性公理）：对任意的 x，$y \in S$，如果存在二元关系 $x \geqslant y$，那么 $x \succeq y$。

注：注意到 $S \subset \mathbb{R}^n$，因此 $x \geqslant y$ 是在 $\mathbb{R}^n$ 的自然序关系下的不等式，即 $x_i \geqslant y_i$，$1 \leqslant i \leqslant n$。公理 7 的意义是，增加选择 x 中任意一个分量 x_i 都将增加效用。

推论 1.1：如果存在二元关系 $x > y$，那么 $x \succ y$。

此推论也称为严格单调性公理。如果 S 上存在效用函数，公理 7 保证了效用函数的单调或严格单调性。

公理 1.8（局部非饱和公理）：对任意的 $x \in S$ 及任意的 $\varepsilon > 0$，存在 $y \in S$，使得 $\| y - x \| < \varepsilon$，且 $y \succ x$。

从直观上来看，局部非饱和公理保证了选择集 S 上的无差异集是不能形成一定区域的，也就是说此无差异集是很小的。

公理 1.9（连续性公理）：对任意的 S 中的列 $(x_n)_{n\geq 1}$，$(y_n)_{n\geq 1}$，如果对任意的 n，$x_n \succeq y_n$ 成立，则 $\lim\limits_{n\to\infty} x_n = x$，$\lim\limits_{n\to\infty} y_n = y$，$x \succeq y$。

公理 1.9 是在 S 上自然的序关系"$\geqslant$"和偏好关系"$\succeq$"之间建立了极限联系。如果 S 满足了公理 1.9，我们称"$\succeq$"是连续的。

定理 1.2：如果选择集 S 上的偏好关系"$\succeq$"连续，则存在 S 上连续的效用函数。

当 S 和"$\succeq$"满足公理 1.9 时，S 上的效用函数已经具备了一些基本的分析性质，但是否可微仍不能保证。直观上，效用函数的是否可微意味着 S 中的无差异集能否光滑地连接在一起。

第二节　Arrow-Pratt 风险厌恶度量

在日常生活和实际投资活动中都可以看到，每个人对风险的态度都是不一样的。有的人天生喜欢冒险，喜欢冒险所带来的感官刺激；有的人不喜欢风险，但是因为受到冒险可能会带来巨大收益的诱惑，而愿意去冒险；有的人则是谨小慎微，无论未来可能的潜在收益如何，他都不愿意承担一点风险。因此，评判每个投资者或消费者对风险的态度与对风险的讨厌程度是一个非常重要且实际的问题。

风险厌恶就是投资者对投资项目风险的反感态度，是投资者在面对投资结果不确定时表现出的风险规避态度。一般来说，投资者普遍不愿承担风险。对于具有相同收益率的不同投资项目，投资者首先会选择风险小的投资项目。为了吸引投资者在风险大的投资项目中投资，必须保证投资项目有较高的预期收益，即付给投资者风险酬金。因此，投资的预期收益与风险水平总是成正比。

目前关于风险厌恶的衡量，大都是利用 Kenneth J. Arrow 和 John W. Pratt 于 1964 年和 1970 年提出的风险厌恶（risk aversion）来度量的，此度量方式实际上刻画的是单变量 Von Neumann-Morgenstern 效用函数的弯曲程度。

假定一个投资者拥有的财富为 W，随机变量 ξ 的期望值为 0，如果 $E[u(W+\xi)] < u(W)$，则称该投资者是风险厌恶的；$E[u(W+\xi)] = u(W)$，则称该投资者是风险中性的；$E[u(W+\xi)] > u(W)$，则称投资者是风险偏好的。

当然，在上述表述中有一种特殊情况，也就是 $E(\xi) = 0$，此时表明投资者面临一个公平的赌博机会。

表达式 $E[u(W+\xi)] < u(W)$ 说明投资者获得赌博机会后效用下降了，尽管

$$E(W+\xi) = W \tag{1.1}$$

但风险厌恶的投资者更喜欢确定性，因此 W 的效用大于 $W+\xi$ 的效用。对风险中性和风险偏好的投资者可类似解释。

效用函数和风险厌恶是金融领域中争论较多的专题。事实上，效用、效用函数、风险态度中都包含了人的因素，而满足程度以及对风险的看法是因人而异的。即使是同一个人，他的偏好也不可能是完全理性的，因此基于上面的一系列公理得到的效用理论只能是对理想的“理性人”成立。上面的定义中，投资者的风险态度与 W 和 ξ 有关。例如：一个风险厌恶者可能会购买彩票。假定彩票是完全返还购买者的，则购买彩票的收益 ξ 的期望为0，它是一种公平的赌博。由于投资者能以很小的概率获得巨额奖金，而即使没有中奖，损失也微不足道，因此投资者在这一投资决策上是风险偏好的。在大多数情况下，投资者的风险态度是确定的，仅在极端的情况会发生改变，因此在金融理论中我们一般假定投资者有确定的风险态度。

由经济学的基本理论与理性人假设可知，一个投资者是风险厌恶的，当且仅当其效用函数 u 是严格凹函数，即 $u'>0$，$u''<0$。对于两个风险厌恶的投资者，我们如何比较他们风险厌恶的程度呢？直观上看，效用函数应当包含了投资者风险厌恶程度的所有信息。以下我们给出几种基于效用函数的风险厌恶的度量方法。

以下假定 u、W、ξ 的含义都同上。对于风险厌恶的投资者而言，存在 W'，使得

$$u(W') = E[u(W+\xi)] \tag{1.2}$$

显然存在如下关系：$W' < W$。此时可以看出，这个值与 u、W、ξ 密切相关，所以有

$$\pi_M = W - CEW \tag{1.3}$$

变量 π_M 是投资者为规避不确定收益 ξ 愿意支付的费用。显然，在保持初始禀赋 W 和不确定性 ξ 不变的情况下，投资者的 π_M 越大将会越厌恶风险。假定投资者效用 u 连续二阶可微，那么可以将效用函数 $u(W+\xi)$ 进行泰勒展开，得到

$$u(W+\xi) = u(W) + u'(W)\xi + \frac{1}{2}u''(W)\xi^2 + o(|\xi|^2) \tag{1.4}$$

对上式两边取期望，可得

$$E[u(W+\xi)] = u(W) + \frac{1}{2}u''(W)\operatorname{var}(\xi) + o(\operatorname{var}(\xi)) \tag{1.5}$$

同时又因为：$u(W-\pi_M) = E[u(W+\xi)]$，并且还满足如下条件：$u(W-\pi_M) = u(W) - \pi_M u'(W) + o(\pi_M)$，对比以上两个等式可知：当 $\operatorname{var}(\xi)$ 很小时，π_M 必然也很小，并且有

$$-\pi_M u'(W) \approx \frac{1}{2}u''(W)\operatorname{var}(\xi) \tag{1.6}$$

将上式进行化简可得

$$\pi_M \approx -\frac{1}{2}\frac{u''(W)}{u'(W)}\operatorname{var}(\xi) \tag{1.7}$$

由于 $\operatorname{var}(\xi)$ 与投资者的风险态度无关，因此，$-\frac{u''(W)}{u'(W)}$ 本质上就是度量了风险厌恶的程度，所以我们称：$A(W) = -\frac{u''(W)}{u'(W)}$ 为 *Arrow - Pratt* 绝对风险厌恶系数。

如果将 $\pi_M \approx -\dfrac{1}{2}\dfrac{u''(W)}{u'(W)}\mathrm{var}(\xi)$ 变形为

$$\frac{\pi_M}{W} \approx -\frac{1}{2}\frac{Wu''(W)}{u'(W)}\mathrm{var}\left(\frac{\xi}{W}\right) \tag{1.8}$$

那么，从上式可以看出：一个初始禀赋为 W 的投资者，其投资组合风险溢价与 $-\dfrac{Wu''(W)}{u'(W)}$ 有关，因 $\mathrm{var}\left(\dfrac{\xi}{W}\right)$ 是赌博相对收益的方差，所以可以忽略不计。此时，我们就可以得到另一种风险厌恶系数，也就是 $Arrow-Pratt$ 相对风险厌恶系数，即

$$R(W) = -\frac{Wu''(W)}{u'(W)} \tag{1.9}$$

当然，通过上式我们可以看到，如果函数 $u(W)$ 的弯曲程度越大，投资者就会越厌恶风险。我们也可以证明 $-\dfrac{u''(W)}{u'(W)}$ 就是度量的效用函数 $u(W)$ 的凹凸程度。因此，$A(W)$ 度量了风险厌恶的程度。同时，如果效用函数 u 满足如下的微分方程：$u''(x) + A(x)u'(x) = 0$，假设已知绝对风险厌恶系数 $A(x)$，我们可以得到

$$u(x) = u(0) + u'(0)\int_0^x e^{-\int_0^t A(s)\,ds}dt \tag{1.10}$$

由于常数 $u(0)$，$u'(0)$ 不影响效用函数的本质，因此会存在以下关系：

$$u(x) = \int_0^x e^{-\int_0^t A(s)\,ds}dt \tag{1.11}$$

第三节　随机占优

关于效用函数和风险厌恶的度量，都是针对单个投资者进行的。从这个角度来说，这种对比分析效用函数下不同策略的好坏就只对拥有这个效用函数的投资者有效，而对其他投资者或投资组合无效。在传统的理论分析和投资实践活动过程中，我们常常需要进行这样的分析：当投资者持有一种风险资产和一种无风险资产构成的资产组合时，如果风险资产的风险增大时，就需要进行静态比较分析。当面临两种风险资产的时候，利用 Arrow-Pratt 风险厌恶来评判效果较差，也无法研究投资者资产组合问题，因此迫切需要有一个更强有力的度量方法来衡量投资者的风险厌恶程度。随机占优方法就是在这一背景下产生的。

一、一阶随机占优

对所有具有递增和连续效用函数的投资者而言，如果他们都偏好于风险资产 ξ，或者在 ξ 和 η 之间没有区别，那么就说风险资产 ξ 一阶随机占优于风险资产 η，记为 $\xi \underset{\mathrm{FSD}}{\geq} \eta$。如果风险资产 ξ 的期望收益率 r_ξ 高于一定水平的概率为 p_ξ，风险资产 η 的期望收益率 r_η 高于此水平的概率为 p_η，且 $p_\xi \geqslant p_\eta$，对于任何遵循理性人假设的投资者而言，他都应该更加偏好于风险资产 ξ。

不失一般性，我们假设风险资产 ξ 和 η 的收益率均满足 r_ξ，$r_\eta \in [0, 1]$，$F_\xi(x)$ 和

$F_\eta(x)$ 分别表示两种风险资产收益率的累积分布函数，且是右连续的，同时 $F_\xi(1)=F_\eta(1)=1$。

定理 1.3：假定 ξ，η 为两个只在有限区间上取值的随机变量，它们的分布函数分别为 $F_\xi(x)=P\{\xi\leqslant x\}$；$F_\eta(x)=P\{\eta\leqslant x\}$，那么风险资产 ξ 一阶占优于风险资产 η 的充分必要条件为：$F_\xi(x)\leqslant F_\eta(x)$，$\forall x\in[0,1]$，即 $\xi \underset{\text{FSD}}{\geq} \eta \Leftrightarrow \forall x\in\mathbb{R}$，$F_\xi(x)\leqslant F_\eta(x)$。

证明：根据随机占优的定义可知 $\xi \underset{\text{FSD}}{\geq} \eta$，对于 $\forall u\in\Gamma$，可得

$$E[u(\xi)]\geqslant E[u(\eta)] \tag{1.12}$$

利用期望函数的定义和基本性质可以对上式进行化简，可得

$$\int_{-\infty}^{+\infty}u(x)dF_\xi(x)\geqslant\int_{-\infty}^{+\infty}u(x)dF_\eta(x) \tag{1.13}$$

因此可得

$$\int_{-\infty}^{+\infty}u(x)d[F_\xi(x)-F_\eta(x)]\geqslant 0 \tag{1.14}$$

由于：

$$\int_{-\infty}^{+\infty}u(x)d[F_\xi(x)-F_\eta(x)]=-\int_{-\infty}^{+\infty}u'(x)[F_\xi(x)-F_\eta(x)]\,dx \tag{1.15}$$

因此，由 u' 的任意性可知上式等价于：$\forall x\in\mathbb{R}$，$F_\xi(x)\leqslant F_\eta(x)$。

否则，若存在 $x\in\mathbb{R}$，$F_\xi(x)>F_\eta(x)$，由于分布函数是右连续的，因此会存在一个区间 Δ，使得在 Δ 上 $x\in\mathbb{R}$，$F_\xi(x)>F_\eta(x)$ 也成立，取任意的满足在 Δ 上 $u'>0$ 的效用函数 $u\in\Gamma$，则：

$$\int_{-\infty}^{+\infty}u(x)dF_\xi(x)<\int_{-\infty}^{+\infty}u(x)dF_\eta(x) \tag{1.16}$$

显然矛盾，因此结论成立。

注意：(1)"ξ，η 为两个只在有限区间上取值的随机变量"是为了保证 ξ，η 及它们的函数的期望、方差都存在。

(2) 取 $u(x)=x$，则 $u\in\Gamma$，因此 $\xi \underset{\text{FSD}}{\geq} \eta \Rightarrow E(\xi)\geqslant E(\eta)$。

(3) 注意：对于 $\forall x\in\mathbb{R}$，使得 $F_\xi(x)\leqslant F_\eta(x)$ 成立的充分必要条件是：$\forall x\in\mathbb{R}$，$P\{\xi>x\}\geqslant P\{\eta>x\}$。

(4) 如果将 ξ 和 η 理解为甲、乙金融资产的收益率，则一阶随机占优只是说，投资者将所有资金投资于甲资产的选择优于将所有资金投资于乙资产的选择。实际中，投资者一般会将资金在甲、乙之间做一个分配，即组合投资，因此上面的两种极端的投资方式都不是最优的。

性质 1.1：如果风险资产 ξ 的收益率按分布相等于风险资产 η 的收益率再加上一个正的随机变量（$\tilde{\alpha}>0$），那么对于满足经济人假设的投资者（拥有递增效用函数）而言，相对于风险资产 η，他将偏好于风险资产 ξ。这是因为对于所有递增的效用函数 $u(x)$ 来说，存在如下关系：

$$E[u(1+r_\xi)]=E[u(1+r_\eta+\tilde{\alpha})]\geqslant E[u(1+r_\eta)] \tag{1.17}$$

性质 1.2：风险资产 η 一阶随机占优于风险资产 ξ，那么以下三个命题是等价的：

(1) $\xi \underset{\text{FSD}}{\geq} \eta$；

(2) $F_\xi(x) \leqslant F_\eta(x)$，$\forall x \in [0, 1]$；

(3) $\tilde{r}_\xi \overset{d}{=} \tilde{r}_\eta + \tilde{\alpha}$，$\tilde{\alpha} \geqslant 0$。

以上性质表明，如果风险资产 η 一阶随机占优于风险资产 ξ，那么存在一个正的随机变量 $\tilde{\alpha}$，使得风险资产 η 的收益率按照分布相等于风险资产 ξ 的收益率再加上一个正的随机变量，即 $\tilde{r}_\xi \overset{d}{=} \tilde{r}_\eta + \tilde{\alpha}$。

二、二阶随机占优

如果投资者面临两种有风险资产，并且知道这两种资产都是风险厌恶的，那么投资者应该选择哪一种风险资产？此时将引入二阶随机占优，风险资产 η 二阶占优于风险资产 ξ，记为 $\xi \underset{\text{SSD}}{\geq} \eta$。也就是说，对于连续效用函数的风险厌恶的投资者而言，他对风险资产 η 和风险资产 ξ 的选择是选择 η 而放弃 ξ。

性质 1.3：风险资产 η 二阶随机占优于风险资产 ξ，那么以下三个命题是等价的：

(1) $\xi \underset{\text{SSD}}{\geq} \eta$；

(2) $E(\tilde{r}_\xi) = E(\tilde{r}_\eta)$，且 $S(y) = \int_0^y [F_x(x) - F_h(x)]\, dx \leqslant 0$，$\forall y \in [0, 1]$；

(3) $\tilde{r}_\xi \overset{d}{=} \tilde{r}_\eta + \tilde{\varepsilon}$，其中，$E[\tilde{\varepsilon} \mid \tilde{r}_\xi] = 0$。

三、二阶单调随机占优

对于存在风险资产 η 和风险资产 ξ，如果所有风险厌恶且永不满足的投资者都更加倾向于 η，那么风险资产 η 二阶单调占优于风险资产 ξ，记为 $\xi \underset{\text{SSD}}{\overset{M}{\geq}} \eta$。结合一阶随机占优和二阶随机占优的分析，可知以下性质成立。

性质 1.4：风险资产 η 二阶单调随机占优于风险资产 ξ，那么以下三个命题是等价的：

(1) $\xi \underset{\text{SSD}}{\overset{M}{\geq}} \eta$；

(2) $E(\tilde{r}_\xi) \geqslant E(\tilde{r}_\eta)$，且 $S(y) = \int_0^y [F_x(x) - F_h(x)]\, dx \leqslant 0$，$\forall y \in [0, 1]$；

(3) $\tilde{r}_\xi \overset{d}{=} \tilde{r}_\eta + \tilde{\varepsilon}$，其中，$E[\tilde{\varepsilon} \mid \tilde{r}_\xi] \leqslant 0$。

综合以上分析我们可以看出，所谓风险资产 η 一阶随机占优于风险资产 ξ，通俗来讲就是，对于所有偏好多而厌恶少的投资者而言，η 优于 ξ；风险资产 η 二阶随机占优于风险资产 ξ 就是在所有风险厌恶的投资者看来，η 优于 ξ；风险资产 η 二阶单调随机占优于风险资产 ξ 就是在所有偏好多而厌恶少、且风险厌恶的个体看来，η 优于 ξ。

第四节　几种常用的效用函数

在微观经济学中，对效用的概念和特点已经进行了深入和清晰的解析。对于消费者而言，消费商品的动机源于其本身的欲望。这种欲望表现出来是“消费者需要但是却没有”，也就是消费者想要但还没有得到某种东西的一种心理感觉。物品之所以能成为用于交换的商品，原因在于商品恰好具有满足消费者某些方面需求的能力。

消费者的欲望，一般都是源于内在生理和心理。从马斯洛需求层次理论可以知道，人的欲望具有多样性和多层次的特征。一旦人的低层次欲望得到满足，其便会产生更高层次的欲望。因此，一方面，人的欲望表现为无限性。这其实就是西方微观经济学的重要基础性假设：理性人假设。理性人假设也就是说每个人都在追求个人效用最大化。这就决定了人们在可支配的资源既定的条件下，会尽可能多地获取商品，以便使效用达到最大化。另一方面，对特定的商品而言，人的欲望又是有限的。随着一个人拥有或消费某一特定商品的数量越来越多，人们想要而未得到某种东西的不足之感和求足之愿就会越来越弱。所以，人们也会将有限的资源用于不同的商品之中。

人们的欲望是消费者对商品需求的动因，商品具有满足消费者欲望的能力，消费者则依据商品对欲望满足的程度来选择不同的商品及相应的数量。消费者拥有或消费商品或服务对欲望的满足程度被称为商品或服务的效用。一种商品或服务效用的大小，取决于消费者的主观心理评价，由消费者欲望的强度所决定。而欲望的强度又是人们的内在或生理需要的反映，所以同一种商品对不同的消费者或一个消费者的不同状态而言，其效用满足程度也会有所不同。因此，欲望驱动下的消费者行为可以描述为在可支配的资源既定的条件下，消费者选择所消费的商品数量组合，力图获得最大的效用满足。效用是指消费者从消费某种物品中所得到的满足程度。

一、线性效用函数

这种效用函数是一个关于个人禀赋的线性函数，如下所示：

$$u(W) = a + bW \tag{1.18}$$

其中 $b > 0$，又因为 $A(W) = 0$，因此拥有这种线性效用函数的投资者是一个典型的风险中性投资者。

二、二次效用函数

二次效用函数是指投资者效用是一个关于禀赋的二次函数，即

$$u(W) = W - bW^2 \tag{1.19}$$

其中 $b > 0$。此时，$u(W)$ 的图像为开口向下的抛物线，$u(W)$ 在 $\frac{1}{2b}$ 处达到最大值。因为 $A(W) = \frac{2b}{1 - 2bW}$，所以仅在 $W < \frac{1}{2b}$ 时，拥有二次效用函数的投资者是一个风险厌恶投资者。

三、幂效用函数

$$u(W) = \frac{1}{\alpha}W^{\alpha} \tag{1.20}$$

其中，$\alpha < 1$，$\alpha \neq 0$。此时 $R(W) = 1 - \alpha$ 为常数。

四、指数效用函数

指数效用函数表明投资者效用是一个关于个人禀赋的指数函数，具体如下：

$$u(W) = 1 - e^{-aW} \tag{1.21}$$

该效用函数的一个重要特征是 $A(W) = a$ 为常数。

五、对数效用函数

对于对数效用函数而言，投资者效用是一个关于禀赋的对数函数，具体如下：

$$u(W) = \ln W \tag{1.22}$$

该效用函数的一个重要特征是 $R(W) = 1$。

六、双曲绝对风险厌恶类效用函数

对于双曲绝对风险厌恶类效用函数（hyperbolic absolute risk aversion，HARA）而言，投资者效用是一个关于禀赋的双曲函数，如下所示：

$$u(W) = \frac{1-\gamma}{\gamma}\left(\frac{aW}{1-\gamma} + b\right)^{\gamma} \tag{1.23}$$

其中，$\gamma > 0$，$b > 0$。

HARA 是金融理论中最重要的一类效用函数，它也被称为线性风险容忍类函数，即它的风险容忍系数：

$$T(W) = \frac{W}{1-\gamma} + \frac{b}{a} \tag{1.24}$$

此函数是 W 的线性函数。通过取不同的参数 γ、a、b 可以证明：二次效用函数、幂效用函数是 *HARA* 效用函数的特例。

第五节 期望效用理论的局限性

在金融学的许多经典理论中，很多都是基于期望效用理论而构建的。然而，期望效用理论中的一些公理和性质与诸多的生活事实相抵触，如独立性公理等。这在一定程度上也促进了金融学的新发展，如前景理论、遗憾理论、加权的期望效用理论、非线性的期望效用理论等。

一、期望效用准则的缺陷

期望效用虽然给我们分析和研究金融学相关理论提供了便利，但是很多学者也提出了异议，比如投资者在进行投资决策时可能会选择期望效用并非最大化的方案。究其原因就是人们有一种非理性的天生偏好，这种非理性偏好最终导致投资者的决策偏离效用最大化目标。

假如某一投资者面临以下三个投资决策：选择彩票 A，获得 10 000 元的机会是 0.1%；选择彩票 B，获得 1 000 元的机会是 1%；选择彩票 C 是 AB 的组合，获得 10 000 元的机会是 0.05%，获得 1 000 元的机会是 0.5%。此时，投资者应该如何选择？

通过实验研究发现，投资者在这些方案之间进行选择时经常更加偏好于 C 方案。但是 C 方案的期望效用显然是不可能比 A 或 B 更大的。当然，如果继续对那些更加偏好 C 方案的投资者提问，可以发现他们在 A 和 B 之间的选择仍然具有较大分歧。显然，这一结果是与期望效用最大化相矛盾的。

二、阿莱悖论（Allais Paradox）

事实上，除了期望效用准则经常失效外，独立性公理在实际生活和心理学试验中也是经常失效的，一个最著名的例子就是阿莱悖论。阿莱悖论由法国经济学家莫里斯·阿莱在 1952 年提出，用以证明预期效用理论和独立性公理存在的逻辑不一致问题。

1952 年，法国经济学家、诺贝尔经济学奖获得者莫里斯·阿莱斯设计了一个赌局，并对 100 人进行了测试。

方案 A：100%的机会得到 100 万元。

方案 B：10%的机会得到 500 万元，89%的机会得到 100 万元，1%的机会什么也得不到。

在面对以上实验时，人们会选择哪一个呢？根据实验结果发现，绝大多数人选择 A 而不是 B。他们喜欢确定的 100 万元，而不喜欢在大概率下得到 100 万元的同时可能在小概率下得到 500 万元或得到 0 元。以上结果说明，虽然方案 A 的期望值（100 万元）小于方案 B 的期望值（139 万元），但是 A 所给人们带来的效用值要大于 B 的效用值。

在此基础上，阿莱设置了新赌局以便对这些人继续进行测试。

方案 C：11%的机会得到 100 万元，89%的机会什么也得不到。

方案 D：10%的机会得到 500 万元，90%的机会什么也得不到。

实验结果：绝大多数人选择 D 而非 C，即方案 C 的期望值（11 万元）小于方案 D 的期望值（50 万元），而且 C 的效用值也小于 D 的效用值。

从以上实验可以看出，当方案 A 和 B 同时作为备选方案时，理性经济人明显会选择方案 A。当方案 C 和 D 作为备选方案时，理性经济人又会选择方案 D。显然，这是违背了独立性公理的，即引入一个不确定的投资或消费计划，不改变原来偏好。

如果假设投资者的效用函数为 U，那么显然有以下关系：

$$E(U_A) = 0.89 \times 100 + 0.1 \times 100$$

$$E(U_C) = 0.89 \times 0 + 0.11 \times 100$$

$$E(U_B) = 0.89 \times 100 + 0.01 \times 0 + 0.1 \times 500$$

$$E(U_D) = 0.89 \times 0 + 0.01 \times 0 + 0.1 \times 500$$

通过以上公式可以看出，方案 C 的效用就等于方案 A 的效用减去 0.89 × 100；同理，方案 D 的效用也等于方案 B 的效用减去 0.89 × 100。显然，如果投资者在方案 A 和 B 之间选择了方案 A，那么根据独立性公理，投资者在方案 C 和 D 之间也应该选择方案 C。但是，事实上投资者大都是选择了方案 D。显然，这是矛盾的。

阿莱悖论告诉我们，许多建立在独立性公理假设上的期望效用，尤其是建立在追求期望效用最大化基础上的理论和模型，大都忽略了人的心理因素对概率分布的影响。在此基础上，许多经济学家甚至是心理学家都在尝试用不同方法和模型对不确定性下的决策行为进行研究，试图找到和发现这种决策行为的心理因素。较为著名的有 1979 年卡尼曼（Daniel Kahneman）和特韦斯基（Amos Tversky）提出的前景理论（Prospect Theory）。从前景理论可以知道，人们在面临获得时，往往更加小心翼翼，不愿冒风险；而在面对损失时，人人都变成了冒险家。人们对损失和获得的敏感程度是不同的，损失的痛苦要远远大于获得的快乐。

思考题

1. 什么是随机占优？
2. 风险厌恶与无差异曲线斜率有什么关系？
3. 如何理解序数效用和基数效用？

第二章 投资组合理论

第一节 预期收益与风险的权衡

金融资产定价问题是金融理论的三大核心问题之一。无论是理论界的学者还是业界的专家都在关注这个问题。对于证券市场上的普通投资者而言，他们更加关注的是，我是否应该购买这只股票？这只股票是否比其他股票具有更大的预期收益或潜在风险？在一个具有高收益、高风险的证券市场上应该如何投资才能获得更高收益、更低风险？资产组合的理论与实践已经证明，分散化投资可以有效地降低系统风险。证券投资组合是证券投资的重要方法，可以帮助投资者降低投资风险，提高投资收益。简单地把资金全部投向一种证券，便要承受巨大的风险，一旦失误，就会全盘皆无。因此，证券市场上经常可听到这样的观点：不要把所有鸡蛋放在同一个篮子里。这种观点的核心和本质其实就是风险分散化，但是风险应该如何分散？是分散全部风险还是部分风险？分散的又是哪类风险？这就是本部分将要阐述的内容。

一、投资组合的收益

一般情况下，风险与收益呈正相关关系，即收益越大，风险越大；相反，收益越小，风险越小。理性投资者在风险一定的条件下选择收益大的证券投资组合；在收益一定的条件下，选择风险小的证券组合投资，以此获得最大收益。

假设某一投资者准备投资贵州茅台（600519）、中国石油（601857），这两只股票的价格走势如图 2. 1 所示。从图 2. 1 中可以看出，不同股票的风险和收益具有较大的不确定性。如果投资者选择了中国石油，那么明显可以看到投资者将会承受较大的损失；相反，如果选择贵州茅台，那么其就会获得较高的投资收益。那么，投资者究竟应该如何判断股票的价格风险，又应该如何降低这种不确定性呢？

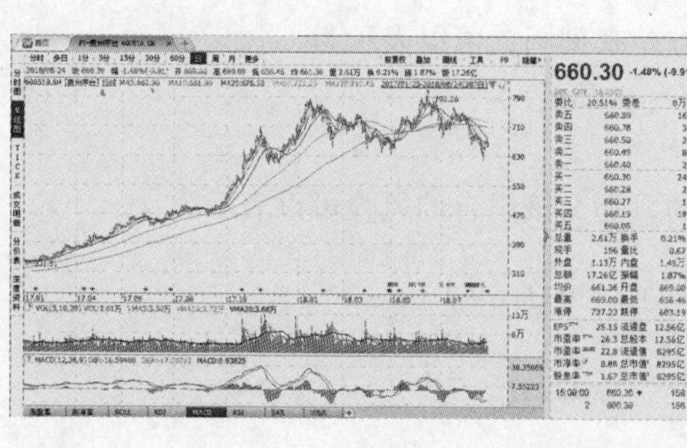
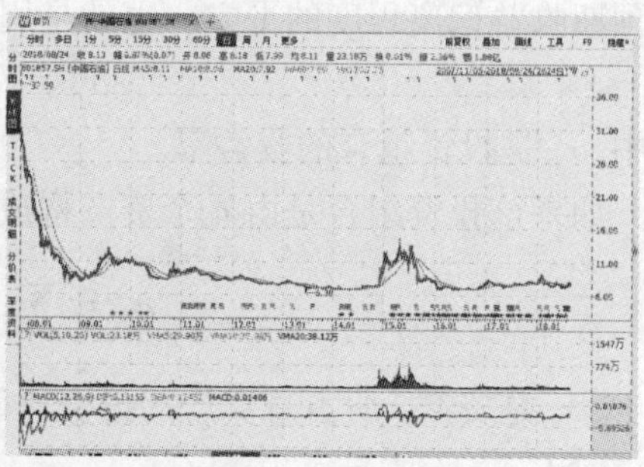

图 2.1　贵州茅台、中国石油股价走势

显然，如果投资者同时持有这两只股票，那么就可以在一定程度上降低未来股票价格波动的风险。也就是说，投资者在制定投资决策时，不仅要考虑单个资产的收益与风险，还要考虑投资组合整体的收益与风险，以及各种资产或证券在投资组合中所占的比例。证券组合由一种以上的有价证券组成，如包含各种股票、债券等，是个人或机构投资者所持有的各种有价证券的总称。投资组合的预期收益是投资组合中所有资产预期收益的加权平均，其中，权重是各个投资项目或证券占总投资金额的比重，具体可以表示为

$$E(r_p) = \sum_{i=1}^{n} x_i E(r_i) \tag{2.1}$$

其中，x_i 表示第 i 个项目或证券所投资金额占总投资额的比例，且满足 $\sum_{i=1}^{n} x_i = 1$，$i = 1, 2, \cdots, n$。

例题 2.1 投资组合的预期收益率

假设投资者计划在未来投资某种证券，其投资收益可能会受到未来证券市场行情的影响。如果未来市场行情非常好，那么其收益率预计为 30%；如果未来市场行情非常不好，那么其收益率预计为-30%；如果未来行情一般，没有较大的波动，那么其收益率为 10%（具体数值见表 2.1）。根据以上数据计算该投资者未来一年的预期收益率。

表 2.1　未来收益率行情

市场行情	概率	收益率
市场行情较好	0.2	30%
市场行情较差	0.2	-30%
市场行情一般	0.6	10%

根据表 2.1 的相关数据和公式（2.1）可知，此投资者的预期收益率为：

$$E(r) = \sum_{i=1}^{n} x_i E(r_i) = 0.2 \times 0.3 + 0.2 \times (-0.3) + 0.6 \times 0.1 = 0.06。$$

二、投资组合的风险

投资组合的方差不是组合中各资产方差的简单加权平均，而且投资组合的收益与

其预期收益偏离程度的平方，也就是用方差来刻画，可以表示为

$$\sigma_p^2 = E\left(r_p - E(r_p)\right)^2 \tag{2.2}$$

其中，r_p 是投资组合的收益率。

如果该投资组合是由 n 个资产构成的，那么该组合的风险可以表示为

$$\sigma_p^2 = \sum_{i=1}^{n}\sum_{j=1}^{n} x_i x_j \mathrm{cov}(r_i,\ r_j) \tag{2.3}$$

其中，x_i 是资产 i 所占总资产的投资比例，且 $\sum_{i=1}^{n} x_i = 1$。

式（2.3）也经常表示为

$$\sigma_p^2 = \sum_{i=1}^{n} x_i^2\sigma_i^2 + \sum_{i=1}^{n}\sum_{j\neq i}^{n} x_i x_j \mathrm{cov}(r_i,\ r_j) \tag{2.4}$$

其中，第一项为 N 个方差的和，第二项为 $N(N-1)$ 个不同资产之间协方差的和。从以上公式可以看出，N 个资产的风险是由以下这个协方差矩阵给出的：

$$V = \begin{bmatrix} \mathrm{var}(r_1) & \mathrm{cov}(r_1,\ r_2) & \cdots & \mathrm{cov}(r_1,\ r_N) \\ \mathrm{cov}(r_2,\ r_1) & \mathrm{var}(r_2) & \cdots & \mathrm{cov}(r_2,\ r_N) \\ \vdots & \vdots & \vdots & \vdots \\ \mathrm{cov}(r_N,\ r_1) & \mathrm{cov}(r_N,\ r_2) & \cdots & \mathrm{var}(r_N) \end{bmatrix} \tag{2.5}$$

如果采用矩阵符号，那么投资或资产组合的风险可以表示为

$$\sigma_p^2 = X'VX \tag{2.6}$$

投资者在投资过程中可能面临的风险一般分为两种：系统性风险和非系统性风险。系统性风险有时也称为市场风险，是指由于全局性事件引起的收益的不确定性，它对整个市场上的所有企业都会产生影响。非系统性风险只对某些行业或个别企业产生影响，是非全局性事件引起的收益的不确定性。针对这两种风险，投资者应该如何应对呢？基本的做法就是通过投资组合来分散非系统性风险，通过提高风险报酬来弥补系统性风险带来的损失，从而达到期望的报酬率。

一般而言，很多投资者都是将个人资金分为两个部分，一部分资金投资国债、银行存款等无风险资产，这部分资产的典型特征就是几乎没有任何风险，但是其无风险特性也就意味着资产的预期收益率非常低；另一部分资金投放于风险资产组合，这部分资产会有一定的风险，但是预期可以获取更高收益。事实上，很少有投资者会将全部闲置资金都投放于无风险资产或风险资产，更多的投资者还是会考虑将部分资金投放于风险资产，部分资金投放于无风险资产，这样既分散了非系统性风险，又可以获取更高的投资回报。通过经典的投资组合理论可知，最优的投资可行集就是资本市场线，也就是投资组合直线和风险投资组合有效边界相切时的直线，这就在理论上解决了投资决策的问题：投资者如果想获得最高的报酬率就应该沿着资本市场线投资。根据投资的个人偏好，投资者可以选择恰当比例的资金投放于风险资产。风险厌恶的投资者将会把更多的资金投放于无风险资产，风险偏好者则会将更多的资金投放于风险资产，甚至是将全部资金投放于风险资产，甚至还可以借入无风险利率资金投放于风险资产。但事实上，投资者很难确定单位风险下哪一种投资组合的单位风险溢价最大，也就是说，投资者很难根据自己的投资经验和直观判断找到最优的投资组合。从理论上来看，资本市场线为投资者寻找最优投资组合指明了决策的方向。伴随着我国证券

市场金融监管的推进、信息披露制度的完善和弱势有效市场向强势有效市场（竞争性市场）的转变，“信息失灵”和“市场失灵”得到了更好的抑制，资本市场线对于投资者投资组合的决策价值将会得以更加充分地体现出来。

系统性风险是因市场变动而产生的，对市场上的所有证券都有影响，而且不可能通过投资组合来消除。现在假设投资者已经通过最优的投资组合将非系统风险分散掉，面对不确定的市场风险，投资者可以通过得到系统风险溢价来达到预期的报酬率。资本资产定价模型在不需要明确单个证券期望报酬率的情况下能够确定风险资产的有效投资组合，那么毫无疑问，持有多项风险资产投资的决策者可以通过该模型提供的结论进行投资收益的计算。但是，理论与现实是有差异的，为了研究的方便，该理论存在很多的假设，比如：投资者可以按照竞争性市场价格买入或卖出所有证券，并且可以不考虑税收因素；投资者可以没有任何障碍地按无风险利率借入或贷出资金；在确定风险的情况下，投资者会按资本市场线选择报酬最高的投资组合；对于证券的风险、相关系数和期望报酬率，投资者都具有相同的预期。然而，在现实中这些都必须考虑。面对同样的信息，由于投资者对信息的解读和判断存在差异性，要达到相同预期是不可能的。这样，资本资产定价模型在实际运用中就受到了限制，但其里程碑式的意义却是不容否认的，它科学地将风险和预期市场收益的内在关系描述出来，建立起风险投资组合和市场组合之间风险和报酬的最佳权衡。

第二节　均值-方差模型

Markowitz 于 1952 年提出的资产组合理论（MPT）被视为现代金融学的奠基石。他在假设投资者都是风险厌恶的，且都根据证券收益率的期望和方差进行投资决策等情形下，提出了著名的均值-方差模型。该模型的基本思路就是在构造最优投资组合的过程中，在所有可以实施的选择中，选择那些期望收益率固定时风险最小或风险固定时收益率最大的组合。

投资组合理论由美国经济学家 Harry Markowitz 于 1952 年在《证券组合选择》一文中首先提出。他将证券收益率看作一个随机变量，利用这个随机变量的均值表示投资组合收益，利用这个随机变量的标准差表示投资组合的风险。因此，可以将投资组合证券选择问题归结为求解一个适当的投资比例，以便使得投资组合收益达到给定均值而方差最小的数学规划问题，这一问题就被称之为均值-方差模型。该模型的应用可以使投资者对风险进行量化，开创了现代金融理论和投资分析理论的先河，金融学从此不再是纯粹描述性和单凭经验操作的定性研究，开始利用定量方法研究金融问题。

Markowitz 开创了在不确定条件下理性投资者进行资产组合投资的理论和方法，首次利用定量方法分析了投资者进行分散投资的优点，并提出了投资者享受高收益就必会承担高风险的观点。该模型是在许多假设条件下得到的，主要有：

（1）投资者的效用函数是递增的，也就是说，对于收益的态度都是多多益善，在一定的风险水平下追求最大的收益，或是在一定的收益下追求风险最小。

（2）投资者的效用函数是边际递减的，也就是说投资者都是风险厌恶的。

（3）风险资产的收益率服从正态分布。

（4）没有交易成本。

如果已知证券的预期收益和风险，那么投资者应该如何构造投资组合？也就是说，给定组合 P 的期望收益，投资者所需要承担的风险最小值是多少？或者说，给定风险情况下，投资者的最大期望收益是多少？

在具有相同收益率的资产组合中，将最小方差的资产组合称之为前沿边界的资产组合。对于资产组合 p 而言，如果其为前沿边界的资产组合，那么当且仅当 n 维的资产组合权重向量 $\boldsymbol{w}_p$ 是以下数学规划问题的解（Markowitz，1952）。

$$\min_{\{w\}} \frac{1}{2} w^T V w \tag{2.7}$$

$$\text{s.t. } w^T e - w^T \beta = \mathrm{E}[\tilde{r}_p] \tag{2.7a}$$

$$w^T \mathrm{I} = 1 \tag{2.7b}$$

其中，V 表示 n 资产的协方差矩阵；e 是一个 n 维的向量，用以表示这 n 项资产的期望收益率；$\mathrm{E}[\tilde{r}_p]$ 是资产组合的期望收益率；I 表示 n 维的单位向量。

模型（2.7）的目标函数表示是在给定的期望收益率 $\mathrm{E}[\tilde{r}_p]$ 下，最小化资产组合的方差 $w^T V w$；第一个约束条件表示资产组合的期望收益率为 $\mathrm{E}[\tilde{r}_p]$；第二个约束条件表示资产组合权重的总和为 1。

数学规划模型（2.7）可以利用拉格朗日方法进行求解，资产组合权重向量 $\boldsymbol{w}_p$ 是以下问题的解：

$$\min_{\{w,\lambda,\gamma\}} L = \frac{1}{2} w^T V w + \lambda(\mathrm{E}[\tilde{r}_p] - w^T e) + \gamma(1 - w^T \mathrm{I}) \tag{2.8}$$

其中，λ 和 γ 是两个正的常数。以上模型的一阶条件为：

$$\frac{\partial L}{\partial x_0} = V \boldsymbol{w}_p - \lambda e - \gamma \mathrm{I} = 0 \tag{2.9}$$

$$\frac{\partial L}{\partial \lambda} = \mathrm{E}(\tilde{r}_p) - w^T e = 0 \tag{2.10}$$

$$\frac{\partial L}{\partial \gamma} = 1 - w^T \mathrm{I} = 0 \tag{2.11}$$

将以上各式与（2.7a）、（2.7b）联立求解可得：

$$\lambda = \frac{C\mathrm{E}[\tilde{r}_p] - A}{D} \tag{2.12}$$

$$\gamma = \frac{B - A\mathrm{E}[\tilde{r}_p]}{D} \tag{2.13}$$

在上式中各变量的具体含义如下：

$$A = \mathrm{I}^T V^{-1} e \tag{2.14}$$

$$B = e^T V^{-1} e \tag{2.15}$$

$$C = \mathrm{I}^T V^{-1} \mathrm{I} \tag{2.16}$$

$$D = BC - A^2 \tag{2.17}$$

对以上各式化简整理可得：

$$w_p = g + h\mathrm{E}[\tilde{r}_p] \tag{2.18}$$

其中，

$$g = \frac{BV^{-1}\mathrm{I} - AV^{-1}e}{D} \tag{2.19}$$

$$h = \frac{CV^{-1}e - AV^{-1}\mathrm{I}}{D} \tag{2.20}$$

假设证券 i 未来的收益率为 r_i，证券 i 的投资比例为 w_i，那么由 n 种证券所构成的投资组合 P 的预算约束为：

$$\sum_{i=1}^{n} w_i = 1 \tag{2.21}$$

此时，可以得到投资组合 P 的预期收益和风险分别为：

$$\mathrm{E}(r_p) = \sum_{i=1}^{n} w_i \mathrm{E}(r_i) \tag{2.22}$$

$$\sigma_p^2 = \sum_{i=1}^{n}\sum_{j=1}^{n} w_i w_j \sigma_{ij} \tag{2.23}$$

为了表述简单，我们更加习惯于用向量和矩阵的形式来表达组合的收益和风险。在投资组合 P 中，各个证券的预期收益用向量可以表示为：

$$\boldsymbol{r} = \mathrm{E}(\boldsymbol{r}) = \begin{bmatrix} r_1 \\ r_2 \\ \vdots \\ r_n \end{bmatrix} \tag{2.24}$$

此时，投资组合 P 的预算约束、预期收益以及风险可以用向量和矩阵形式分别表示为：

$$r_p = \boldsymbol{w}'\boldsymbol{r} \tag{2.25}$$

$$\sigma_p^2 = \boldsymbol{w}'V\boldsymbol{w} \tag{2.26}$$

其中，V 是 n 项证券的收益率协方差矩阵，即：

$$V = \begin{bmatrix} \sigma_{11} & \sigma_{12} & \cdots & \sigma_{1n} \\ \sigma_{21} & \sigma_{22} & \cdots & \sigma_{2n} \\ \vdots & \vdots & \ddots & \vdots \\ \sigma_{n1} & \sigma_{n2} & \cdots & \sigma_{nn} \end{bmatrix} \tag{2.27}$$

从以上分析可知，投资组合的预期收益和风险给出了均值-方差组合选择过程中所需要的证券全部信息。如果市场上的投资者选择的优化投资组合都是两项基金的组合，其中一项是无风险资产，另一项是全部由风险资产组成的风险资产组合。由此，可以得到投资领域中的一个重要定理或者特性——两基金分离定理。

定理 2.1 所有的最小方差组合都可以通过任意选定的两个最小方差组合的再组合得到。

证明：任意选取两个不同的最小方差组合 p，q，其相应权重和预期收益分别是 ω_p，ω_q，r_p，r_q。不失一般性，假设 $r_p \neq r_q$，所以由上文分析可知：$\omega_p = g + r_p h$，$\omega_q = g + r_q h$。由于任意的最小方差组合 s 都可以表示为：$\omega_s = g + r_s h$；又因 $r_p \neq r_q$，所以选取适

当的权重总可以使得 s 是 p，q 的组合。证毕。

如果投资者总是选择持有同样的有风险资产组合，并且按照初始财富水平来调整风险资产和无风险资产的比例，那么投资者的最优资产组合总是无风险资产和一个风险资产的线性组合。我们知道阿罗-普拉特定理仅仅局限于经济体中只有一个无风险资产与一个风险资产的情形。但是在现实市场上，风险资产往往有很多种，那么此时投资者的最优资产组合又应该如何选择呢?

此时两基金分离定理就显得尤为重要，当投资者面临一个无风险资产和多个风险资产时，其资产组合选择问题就可以简化为：仅有一个无风险资产和一个风险资产，也就是将多个风险资产组合为一个风险资产来分析。

第三节　投资组合理论的局限性

Markowitz 投资组合选择理论中的投资者一般都是“风险厌恶”的，也就意味着这类投资者是证券市场中的“理性人”。因此，Markowitz 投资组合选择理论并没有从根本上脱离一般均衡分析的理论框架，但是其特别之处在于其对风险进行了量化，也就是用收益率的方差或标准差描述风险。Markowitz 投资组合选择理论对投资者的假定本质上是将各种风险态度、对市场持各种乐观或悲观预期的投资者都进行了一定程度上的“平均”，也就是说，该理论认为他们都是“风险厌恶”的，对市场的预期也都是“一致”的。这些假定从表面上看是荒谬的，但当讨论的问题是证券的定价问题时，这种“平均”的合理性是显而易见的，因为价格是买卖双方“合力”作用的结果，“平均”与否不影响证券的价格。

Markowitz 投资组合选择理论的重要意义是提供了一个讨论资产定价问题的框架，而且它的这种启发意义或者说开创性意义大大超过了理论本身。这也就表明，在深入研究证券市场风险度量相关方法时，可以在 Markowitz 投资组合选择理论的基础上，从不同角度得到多种资产定价方法。事实上，资产定价理论与金融风险管理，尤其是风险度量的界限本身就是模糊不清的，二者既相互影响又相互促进。许多资产定价的新理论正是基于对风险描述方法的改变而建立的。

第四节　投资组合发展前沿

随着经济的快速发展以及全球经济一体化进程的加快，我国的资本市场也在不断发展和完善。受宏观经济政策以及投资者思想观念等因素影响，我国的资本市场变化幅度较大，投机套利等活动较为频繁。投资者急需相关投资理论的指导，以便进行理性的投资活动。同时，随着计算机、通信技术的快速发展及其在金融市场上的广泛应用，金融市场的风险及其影响与日俱增，深入研究现代投资组合理论具有重要的现实意义。

投资组合选择是指投资者在面对不确定性环境时如何对各种金融资产进行有效、

合理的配置，以便满足其对风险和收益的权衡。作为现代投资组合理论的基础，1952年 Markowitz 假设投资者是风险厌恶的，利用收益的均值与方差分别表示预期的收益和风险，讨论了不确定条件下最优资产组合的选择问题，建立了均值-方差投资组合选择模型。资产组合的均值-方差模型是现代投资组合理论的奠基石，也是整个现代金融理论的奠基石。

均值-方差模型假设市场是无摩擦的，也没有考虑交易成本对投资组合选择的影响。事实上，在执行投资组合的过程中，由于不同交易策略的交易成本存在很大差异，而忽略交易成本往往可能导致无效的资产组合。因此，投资者在构建投资组合时需要考虑交易策略对构建投资组合的影响。同时，在现实的证券市场上，投资者很少只是进行一个阶段的投资活动，根据市场环境的不断变化及时有效地调整投资组合是非常重要的。Mossin（1968）将 Markowitz 单阶段模型推广到多阶段的情况。随后，Merton（1969）、Chen 等（1971）、Hakansson（1971）、Elton 和 Gruber（1974）、Dumas 和 Luciano（1991）、Zhu（2004）等对多阶段投资组合选择问题进行了深入探讨，提出了多阶段的投资组合选择模型与算法。Dantzig 等（1993）、Consigh（1998）利用多阶段随机规划模型来解决动态投资组合选择问题。然而，动态的均值-方差投资组合选择模型求解十分困难，Li 和 Ng（2007）将多阶段均值-方差投资组合选择问题简化为一个可用动态规划处理的问题，并得到了有效前沿组合的解析式。

综上所述，目前许多学者已经对投资组合选择问题进行了研究，但是大都考虑的是给定交易成本函数，分析其对投资者投资组合选择的影响，并没有将投资组合的选择与算法交易策略的制定结合起来进行研究。由于不同算法交易策略之间的交易成本存在很大差异且对投资组合选择具有非常重要的影响，因此，本章将算法交易策略的设计和投资组合的选择结合起来进行分析，考虑在最优交易策略基础上的投资组合选择问题。

一、均值-方差模型与隐性交易成本

隐性交易成本是投资者在证券交易过程中由于市场环境等因素不确定而产生的交易成本，主要包括价格冲击成本、机会成本、延误成本、价格升量、择时风险等。对于隐性交易成本，投资者无法在交易前进行准确估计，而且在交易后也无法准确测量。而通过 Plexus 公司的“冰山模型”可知，隐性交易成本占据了投资者总交易成本绝大部分，所以考虑隐性交易成本非常重要。价格冲击成本是投资者交易成本的重要组成部分之一，且反映了交易、价格和信息三者之间复杂的联系。因此，在本章中所考虑的交易成本主要是指价格冲击成本。

价格冲击是指投资者订单在被提交到市场上执行后所引起证券价格的变化，其大小可以用订单的执行价格和证券市场上不存在该订单时的证券价格的差额来衡量。在现实的证券交易过程中，投资者无法同时直接观察到这两个价格，因此许多学者提出了不同的价格冲击成本估计方法。Brown 等（1988）、Easterwood 和 Nutt（1999）、Krinsky 和 Lee（1996）等认为价格冲击是一个关于交易量或交易速度的线性函数，即投资者在整个交易过程中的价格冲击成本可以表示为

$$PI = \beta x \tag{2.28}$$

其中，PI 表示价格冲击成本，β 是一个大于零的常数，x 表示投资者的订单规模或交易速度。

当某一投资者订单中所传递的信息式的市场使公司的长期增长潜力发生变化时，其他的市场参与者在了解到一些信息后会迅速将股票价格调整到新的合理水平，而这些活动将会影响到股票价格的未来预期，使股票的内在价值发生变化，那么这种冲击就是永久性价格冲击。永久性价格冲击是投资者订单所传递的信息引起的，所以许多学者都认同永久性价格冲击是关于交易量或交易速度的一个线性函数。

如果投资者的订单被提交到证券市场后，订单所传递的信息没有改变股票的内在价值，只是由于暂时的供需不平衡引起的，那么此时订单对市场的价格冲击就是临时性价格冲击。这种临时冲击通常都是比较短暂的，是由于及时性要求和短时期内的流动性需求不平衡而造成的价格冲击，并不会对股票的内在价值产生任何影响，而且股票价格会在较短时间内回归到最初的期望价格水平。临时性价格冲击是由于投资者的及时性要求或短时期内的流动性需求造成的价格变动，这种变化与交易量、交易时间、订单类型、市场流动性等因素密切相关。因此，Kissell 和 Glantz（2003）认为临时性价格冲击应该是一个关于交易量等因素的非线性函数，具体估计方式如下：

假设某投资者计划在未来 m 个交易时期内采用分阶段的算法交易策略 $y=(y_1,\ y_2,\ \cdots,\ y_m)'$，交易总量为 S 的证券。其中，y_t 表示投资者在时期 t 准备提交订单规模。采用此交易策略，投资者的价格冲击成本为

$$PI(y)=\sum_{t=1}^{m}y_t\left[\frac{\alpha I y_t}{(y_t+0.5v_t)S}+\frac{(1-\alpha)I}{S}\right] \tag{2.29}$$

其中，v_t 表示预期时期市场成交量，$t=1,\ 2,\ \cdots m$；S 表示整个交易时期内总的订单大小，即 $S=\sum_{t=1}^{m}y_t$；I 表示瞬时冲击成本；α 表示临时性价格冲击比例。

二、基于隐性交易成本的投资组合模型

出于简化模型的目的，本书所考虑的隐性交易成本主要是指价格冲击成本。不同算法交易策略的隐性交易成本会存在很大差异，而交易成本的不同又会影响到投资组合的选择。本研究考虑了在算法交易策略的影响下，投资者应该如何构建投资组合的问题，并分析不同投资组合调整频率对投资收益的影响。

由于价格冲击是隐性交易成本的主要组成部分，所以本书所考虑的隐性交易成本是指价格冲击成本。假设隐性交易成本是关于交易量的线性函数，由于此时隐性交易成本仅与投资者的交易量有关，与投资者采用何种交易策略无关，所以不妨假设隐性交易成本（价格冲击成本）函数为

$$PI_k=\beta_k x_k,\quad k=1,\ 2,\ \cdots,\ n \tag{2.30}$$

其中，β_k 是价格冲击系数。

$$\min\ \frac{1}{2}x^T V x \tag{2.31}$$

$$\text{s.t.}\ x^T e-x^T\beta=\mathrm{E}[\tilde{r}_p] \tag{2.31a}$$

$$x^T P=R \tag{2.31b}$$

其中，e 是投资者所投资资产的期望收益率向量；$E[\tilde{r}_p]$ 表示资产组合的期望收益率；P 表示资产组合的价格向量；R 表示投资者总的资金持有量。

由拉格朗日法，x_0 是下式的最优解：

$$\min_{\{x,\ \lambda,\ \gamma\}} L = \frac{1}{2}x_0^T V x_0 + \lambda(E[\tilde{r}_p] - x_0^T e + x_0^T\beta) + \gamma(R - x_0^T P) \tag{2.32}$$

其中，λ 和 γ 是两个正的常数。

模型（2.29）的一阶最优性条件为：

$$\frac{\partial L}{\partial x_0} = Vx_0 - \lambda e + \lambda\beta - \gamma 1 = 0 \tag{2.33}$$

$$\frac{\partial L}{\partial \lambda} = E(\tilde{r}_p) - x_0^T e + x_0^T\beta = 0 \tag{2.34}$$

$$\frac{\partial L}{\partial \gamma} = R - x_0^T p = 0 \tag{2.35}$$

以上各式与式（2.31a）、（2.31b）联立求解可得：

$$x = \left[\frac{R}{A(AD - BC)} - \frac{B(AE(\tilde{r}_p) - RC)}{A(AD - BC)}\right](V^{-1}e - V^1\beta) + \frac{AE(\tilde{r}_p) - RC}{AD - BC}V^1\beta \tag{2.36}$$

其中，

$$A = P^T V^{-1} e - P^T V^{-1}\beta \tag{2.37}$$

$$B = P^T V^{-1}\beta \tag{2.38}$$

$$C = e^T V^{-1} e - e^T V^{-1}\beta - \beta^T V^{-1} e + \beta^T V^{-1}\beta \tag{2.39}$$

$$D = e^T V^{-1}\beta - \beta^T V^{-1}\beta \tag{2.40}$$

如果隐性交易成本是一个关于投资者交易量的非线性函数，则此隐性交易成本函数不容易确定。因此，本研究利用 Kissell 和 Glantz（2003）提出的一种估计价格冲击的方法来衡量本研究中的隐性交易成本，投资者价格冲击成本函数可以表示为

$$PI(y) = \sum_{t=1}^{m} y_t\left[\frac{\alpha I y_t}{(y_t + 0.5v_t)S} + \frac{(1-\alpha)I}{S}\right] \tag{2.41}$$

其中，m 表示交易时期数目；v_t 表示预期时期市场成交量；y_t 表示 t 时期的订单大小；S 表示整个交易时期内总的订单大小，即 $S = \sum_{t=1}^{m} y_t$；I 表示瞬时冲击成本；α 表示临时性价格冲击比例。

投资者只考虑价格冲击成本时的最优交易策略问题可以用如下模型描述：

$$\min PI(y) = \sum_{t=1}^{m} y_t\left[\frac{\alpha I y_t}{(y_t + 0.5v_t)S} + \frac{(1-\alpha)I}{S}\right] \tag{2.42}$$

$$\text{s.t. } S = \sum_{t=1}^{m} y_t \tag{2.42a}$$

$$y_t \geqslant 0,\ t = 1,\ 2,\ \cdots,\ m \tag{2.42b}$$

此问题的最优解为

$$y_t = S\frac{v_t}{V}, \quad t = 1, 2, \cdots, m \tag{2.43}$$

显然，投资者仅考虑价格冲击成本时的最优交易策略为交易量加权平均价格交易策略（VWAP）。此时，投资者总的价格冲击成本为

$$PI(S) = \frac{\alpha IS}{S + 0.5V} + (1 - \alpha)I \tag{2.44}$$

投资者的投资组合选择模型可以用如下数学规划模型表述：

$$\min \quad \frac{1}{2}R^2\sum_{i=1}^{n}\sum_{i=1}^{n}x_ix_j\sigma_{ij} \tag{2.45}$$

$$\text{s.t.} \quad \sum_{i=1}^{n}Rx_i\mathrm{E}(\tilde{r}_i) - \sum_{i=1}^{n}PI_i(x_i) \geqslant Rr_p \tag{2.45a}$$

$$\sum_{i=1}^{n}x_i = 1 \tag{2.45b}$$

$$0 \leqslant x_i \leqslant 1, \quad i = 1, 2, \cdots n \tag{2.45c}$$

其中，x_i 是投资者投资于证券 i 的资金比例；$\mathrm{E}[\tilde{r}_i]$ 是证券 i 的预期收益率；$\mathrm{E}[\tilde{r}_p]$ 表示资产组合的期望收益率；P 表示资产组合的价格向量；R 表示投资者的资金持有量。

由于以上基于非线性价格冲击成本的投资组合选择模型过于复杂，无法求得其解析解，所以下文将采用数值示例来分析。本研究任意选取深圳 A 股市场的 10 只股票，如表 2.2 所示。假设投资者所构建的投资组合预期收益为 $r_p = 0.0002$，投资者的资金持有量为 $R = 1\,000\,000$。

表 2.2　样本股票名称

股票代码	股票名称	交易天数/天	市场类型
000004	国农科技	233	深圳 A 股
000009	中国宝安	234	深圳 A 股
000011	深物业 A	238	深圳 A 股
000016	深康佳 A	238	深圳 A 股
000018	中冠 A	237	深圳 A 股
000025	特力 A	238	深圳 A 股
000078	海王生物	236	深圳 A 股
000151	中成股份	238	深圳 A 股
000153	丰原药业	228	深圳 A 股
000591	桐君阁	236	深圳 A 股

本研究利用我国深圳证券交易所 2013 年 1 月 1 日至 2013 年 12 月 31 日的相关交易数据，对比分析投资者在一年、半年、一个季度、两个月调整一次投资组合时的总收益情况。表 2.3 是股票在不同时期的价格，此表中的价格主要是投资者在每次调整投资组合时股票的价格和期末价格。因此，结合表 2.2 中的投资者在每次调整投资组合时所投资于不同股票的资金量，就可以得到投资者在投资组合持有期内的利润。对于

每半年、每季度、每两个月调整一次投资组合的情形，投资者总利润就等于每次调整后所得利润的总和。

表 2.3　样本股票在不同时期的价格

股票代码	2012.12	2013.02	2013.03	2013.04	2013.06	2013.08	2013.10	2013.12
000004	8.18	10.05	9.54	10.64	10.00	12.16	11.67	11.65
000009	8.80	9.11	9.96	9.92	11.00	9.92	9.86	9.45
000011	7.19	7.10	6.17	7.39	7.93	9.07	7.91	7.81
000016	3.16	3.44	3.16	3.41	3.41	3.52	3.79	3.86
000018	6.69	7.62	8.52	7.77	8.83	9.83	8.90	9.57
000025	6.15	6.75	6.18	6.03	6.03	6.61	6.95	8.78
000078	5.82	7.88	7.26	7.41	7.41	6.71	7.40	7.55
000151	6.86	7.42	8.08	8.05	8.05	7.75	7.35	7.30
000153	6.48	7.26	7.82	8.12	8.12	7.47	7.39	7.82
000591	6.29	7.03	6.82	6.31	7.17	8.27	8.86	8.21

注：股票价格都是在相应月份最后一个交易日的收盘价。

图 2.2 是投资者在不同投资组合调整间隔下的投资收入和成本情况。从图中可以看出，随着投资者在一年内调整投资组合频率的增加，投资者的总收入、交易成本以及总利润也都随之增加。算法交易策略对投资组合的影响主要是通过交易成本体现的，考虑了算法交易策略的影响后，投资组合调整得越频繁，交易成本就会越大，并且随着调整频率的增加，相对于投资者总收入的边际增长率，交易成本的边际增长率更大。通过对比分析投资者在每年、每半年、每个季度、每两个月调整一次投资组合时的总收益情况可知，投资者在每个季度调整一次时总利润最大。

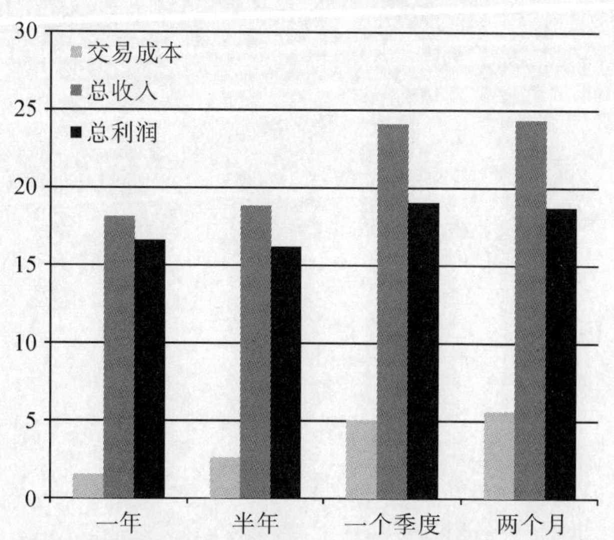

图 2.2　投资者在不同调整间隔下的投资收入和成本

注：横坐标表示投资者调整一次投资组合的时间间隔，纵坐标单位是 10 万元。

在现实的证券市场上，投资者在执行投资组合过程中面临着各种交易成本的影响。本章将算法交易策略的设计和投资组合选择问题结合起来进行分析，考虑了在算法交易策略的影响下，投资组合不同调整频率对投资收益的影响。研究结果表明，相对于每年、每半年、每两个月调整一次投资组合，投资者在每一季度调整一次投资组合时的利润最大，此时的投资收益较大，而相对于调整较为频繁的情形，此时的交易成本也较小。综上所述，在考虑了执行投资过程中算法交易策略影响的情况下，投资者的投资组合调整并不是越频繁越好，必须要综合股票的预期收益、风险以及交易成本等因素。本章提出的考虑算法交易策略下的投资组合模型以及投资组合的最优调整频率问题，为投资者构建合理的投资组合提供了一定的理论基础。

思考题

1. 如何理解风险和收益的关系？
2. 非常简单的均值–方差模型，为什么意义如此重大？
3. 你认为未来投资组合的发展方向是什么？

第三章 资本资产定价模型

第一节 CAPM 的基本假设

1952 年，Markowitz 投资组合选择理论为现代金融理论开启了一个新的时代，这也是现代金融学的奠基石。虽然 Markowitz 投资组合选择模型的理论意义非常重大，但在现实生活中，Markowitz 投资组合选择理论的使用却非常烦琐，而且难度非常大。究其原因就在于，该理论中需要计算不同投资项目或证券之间的协方差矩阵，事实上这个协方差矩阵的计算是一个指数次的计算量。我们可以想象一下，对于 n 个证券而言，如果用投资组合理论构建一个投资组合，那么就需要计算 $\frac{n!}{2(n-2)!}$ 个协方差，也就是说，如果股票数量是 $n = 2\ 400$，那么我们利用投资组合选择理论就需要计算 1 441 200 个协方差数值。显然，这个工作量太大了。而且，由于证券市场行情复杂多变，许多证券分析师经常需要调整投资组合，这种计算可能是经常性的，所以这种方法的实际使用难度特别大。除此之外，这种方法还必须能够持续且精确地估计标的证券的预期报酬、风险及相关系数，否则整个运算过程将变得毫无意义。

为了解决这一问题，从 20 世纪 60 年代初开始，很多金融学家（W. Sharpe，1964；J. Lintner，1965；J. Mossin，1966）开始从实证角度进一步研究最优投资组合选择问题。资本资产定价模型（capital asset pricing model，CAPM）正是在这样一种背景下产生的，CAPM 是在风险资产期望收益均衡基础上的一种基础预测模型，其将资产预期收益和预期风险的理论关系用一种非常简单的线性关系进行了刻画，也就是说，一个资产超额收益与该资产风险因子之间存在一种正相关关系。显然，CAPM 大大简化了投资组合选择的运算过程，同样还是对 1 500 只股票进行估值，但是我们需要计算的数值将由原来的 100 多万个骤减至 4 501 个。这就使得 Markowitz 投资组合选择理论的实际应用价值更大了，而且也使得证券理论从以往的定性分析转入以定量分析为主，从而也使得证券投资理论研究具有了更大的实际操作性，甚至对整个金融理论与实践的发展都产生了巨大影响，成为现代金融学的奠基石。

正如所有经济理论大都是建立在一定的假设条件之上一样，资本资产定价模型（CAPM）也不例外，基本假设主要有：

（1）投资者对投资组合的评价，主要依据是期望收益率与标准差。

（2）投资者“理性人”假设，也就是投资者会永不满足，期望效用越大越好；投资者在面临其他条件相同的两种选择时，将选择具有较高期望收益率的那一种。

（3）投资者都是风险厌恶的，当面临其他条件相同的两种选择时，他们选择具有较小标准差的那一种。

（4）每一个资产都是无限可分的，意味着如果投资者愿意的话，就可以购买某一证券的一部分。

（5）投资者能够以无风险利率贷出（即投资）或借入资金。

（6）市场是无摩擦的，也就是税收和交易成本等均忽略不计。

（7）所有投资者都有相同的投资期限。

（8）对于所有投资者，无风险利率相同。

（9）对于所有投资者，信息是免费的并且是立即可得的。

（10）投资者具有一致预期，即他们对期望收益率、标准差和证券之间的协方差具有相同的理解。

通过以上假设可知，在满足以上假设条件时，证券市场将是非常简单的。此时所有投资者拥有相同的信息，对证券的前景具有一致预期，并以相同方式来分析和处理信息；证券市场是没有摩擦的完全市场；证券无限可分，没有税收和交易成本，并且可以无风险借入和贷出的利率相同。

第二节　CAPM 的推导

资本资产定价模型所研究的问题，就是当所有投资者都按照 Markowitz 的投资组合选择理论确定最优投资组合之后，市场就会达到一种相对平稳的均衡状态。此时，市场资产应该如何定价？证券收益和风险的关系又是怎么样的？这一系列问题的研究也就导致了资本资产定价模型的诞生。CAPM 的本质就是在市场达到均衡时，投资者承担风险所获得的风险补偿，是 Sharpe 在《资产定价：一个均衡市场理论》等论文中所提出并发展而来的。

一、市场组合的 β 值

在现实证券市场上，大多数投资者都是利用无风险资产和风险资产构建投资组合的。在均衡状态下，证券市场上每种证券的价格正好可以使得证券需求量等于证券供给量，无风险利率水平恰好使得借入资金的总量等于贷出资金的总额。因此，我们有理由相信：在均衡状态下，每种证券的最优风险资产组合具有一个非零的比例，而且这个比例等于该证券的市值与切点组合的总市值之比，此时这个切点组合就是市场组合。市场组合就是由所有证券构成的，在这一组合中，每一证券的比例就等于该证券

的市值占组合中的所有证券市场的比例。在理论上，市场组合中的资产包括股票、债券、优先股、固定资产等。但是，在现实应用过程中，人们往往习惯于将市场组合狭义地定义为股票组合，通常都是以某一综合股票价格指数来表示。当然，对于市场组合而言，其β值为1。投资组合的β值越大，意味着该组合所面临的市场系统性风险较大；反之，则较低。同时，投资组合的β值等于该组合中各个证券β值的加权平均。

二、资本市场线

假设某一投资者持有的一个投资组合 P 是由风险资产组合和无风险资产构成的。$E(R_c)$ 和 $E(R_f)$ 分别表示风险资产组合和无风险资产的期望收益率，σ_c^2 表示风险资产的方差，那么基于风险资产组合和无风险证券的投资组合 P 的预期收益率以及风险为

$$E(R_P) = W_c E(R_c) + W_f E(R_f) \tag{3.1}$$

$$\sigma_P^2 = W_c^2 \sigma_c^2 + W_f^2 \sigma_f^2 + 2W_c W_f \rho_{cf} \sigma_c \sigma_f \tag{3.2}$$

其中，$W_c + W_f = 1$。

由于无风险资产的预期收益为一个常数，其方差为零，因此可以将资产组合 P 的方差公式化简为

$$E(R_p) = E(R_f) + \frac{E(R_c) - E(R_f)}{\sigma_c}\sigma_p \tag{3.3}$$

从上式中可以看出，投资组合 P 的预期收益是固定的无风险收益率和另一部分可变收益组成。如图 3.1 所示，对于理性投资者而言，最优方案就是切点组合，这就是资本市场线。它反映的是市场均衡条件下，有效市场组合的期望收益率与风险之间的关系，表明有效组合必定位于资本市场线上，且任何有效投资组合的预期收益率都是无风险收益率加上风险资产风险溢价与该组合标准差的乘积。

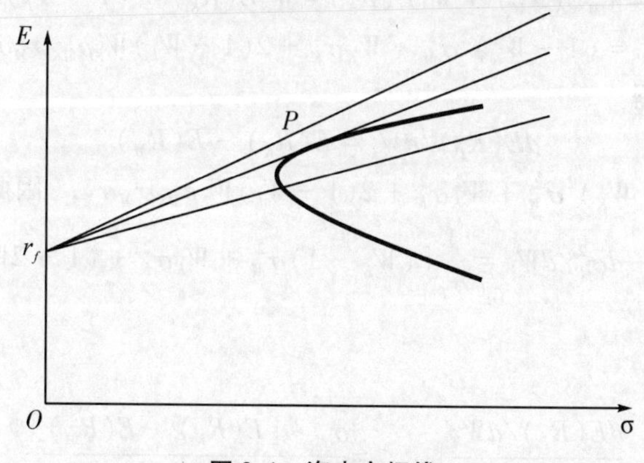

图 3.1　资本市场线

资本市场线表明在市场均衡条件下，均值-方差有效前沿边界上的投资组合期望收益和风险之间将会呈现一个简单的线性关系。也就是说，风险越大，收益越大，当然这就意味着此处的有效投资组合的总风险就是系统风险。资本市场线也表明有效投资组合的期望收益率是由无风险利率和风险溢价部分组成的。同时，资本市场线也说明资本市场是一个均衡状态，竞争均衡是每一个市场参与人在预算约束下，在一定的均衡价格下投资者会达到的效用最大化。对于所有投资者来说，这个竞争均衡是所有投

资者共同作用的一个状态和结果，也就是说这个均衡是所有市场参与者共同作用后供给需求均衡的一个结果。

三、证券市场线

假设某一投资者持有的投资组合 P 是由市场投资组合 M 和任一给定的风险证券 K 构成的，如果 $E(R_M)$ 和 $E(R_K)$ 分别表示风险资产组合的期望收益率，σ_M^2 和 σ_K^2 分别表示风险资产的方差，那么基于市场组合和风险证券组合的预期收益率以及风险为

$$E(R_P) = W_M E(R_M) + W_K E(R_K) \tag{3.4}$$

$$\sigma_P^2 = W_M^2 \sigma_M^2 + W_K^2 \sigma_K^2 + 2W_M W_K \rho_{MK} \sigma_M \sigma_K \tag{3.5}$$

此时，可以形成"σ，E"平面的一条曲线，如图 3.2 所示。

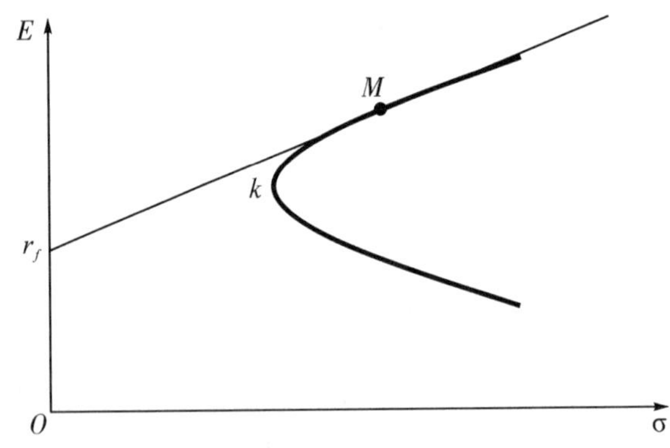

图 3.2　资产 K 与市场组合 M 的曲线

在允许卖空的情形下，风险证券 K 与市场组合 M 的有效组合的集合就是在 KM 曲线上。此时，求 KM 在 M 点的切线的斜率可以由下式计算：

$$E(R_P) = W_M E(R_M) + W_K E(R_K) = W_K E(R_K) + (1 - W_K) E(R_M) \tag{3.6}$$

$$\sigma_P^2 = (1 - W_K)^2 \sigma_M^2 + W_K^2 \sigma_K^2 + 2(1 - W_k) W_K \rho_{MK} \sigma_M \sigma_K \tag{3.7}$$

由以上两式可得

$$dE(R_P)/dW_k = E(R_K) - E(R_M) \tag{3.8}$$

由于 $\sigma_P^2 = (1 - W_K)^2 \sigma_M^2 + W_K^2 \sigma_K^2 + 2(1 - W_k) W_K \rho_{MK} \sigma_M \sigma_K$，因此，

$$d\sigma_P/dW_k = \frac{1}{2\sigma_P} d\sigma_P^2/dW_k = \frac{1}{\sigma_P}[(W_K - 1)\sigma_M^2 + W_K \sigma_K^2 + (1 - 2W_k)\rho_{MK}\sigma_M\sigma_K] \tag{3.9}$$

从而，可得

$$\frac{dE(R_P)/dW_k}{d\sigma_P/dW_k}\bigg|_{W_K=0} = \frac{\sigma_M * [E(R_K) - E(R_M)]}{\operatorname{cov}(R_K, R_M) - \sigma_M^2} \tag{3.10}$$

最后，证券市场线的斜率为：$E(R_m) - r_f/\sigma_m$。因此可得

$$\frac{(E(R_m) - R_f)}{\sigma_m} = \frac{\sigma_M * [E(R_K) - E(R_M)]}{\operatorname{cov}(R_K, R_M) - \sigma_M^2} \tag{3.11}$$

对上式进行化简可得

$$E(R_K) - R_f = \frac{\operatorname{cov}(R_K, R_M)}{\sigma_M^2}[E(R_m) - R_f] \tag{3.12}$$

如果令 $\beta_k = \dfrac{\text{cov}(R_K, R_M)}{\sigma_M^2}$，那么会有

$$E(R_K) - R_f = \beta_k[E(R_m) - R_f] \tag{3.13}$$

这就是资本资产定价模型（capital asset pricing model，CAPM），资本资产定价模型在“$\text{cov}(R_K, R_M)$，E”平面上仍是一条直线，这条直线的斜率为 $\dfrac{E(R_m) - R_f}{\sigma_M^2}$，表示协方差 $\text{cov}(R_K, R_M)$ 增加一个单位，证券的期望回报增加 $\dfrac{E(R_m) - R_f}{\sigma_M^2}$ 个单位。此处的 $\text{cov}(R_K, R_M)$ 可以理解为该证券的系统风险，而 β_k 可以理解为该证券相对于整个市场组合的系统风险大小，$\beta_k[E(R_m) - R_f]$ 也被称为投资组合的风险溢价。

综上所述，资本资产定价模型是由资本市场线和证券市场线共同构成的。资本市场线反映了有效组合期望收益率和风险之间的关系，而证券市场线则反映了单一证券的期望收益率和风险之间的关系。

对于无效投资组合，合作者单一证券的风险应该如何度量，单个证券的期望收益率与风险之间的关系应该如何刻画也是一个非常重要的问题。因为单一证券的风险包括系统性风险和非系统性风险，通过资本市场线得知系统性风险是可以获得风险补偿的，非系统性风险虽然与收益无关，但是投资者可以利用风险分散化原理分散非系统性风险。CAPM 说明一种证券或资产的预期收益率受到以下因素的影响：货币的时间价值、系统性风险大小以及承担系统性风险的回报。

第三节　CAPM 的应用与缺陷

一、资本资产定价模型的应用

资本资产定价模型广泛应用于资产价值评估、资源配置等领域。

1. 资产估值

从资本资产定价模型可以看出，它可以用来判断某一证券的市场定价是否正确。具体而言，利用资本资产定价模型得到市场均衡状态下证券的期望收益率，从而得到股票市场价格。如果市场实际价格与此价格相同，那么说明市场定价准确；如果市场实际价格高于该价格，则说明该股票价格被高估，就可以卖出该证券或者卖空该证券；如果市场实际价格低于该价格，那么该股票价格被低估，我们就需要买入该股票。

2. 资源配置

β 系数反映证券或组合对市场变化的敏感性，可以根据对市场走势的预测来选择具有不同 β 系数的投资组合，从而获得较高收益，或者规避市场风险。如果对未来牛市的预测具有很大的信心，应选择那些高 β 系数的证券或组合。这些高 β 系数的证券将成倍地放大市场收益率，带来较高的收益；相反，在熊市到来之际，应选择那些低 β 系数的证券或组合，以减少因市场下跌而造成的损失。

二、资本资产定价模型的不足

CAPM 的优点在于简单、明确，将所有的风险证券价格用无风险收益率、风险的价格以及风险这三个因素来计算。同时，CAPM 还具有很好的实用性，投资者可以根据绝对风险而不是总风险来对各种竞争报价的金融资产做出评价和选择。这种方法已经被金融市场上的投资者广泛采纳。其主要不足体现在：

（1）资本资产定价模型的推导和成立都需要很多严格的假设。如市场有效性、理性投资者、可以按照无风险利率获得任何额度贷款等。

（2）资本资产定价模型将所有的系统性风险系数都归结于一个因素，忽略了其他因素对单个证券收益率的影响。事实上，我们知道影响股票价格的因素是很多方面的；而且，由于其他风险因素的存在和影响，股票超额收益与系统性风险也并不是像资本资产定价模型中的线性关系。

（3）资本资产定价模型假设，证券市场上的证券组合是足够多的，从而可以利用分散化原理将非系统风险完全分散掉。然而，我国证券市场是一个新兴市场，现实情况下很难满足这种足够多证券的要求，也就导致资本资产定价模型在我国证券市场上的应用存在一定的问题。

（4）资本资产定价模型假设证券市场是无摩擦的，证券交易都不需要缴税，也没有交易成本，这在我国根本不成立。我国证券市场以及国外主要证券市场的相关介绍见附录 1。

（5）投资者的投资期限相同且不考虑投资计划期之后的情况。但是，市场上的投资者数目众多，他们的资产持有期间不可能完全相同，而且现在进行长期投资的投资者越来越多，所以这个条件也不容易满足。

（6）CAPM 中的 β 值难以确定。由于经济的不断发展变化，各种证券的 β 值计算的准确性也会存在一定的问题，而且这种依靠历史数据估算出的 β 值对未来的指导作用也有一定的疑问。

（7）需要构造市场风险组合。在现实市场上，是很难构造这样一个风险组合的。

（8）CAPM 模型反映的是投资组合预期收益和风险之间的关系，但事实上我们只能观察和检验历史上或者已经实际发生的收益情况。

综上所述，资本资产定价模型虽然不是一个完美的模型，还存在许多的不足和问题，也还不太适用于我国证券市场。但不可否认的是，CAPM 的思想还是为我们思考收益与风险的关系提供了一个很好的框架。

思考题

1. 如何理解 CAPM？
2. 资本市场线和证券市场线的区别与联系。
3. β 值的经济含义是什么？

第四章

套利定价理论

第一节　套利概述

一、套利的概念

一价定律认为，在没有运输费用和官方贸易壁垒的自由竞争市场上，同一商品在不同国家出售，如果以同一种货币计价，其价格应是相等的。也就是说，通过汇率折算之后的标价是一致的，若在各国间存在价格差异，则会发生商品国际贸易，直到价差被消除，贸易才停止，这时达到商品市场的均衡状态。该定律除了适用于商品市场之外，也适用于资本市场。在一个均衡的资本市场上，同一项资产在不同市场上的价格应该是一样的，否则，就会出现套利机会。

所谓的套利，就是指对同一项金融资产进行的净投资为零，并且能够获得无风险正收益的投资方式。当然，如果净投资为负值，但是期末可以获得零或正的无风险收益，也是一种套利行为。套利的本质就是从纠正市场价格或收益率的异常状况中获利的行动。异常状况通常是指同一产品在不同市场的价格出现显著差异，套利即低买高卖，导致价格回归均衡水平的行为。套利通常涉及在某一市场或金融工具上建立头寸，然后在另一市场或金融工具上建立与先前头寸相抵消的头寸。在价格回归均衡水平后，所有头寸即可结清获利。套利者就是指从事套利的个人或机构。

定义 4.1：如果某个投资组合同时满足以下三个条件，就称之为套利。其具体为：零时期的支付小于等于零；期末支付大于等于零；条件 1 或 2 必须至少有一个是严格不等式。

第一类套利：如果投资组合期初支付小于零，但是期末支付等于零，也就是说期初构造资产或投资组合时的成本为负值，并且期末的回报为零。

第二类套利：如果投资组合期初支付为零，期末支付大于零，也就是说期初构造投资组合时的成本为零，并且期末有正的收入。

第三类套利：如果投资组合期初支付小于零，期末支付大于零，也就是说期初构造资产或投资组合时的成本为负值，也就是有正的收入，并且期末还有正的回报。

如果市场是均衡的，那么一定不会存在套利机会，但是反过来则不一定成立，即便一个市场上不存在套利机会，那么也不一定就是一个均衡市场。在市场上，如果投资者都是风险厌恶的，且都满足理性人假设，那么只要市场中还有套利机会，投资者就没有达到最优的目标，也就是说，此时投资者总是达不到均衡状态。当然，如果市场上没有了套利机会，那么市场就达到了一种均衡状态，这种均衡我们一般称之为无套利均衡。

二、套利的分类

套利交易可分为时间套利、空间套利以及期现套利。

所谓的时间套利，是指同一资产在不同时间具有不同的收益率情形，投资者就可以利用此状态进行套利投资行为。而空间套利主要是指同一资产在同一时间的不同市场具有不同收益率时，投资者可以利用这种机会进行套利。期现套利主要是指投资者在期货和现货之间进行套利。

除此之外，对期货市场不同月份之间、不同品种之间、不同市场之间的价差进行套利，被称为价差交易。根据操作对象的不同，价差交易又可分为跨期套利、跨品种套利和跨市套利三种。根据交易者在市场中所建立的交易头寸不同，跨期套利可以分为牛市套利、熊市套利、蝶式套利、兀鹰式套利等。

如果按照交易模式来分，套利可以分为四大类型，分别为股指期货套利、商品期货套利、统计和期权套利。

1. 股指期货套利

股指期货套利是指利用股指期货市场存在的不合理价格，同时参与股指期货与股票现货市场交易，或者同时进行不同期限、不同（但相近）类别股票指数合约交易，以赚取差价的行为。股指期货套利分为期现套利、跨期套利、跨市套利和跨品种套利。

2. 商品期货套利

与股指期货对冲类似，商品期货同样存在套利策略。在买入或卖出某种期货合约的同时，卖出或买入相关的另一种合约，并在某个时间同时将两种合约平仓。在交易形式上它与套期保值有些相似，但套期保值是在现货市场买入（或卖出）实货、同时在期货市场上卖出（或买入）期货合约；而套利却只在期货市场上买卖合约，并不涉及现货交易。商品期货套利主要有期现套利、跨期套利、跨市场套利和跨品种套利四种。

3. 统计套利

有别于无风险套利，统计套利是利用证券价格的历史统计规律进行套利的，是一种风险套利，其风险在于这种历史统计规律在未来一段时间内是否继续存在。统计对冲的主要思路是先找出相关性最好的若干对投资品种（股票或者期货等），再找出每一对投资品种的长期均衡关系（协整关系），当某一对品种的价差（协整方程的残差）偏离到一定程度时开始建仓——买进被相对低估的品种、卖空被相对高估的品种，等到价差回归均衡时获利了结即可。统计对冲的主要内容包括股票配对交易、股指套利、融券对冲和外汇套利交易。

4. 期权套利

期权（Option）又称选择权，是在期货的基础上产生的一种衍生性金融工具。从其本质上讲，期权实质上是在金融领域将权利和义务分开进行定价，使得权利的受让人在规定时间内对于是否进行交易行使其权利，而义务方必须履行。在进行期权交易时，购买期权的一方称为买方，而出售期权的一方则称为卖方；买方即权利的受让人，而卖方则是必须履行买方行使权利的义务人。期权的优点在于收益无限的同时风险损失有限，因此在很多时候，利用期权来取代期货进行做空、套利交易会比单纯利用期货套利获得更小的风险和更高的收益率。

三、无风险套利的特点

无风险套利的特点主要有：

（1）总投资额度为零。

（2）投资者不会承担任何风险，可能是风险因素相抵消，如不同的市场中买卖同一不同定价的证券，也可能是在确定的市场参数条件下，标的并非完全相关，但投资行为是近似无风险的。

（3）套利主体不确定，不一定为所有投资者。如果市场波动较大，出现了明显的套利机会，可能少数投资者发现套利机会后，就会做出巨大的头寸，从而将整个套利机会给消灭掉。

（4）瞬时性。无论是在资本市场还是在商品市场上，这种没有任何风险的套利机会总是转瞬即逝的。

四、无套利均衡

现代金融学研究的基本方法是无套利均衡分析方法，金融市场与其他商品和服务市场具有较大的差异性，无套利均衡分析方法因此也具有特别显著的重要性。在现代金融学中，这一方法最早体现在莫迪格里亚尼（Franco Modigliani）和米勒（Robert Miller）研究企业资本结构和企业价值之间的关系的重要成果，也就是著名的 MM 定理。这种研究方法标志着现代金融学在方法论上从传统经济学的研究中独立出来，而且成为取得后续一系列金融研究成果的基本分析手段。

无套利均衡分析方法是现代金融学的基本分析方法，并且该方法贯穿于所有有关金融资产的定价理论，广泛地应用于金融工具以及投融资策略和风险管理等领域之中。套利从理论上讲应当是无风险的，所以，无风险证券在分析中扮演很重要的角色。另外，在市场容许卖空的条件下，可以同时构筑互相复制的证券的相反头寸实现完全的对冲。因此从理论上讲，套利可以不需要资金的投入。也就是说，套利策略可以是“自融资”的。无风险和自融资这两点对于理解无套利均衡分析来说是非常重要的。

当然，以上分析都是在理论上的分析，都是假设没有交易成本的存在。事实上，由于在实际的市场交易中，存在买进卖出差价、手续费等交易费用，这些市场的摩擦因素阻滞了市场的套利行为。即使两项金融资产是完全互相复制的（即它们未来的收入现金流是完全相同的），其市场价格也存在差异，如果这种价格差异小于套利需要缴纳的买进卖出差价和手续费等交易费用，套利实际上就是不可行的。

第二节 套利定价理论概述

一、套利定价理论的提出及模型

套利定价理论（arbitrage pricing theory，APT）是由美国著名经济学家斯蒂夫·罗斯（Stephen Ross）在1976年提出的。其核心研究内容是如果投资者对所有证券的期望收益率和市场敏感性都有一致预期，那么证券的均衡价格是如何确定的？对于此问题，首先可以分析市场是否处于均衡状态；其次，如果市场是非均衡的，分析投资者会如何行动；再次，分析投资者的行动会如何影响市场并最终使市场达到均衡；最后，分析在市场均衡状态下，证券期望收益率的决定因素是什么。

套利定价理论认为，如果市场没有达到均衡状态的话，市场上就会存在无风险的套利机会。由于理性投资者具有厌恶风险和追求效用最大化的特点，所以投资者一旦发现有无风险套利机会，就一定会想尽一切办法去利用它们，获得无风险套利的收益。但是随着投资者的不断买进和卖出，受到市场供给和需求情况不断变化的影响，套利机会和空间会逐渐减少，最终消失。在这一过程中，证券逐渐达到一个均衡价格，市场达到一种均衡状态。因此，这种推论实际上也隐含了对一价定律的认同。而且，套利机会不仅存在于单一证券上，还存在于相似的证券或组合中。也就是说，投资者还可以通过对一些相似的证券或组合的买入和卖出来进行套利。

套利定价理论的假设条件既不像CAPM那样依赖于市场组合，也不是假设只有市场因素影响资产的期望收益率，而是认为资产的收益可能会受到多种因素的共同影响。因此，套利定价模型的限制条件要比CAPM宽松，其假设包括：投资者都有相同的预期；投资者追求效用最大化；市场是完美的。其中，套利定价理论的最基本假设就是投资者都相信证券的收益率受多个共同因素的影响。

对于单因素套利定价模型而言，假设只有单个系统性的因素影响证券的预期收益，也就是仅仅分析一个因素的情形。此时，证券收益的不确定性完全来自两个因素：系统性因素和证券特有个体因素。如果用F表示系统性因素，表示证券i对该因素的敏感性；ε_i表示证券i的随机扰动情况，那么单因素模型可以表示为

$$R_i = E(R_i) + \beta_i F + \varepsilon_i \tag{4.1}$$

对于多因素套利定价模型而言，假设证券i的收益受到多种因素的共同影响，所以次证券的收益与这些因素的关系可以用这个多因素模型表示出来：

$$R_i = E(R_i) + \beta_{i1} F_1 + \beta_{i2} F_2 + \cdots + \beta_{in} F_n + \varepsilon_i \tag{4.2}$$

其中，R_i表示证券的实际收益率；β_{ik}表示因素的敏感性；ε_i随机误差项；F_k表示对资产收益率起作用的因素。

套利从本质上来讲，就是不用承担任何风险就可以获得超额收益的行为，而套利组合是可以在零投资、零风险的前提下，通过构造合理的投资组合获取正的投资回报。在套利定价理论中，实际上是把风险分为若干个因子风险和特异风险，如果因子的数量要小于资产的种类，那么可以利用多种资产来构造组合以便达到分散非系统性风险，

降低资产的特异风险的目的。但是如果投资组合本身已经是充分分散了的，那么特异性风险实际上就不用再发挥任何作用了。

二、套利定价理论(APT)与资本资产定价模型(CAPM)的区别

(1) APT强调的是无套利均衡原则，而CAPM是一种基于预期收益-风险的市场均衡。在CAPM模型中，每个投资者都是根据自己的偏好设置投资组合，一旦市场中出现了资产或证券价格失衡现象，那么市场中的每一位投资者都会根据自己的禀赋以及偏好重新调整投资组合，从而获取超额收益，最终促使市场达到一个新的均衡状态；但是在APT中，如果市场一旦出现了价格失衡现象，那么理论上来讲，只需要一个投资者利用套利方式就可以促使市场重新达到一个无套利均衡状态。

(2) 从某种意义上来说，CAPM是APT的一种特殊形式。APT实际上是一个多因素模型，认为资产的均衡价格受到多个不同因素的共同影响，而CAPM却是只关注资产收益与市场组合因素之间的关系，可能会忽略来自市场外的宏观因素等的影响。

(3) APT和CAPM的基础假设不同。APT是建立在一价定律的基础上的，要求相同的商品应该具有相同的价格，这与投资者的偏好等无关。而CAPM是建立在投资者效用函数的基础上的，受到投资者的风险偏好，特别是风险厌恶程度的影响较大。

(4) CAPM明确指出了影响证券收益的因素就是市场组合，而APT并没有明确说明哪些因素会影响证券收益，这说明它虽然具有更好的普适性，但是也在一定程度上说明了它的不确定性。影响的不确定性、影响因素权重的不确定性等，都会影响此模型的实际应用价值。

思考题

1. 说明套利定价模型与资本资产定价模型的异同。
2. 阐述套利的定义与分类。
3. 什么是无风险套利？如何理解。
4. 说明因素模型的特点。

第五章 BSM期权定价理论

第一节　期权与期权市场

一、期权的概念

期权（Option）就是赋予持有者在规定期限内按交易双方约定的价格（exercise price或striking price）购买或出售一定数量某种资产（underlying assets）的权利的合约。期权的核心要素主要包括：

（1）权利合约。从期权的定义上来看，期权的本质就是一种权利，是一种赋予期权持有者未来买入或卖出的权利。一份期权合约至少涉及买方和卖方。持有人享有未来买入或卖出的权利，但不用承担相应的义务；期权的卖方仅承担义务，不会享有任何权利。

（2）标的物。期权的标的物是指选择买入或卖出的资产，主要包括证券、债券、货币、股票指数、商品期货、金融期货等。期权是这些标的物“衍生”的，因此称为衍生金融工具。

（3）到期日。交易双方约定未来交易的那个日期就称为“到期日”，如果该期权只能在到期日执行，则称为欧式期权；如果该期权可以在到期日或到期日之前的任何时间执行，则称为美式期权。

（4）期权的执行。依据期权合约购进或售出标的资产的行为称为“执行”。在期权合约中约定的、期权持有人据以购进或售出标的资产的固定价格，称为“执行价格”。

期权价格主要由内涵价值、时间价值两部分组成。所谓的内涵价值（intrinsic value）是指立即履行合约时可获取的总利润。具体来说，期权可以分为实值期权、虚值期权和两平期权。当看涨期权的执行价格低于当时的实际价格时，或者当看跌期权的执行价格高于当时的实际价格时，该期权为实值期权；相反，当看涨期权的执行价格高于当时的实际价格时，或者当看跌期权的执行价格低于当时的实际价格时，该期权为虚值期权。当期权为虚值期权时，内涵价值为零。当看涨期权的执行价格等于当时的实际价格时，或者当看跌期权的执行价格等于当时的实际价格时，该期权为两平期权。当期权为两平期权时，内涵价值为零。

期权的时间价值（time value）主要是从到期日体现的，期权距到期日时间越长，大幅度价格变动的可能性越大，期权买方执行期权获利的机会也越大。与较短期的期权相比，期权买方对较长时间的期权应付出更高的权利金。期权的时间价值随着到期日的临近而减少，期权到期日的时间价值为零。期权的时间价值反映了期权交易期间时间风险和价格波动风险，当期权合约全部履约或者完全不履约时，期权的时间价值就是零。所以我们可以总结为如下关系：期权时间价值就等于期权价格与期权内涵价值的差额。

二、期权的分类

期权根据持有者的权利、行权时间、标的资产等可以划分为不同的类型。

1. 按照期权持有者的权利划分

按期权持有者的权利划分，期权可分为看涨期权（call option）和看跌期权（put option）。所谓的看涨期权，是指期权持有者向期权的出售方支付一定数额的费用后，拥有在期权合约的有效期内，按事先约定的价格向期权卖方买入一定数量的期权合约规定的特定商品的权利。而期权卖方有义务在期权到期日之前，根据期权合约的内容，以期权合约事先规定的价格向期权买方出售期权合约规定数量的特定商品。

看涨期权购买者是因为他对标的资产价格看涨，认为未来标的资产价格将会上升，在他持有看涨期权后，未来如果标的资产价格高于期权合约的执行价格与期权费之和时，期权持有者就可以按期权合约规定的价格和数量买入标的资产，获取高于市场价格的那部分利润；如果未来标的资产价格在执行价格加期权费用之和之间波动时，此时期权持有者会承担一定的损失；当标的资产价格低于协议价格时，期权持有者的期权费将全部损失掉，并将放弃买进期权。因此，期权购买者的最大可能损失是期权费用，最大可能收益则是无限的。例如，一份执行价格为 1 052 元的贵州茅台股票，3 月份到期看涨期权给予其所有者在 3 月份期满或到期之前以 1 652 元的价格购买贵州茅台股票的权利。每一份期权合约可用来购买 100 份股票，其价格是按照单位标的股票为基础进行标注。期权的持有者并不一定要执行这种权利。只有当标的资产的市场价值超过执行价格时，期权的持有者才会行使这种权利。当市场价格超过 1 652 元时，期权的持有者可以按执行价格购买资产，并且从市场价格和执行价格的差额中获利。否则，期权将不会被执行。如果期权在到期日之前不被执行，它就会自动到期并且不再拥有任何价值。因此，当股票价格上涨时，看涨期权可以提供更多的利润。

看跌期权是期权持有方按期权合约约定的价格向期权买方卖出一定数量的期权合约规定的特定商品的权利，但不负有必须卖出的义务。而期权卖方有义务在期权规定的有效期内，应期权买方的要求，以期权合约事先规定的价格买入期权合约规定的特定商品。

例：1月 1 日，铜期货的执行价格为 1 750 美元/吨，A 买入这个权利，付出 5 美元；B 卖出这个权利，收入 5 美元。2 月 1 日，铜价跌至 1 695 美元/吨，看跌期权的价格涨至 55 美元。此时，A 可采取两个策略：①行使权利 A 可以按 1 695 美元/吨价格从市场上买入铜，而以 1 750 美元/吨的价格卖给 B，B 必须接受，A 从中获利 50 美元，B 损失 50 美元。②A 可以 55 美元的价格售出看跌期权。A 获利 50 美元。相反，如果铜期货价格上涨，A 就会放弃这个权利而损失 5 美元，B 则净得 5 美元。

通过上面的例子，我们可以得出以下结论：

（1）期权的持有方，无论是看涨期权还是看跌期权，其只有权利而无义务，且风险是有限的（亏损最大值为权利金），但看涨期权买方在理论上获利是无限的，看跌期权买方收益是有限的。

（2）期权的卖方，无论是看涨期权还是看跌期权，其只有义务而无权利，在理论上他们的收益是有限的（收益最大值为权利金），看涨期权卖方风险无限，看跌期权卖方风险有限（因为价格不可能跌至负数）。

2. 按照行权时间划分

如果按照行权时间来划分，那么期权可以分为欧式期权、美式期权、百慕大期权等。所谓的欧式期权，是指期权的买方只能在到期日才可以执行的期权；而美式期权是指期权买方可在期权合约签订后，在到期日截止时间之前的任意交易时段执行的期权；百慕大期权是一种可以在到期日前规定一系列时间行权的期权。从以上定义可以看出，百慕大期权、美式期权和欧式期权的主要区别在于行权时间的不同，百慕大期权可以被视为美式期权与欧式期权的混合体。之所以取百慕大期权这个名字，其实就如同百慕大群岛混合了美国文化和英国文化一样，百慕大期权也是融合了美式期权和欧式期权的混合体。

3. 按照标的资产划分

如果按照期权合约上的标的资产来划分，期权可以分为股票期权、股指期权、利率期权、商品期权以及外汇期权等。

（1）股票期权是交易所统一制定的、规定买方有权在将来特定时间以特定价格买入或者卖出约定股票或者跟踪股票指数的交易型开放式指数基金（ETF）等标的物的标准化合约。它是对员工进行激励的众多方法之一，属于长期激励的范畴。股票期权是上市公司给予企业高级管理人员和技术骨干在一定期限内以一种事先约定的价格购买公司普通股的权利。股票期权是一种不同于职工股的崭新激励机制，它能有效地把企业高级人才与其自身利益很好地结合起来。股票期权的行使会增加公司的所有者权益，是由持有者向公司购买未发行在外的流通股，也就是直接从公司购买，而不是在二级市场购买的。

股票期权的优点较多，主要有：从国家经济层面来看，股票期权可以广泛地动员、积聚和集中社会的闲散资金，为国家经济建设发展服务，推动经济的发展，并收到“利用内资不借内债”的效果；可以充分发挥市场机制，打破条块分割和地区封锁，促进资金的横向融通和经济的横向联系，提高资源配置的总体效益；可以为改革完善我国的企业组织形式探索一条新路子，有利于不断完善我国的全民所有制企业、集体企业、个人企业、三资企业和股份制企业的组织形式，更好地发挥股份经济在我国国民经济中的地位和作用，促进我国经济的发展；可以促进我国经济体制改革的深化发展，特别是股份制改革的深入发展，有利于理顺产权关系，使政府和企业能各就其位、各司其职、各用其权、各得其利；可以扩大我国利用外资的渠道和方式，增强对外的吸纳能力，有利于更多地利用外资和提高利用外资的经济效益，收到“用外资而不借外债”的效果。对股份制企业而言，股票期权的使用有利于股份制企业建立和完善自我约束、自我发展的经营管理机制；有利于股份制企业筹集资金，满足生产建设的资金需要，而且由于股票投资的长期性，股份制企业对所筹资金不需还本，因此可长期使用，有利于股份制企业的经营和扩大再生产。

（2）股指期权。股指期权也称为指数期权，是以股票指数为行权品种的期权合约。股指期权相对其他期权来说具有风险小（最大亏损是权利金）、盈利大（行使权利后的期货差价）的特点。

（3）利率期权。利率期权是一项规避短期利率风险的有效工具。借款人通过买入一项利率期权，可以在利率水平向不利方向变化时得到保护，而在利率水平向有利方向变化时得益。利率期权有多种形式，常见的主要有利率上限、利率下限、利率上下限。

利率上限是客户与银行达成一项协议，双方确定一个利率上限水平，在此基础上，利率上限的卖方向买方承诺：在规定的期限内，如果市场参考利率高于协定的利率上限，则卖方向买方支付市场利率高于协定利率上限的差额部分；如果市场利率低于或等于协定的利率上限，卖方无任何支付义务，同时，买方由于获得了上述权利，必须向卖方支付一定数额的期权手续费。

利率下限是指客户与银行达成一项协议，双方规定一个利率下限，卖方向买方承诺：在规定的有效期内，如果市场参考利率低于协定的利率下限，则卖方向买方支付市场参考利率低于协定的利率下限的差额部分；若市场参考利率大于或等于协定的利率下限，则卖方没有任何支付义务。作为补偿，卖方向买方收取一定数额的手续费。

所谓利率上下限，是指将利率上限和利率下限两种金融工具结合使用。具体地说，购买一个利率上下限，是指在买进一个利率上限的同时，卖出一个利率下限，以收入的手续费来部分抵消需要支出的手续费，从而达到既防范利率风险又降低费用成本的目的。而卖出一个利率上下限，则是指在卖出一个利率上限的同时，买入一个利率下限。

最早在场外市场交易的利率期权是1985年推出的利率上限期权，当时银行向市场发行浮动利率票据，需要金融工具来规避利率风险。利率期权是指买方在支付了期权费后即取得在合约有效期内或到期时以一定的利率（价格）买入或卖出一定面额的利率工具的权利。利率期权合约通常以政府短期、中期、长期债券，欧洲美元债券，大面额可转让存单等利率工具为标的物。

（4）商品期权。商品期权（commodity options）作为期货市场的一个重要组成部分，是当前资本市场最具活力的风险管理工具之一。商品期权指标的物为实物的期权，如农产品中的小麦大豆、金属中的铜等商品期权是一种很好的商品风险规避和管理的金融工具。期权交易作为在期货交易基础上产生的一种全新的衍生产品和有效的风险管理工具，它具有独特的经济功能和较高的投资价值。其主要表现为：期权有利于现货经营企业的套期保值，它们通过购买期权，可以避免期货交易中追加保证金的风险；期权有利于发展订单农业及解决“三农”问题。美国政府就通过向农场主提供期权权利金的财政补贴及支付交易中的手续费等形式，以引导、鼓励农民进入期权市场。期货投资者可以利用期权规避市场风险。期权可以为期货进行“再保险”，二者的不同组合，可以构造多种不同风险偏好的交易策略，为投资者提供更多的交易选择。从本质上来说，商品期权与股票期权的性质是一样的，期权的买方有权利，但没有义务，在规定的时间范围内，按预先确定的价格买入或卖出一定数量的合约。然而，商品期权具有其内在的一些优势，主要包括保证金、分散化、交易策略的执行和公允价格。

（5）外汇期权。外汇期权也称为货币期权，指合约购买方在向出售方支付一定期权费后，所获得的在未来约定日期或一定时间内，按照规定汇率买进或者卖出一定数量外汇资产的选择权。外汇期权是期权的一种，相对于股票期权、指数期权等其他种类的期权来说，外汇期权买卖的是外汇，即期权买方在向期权卖方支付相应期权费后获得一项权利；即期权买方在支付一定数额的期权费后，有权在约定的到期日按照双方事先约定的协定汇率和金额同期权卖方买卖约定的货币，同时权利的买方也有权不执行上述买卖合约。

三、期权市场

期权市场，也称为期权交易所，是进行期权合约交易的市场。期权交易起始于18世纪后期的美国和欧洲市场。由于制度不健全等因素的影响，期权交易的发展一直受到抑制。19世纪末期20世纪早期，看跌期权/看涨期权自营商都是一些职业期权交易者，他们在交易过程中，并不会连续不断地提出报价，而是仅当价格变化明显有利于他们时才提出报价。这样的期权交易不具有普遍性，不便于转让，市场的流动性受到了很大限制，这种交易体制也容易受到限制。

对于早期交易体制的责难还不止这些。以XYZ期权交易为例，完全有可能出现只有一个交易者在做市的局面，致使买卖价差过大。直到1973年4月26日芝加哥期权交易所（CBOE）开张，进行统一化和标准化的期权合约买卖，上述问题才得到解决。期权合约的有关条款，包括合约量、到期日、敲定价等都逐渐标准化。起初，只开出16只股票的看涨期权，很快，这个数字就成倍地增加，股票的看跌期权不久也挂牌交易。迄今，全美所有交易所内有2 500多只股票和60余种股票指数开设相应的期权交易。之后，美国商品期货交易委员会放松了对期权交易的限制，有意识地推出商品期权交易和金融期权交易。

由于期权合约的标准化，期权合约可以方便地在交易所里转让给第三人，并且交易过程也变得非常简单，最后的履约也得到了交易所的担保，这样不但提高了交易效率，也降低了交易成本。1983年1月，芝加哥商业交易所提出了S&P500股票指数期权，纽约期货交易所也推出了纽约股票交易所股票指数期货期权交易，随着股票指数期货期权交易的成功，各交易所将期权交易迅速扩展至其他金融期货上。目前，期权交易所已经遍布全世界，其中芝加哥期权交易所是世界上最大的期权交易所。

20世纪80年代至90年代，期权柜台交易市场（或称场外交易）也得到了长足的发展。柜台期权交易是指在交易所外进行的期权交易。期权柜台交易中的期权卖方一般是银行，而期权买方一般是银行的客户。银行根据客户的需要，设计出相关品种，因而柜台交易的品种在到期期限、执行价格、合约数量等方面具有较大的灵活性。

第二节　BSM 期权定价模型的基本假设

作为现代金融学的三大支柱之一，定价问题一直是困扰期权研究和使用的一个难点。期权定价是所有金融应用领域数学上最复杂的问题之一。1973 年，Fisher Black 和 Myron Scholes 提出了一个完整的期权定价模型。与此同时，默顿也独立发现了同样的公式及许多其他有关期权的结论，并且两项成果几乎同时在不同刊物上发表。因此，布莱克-斯克尔斯定价模型亦可称为布莱克-斯克尔斯-默顿定价模型。1997 年 10 月 10 日，第 29 届诺贝尔经济学奖授予了两位美国学者——哈佛商学院教授罗伯特·默顿（RoBert Merton）和斯坦福大学教授迈伦·斯克尔斯（Myron Scholes）。他们创立和发展的布莱克-斯克尔斯期权定价模型（black scholes option pricing model）为包括股票、债券、货币、商品在内的新兴衍生金融市场的各种以市场价格变动定价的衍生金融工具的合理定价奠定了基础。

Black-Scholes 期权定价模型的假设条件具体如下：

（1）标的资产是风险资产。在 Black-Scholes 期权定价模型中期权的标的资产是股票，当前时刻市场价格为 S。S 遵循几何布朗运动，即

$$\frac{dS}{S} = \mu dt + \sigma dz \tag{5.1}$$

其中，dS 为股票价格瞬时变化值，dt 为极短瞬间的时间变化值，dz 的均值为零，方差 1；当 $dz = \varepsilon \sqrt{dt}$，称为标准布朗运动。$\varepsilon$ 代表从标准正态分布中取的一个随机值，μ 为股票价格在单位时间内的期望收益率（以连续复利表示），σ 则是股票价格的波动率，即证券收益率在单位时间内的标准差。μ 和 σ 都是已知的。

简单地分析几何布朗运动，意味着股票价格在短时期内的变动（即收益）来源于两个方面：一是单位时间内已知的一个收益率变化，被称为漂移率，可以被看成一个总体的变化趋势；二是随机波动项，可以看作随机波动使得股票价格变动偏离总体趋势的部分。

（2）在期权有效期内，标的资产没有现金收益支付，意味着标的资产价格的变动是连续而均匀的，不存在突然的跳跃。

（3）没有交易费用和税收，不考虑保证金问题，即不存在影响收益的任何外部因素，意味着投资者的收益仅来源于价格的变动，而没有其他影响因素。

（4）该标的资产可以被自由地买卖，即允许卖空，且所有证券都是完全可分的。

（5）在期权有效期内，无风险利率为常数，投资者可以此利率无限制地进行借贷。

（6）期权为欧式看涨期权，其执行价格为 X，当前时刻为 t，到期时刻为 T。

（7）整个市场都不存在无风险套利机会。

期权定价模型基于对冲证券组合的思想，投资者可建立期权与其标的股票的组合来保证确定报酬，在均衡时，此确定报酬必须得到无风险利率。期权的这一定价思想与无套利定价的思想是一致的。所谓无套利定价就是说任何零投入的投资只能得到零回报，任何非零投入的投资，只能得到与该项投资的风险所对应的平均回报，而不能

获得超额回报（超过与风险相当的报酬的利润）。从 Black-Scholes 期权定价模型的推导中，不难看出，期权定价本质上就是无套利定价。

第三节　Black-Scholes 期权定价公式

一、期权定价模型

在假设条件的基础上，Black 和 Scholes 得到了如下适用于无收益资产欧式看涨期权的一个微分方程：

$$\frac{\partial f}{\partial t} + rS\frac{\partial f}{\partial S} + \frac{1}{2}\sigma^2 S^2 \frac{\partial^2 f}{\partial S^2} = rf \tag{5.2}$$

其中，f 为期权价格，其他参数符号的意义同前。

通过解这个微分方程，Black 和 Scholes 得到了如下适用于无收益资产欧式看涨期权的定价公式：

$$c = SN(d_1) - Xe^{-r(T-t)}N(d_2) \tag{5.3}$$

其中，

$$d_1 = \frac{\ln(S/X) + (r + \sigma^2/2)(T - t)}{\sigma\sqrt{T - t}} \tag{5.4}$$

$$d_2 = \frac{\ln(S/X) + (r - \sigma^2/2)(T - t)}{\sigma\sqrt{T - t}} = d_1 - \sigma\sqrt{T - t} \tag{5.5}$$

c 为无收益资产欧式看涨期权价格；$N(x)$ 为标准正态分布变量的累计概率分布函数（这个变量小于 x 的概率）。

对于 Black-Scholes 期权定价公式而言，期权价格的影响因素包括标的资产市场价格、执行价格、波动率、无风险利率、到期时间和现金收益。从 Black-Scholes 期权定价公式中可以看出，期权价格是与标的资产的预期收益率无关的。这对于期权定价来说是非常重要的，因为我们很难找到一个有效且准确的证券预期收益率计算方法。而 Black-Scholes 期权定价公式中的期权价格与预期收益率无关，这在很大程度上降低了期权定价的难度和不确定性。同时，由于在 Black-Scholes 公式中出现的变量为标的证券当前市价（S）、执行价格（X）、时间（t）、证券价格的波动率（σ）和无风险利率（r），这些变量都是客观变量，与投资者的风险收益偏好无关。因此，我们可以进行如下假设：在对衍生证券定价时，所有投资者都是风险中性的。

在所有投资者都是风险中性的条件下（有时我们称之为进入了一个“风险中性世界”），所有证券的预期收益率都可以等于无风险利率 r，这是因为风险中性的投资者并不需要额外的收益来吸引他们承担风险。同样，在风险中性条件下，所有现金流量都可以通过无风险利率进行贴现求得现值。这就是风险中性定价原理。

应该注意的是，风险中性假定仅仅是一个人为假定，但通过这种假定所获得的结论不仅适用于投资者风险中性情况，也适用于投资者厌恶风险的所有情况。为了更好地理解风险中性定价原理，我们可以举一个简单的例子来说明。

假设一种不支付红利股票目前的市价为10元，我们知道在3个月后，该股票价格要么是11元，要么是9元。现在我们要找出一份3个月期协议价格为10.5元的该股票欧式看涨期权的价值。

由于欧式期权不会提前执行，其价值取决于3个月后股票的市价。若3个月后该股票价格等于11元，则该期权价值为0.5元；若3个月后该股票价格等于9元，则该期权价值为0。

为了找出该期权的价值，我们可构建一个由一单位看涨期权空头和单位的标的股票多头组成的组合。若3个月后该股票价格等于11元时，该组合价值等于（$11\Delta-0.5$）元；若3个月后该股票价格等于9元时，该组合价值等于9元。为了使该组合价值处于无风险状态，我们应选择适当的值，使3个月后该组合的价值不变，这意味着：$11\Delta-0.5=9$，也就是：$\Delta=0.25$。因此，一个无风险组合应包括一份看涨期权空头和0.25股标的股票。无论3个月后股票价格等于11元还是9元，该组合价值都将等于2.25元。

在没有套利机会的情况下，无风险组合只能获得无风险利率。假设现在的无风险年利率等于10%，则该组合的现值应为

$$2.25e^{-0.1\times0.25}=2.19\ (\text{元}) \tag{5.6}$$

由于该组合中有一单位看涨期权空头和0.25单位股票多头，而目前股票市场为10元，因此$10\times0.25-f=2.1$，也就是$f=0.31$元。这就是说，该看涨期权的价值应为0.31元，否则就会存在无风险套利机会。

从该例子可以看出，在确定期权价值时，我们并不需要知道股票价格上涨到11元的概率和下降到9元的概率。但这并不意味着概率可以随心所欲地给定。事实上，只要股票的预期收益率给定，股票上升和下降的概率也就确定了。例如，在风险中性世界中，无风险利率为10%，则股票上升的概率P可以通过下式来求解：

$$10=e^{-0.1\times0.25}\times[11P+9(1-P)] \tag{5.7}$$

通过计算上式可知，$P=62.66\%$。

又如，如果在现实世界中股票的预期收益率为15%，则股票的上升概率可以通过下式来求：

$$10=e^{-0.15\times0.25}\times[11P+9(1-P)] \tag{5.8}$$

通过计算上式可知：$P=69.11\%$。

通过上述表述可知，投资者对于风险的厌恶程度直接决定了标的资产，也就是股票的预期收益率，而股票的预期收益率又决定了股票价格上升还是下跌的概率。然而，无论投资者厌恶风险程度如何，无论该股票上升或下降的概率如何，该期权的价值都等于0.31元。

通过Black-Scholes期权定价公式可以看出，期权价格取决于标的资产市场价格、执行价格、到期期限、无风险利率和标的资产价格波动率（标的资产收益率的标准差）5个参数。其中，标的资产市场价格、执行价格以及到期期限都是交易双方可以很容易确定的数值。

1. 无风险利率

在发达的金融市场上，很容易获得对无风险利率的估计值。但是在实际应用时仍

然需要注意几个问题。首先，我们需要选择正确的利率。一般来说，在美国，人们大多选择美国国库券利率作为无风险利率的估计值。由于美国国库券所报出的利率通常为贴现率（利息占票面价值的比例），因此需要转化为通常的利率，并且用连续复利的方式表达出来，才可以在 Black-Scholes 公式中应用。其次，要小心地选择国库券的到期日，如果利率期限结构曲线倾斜严重，那么不同到期日的收益率很可能相差很大，我们必须选择距离期权到期日最近的那个国库券的利率作为无风险利率。

我们用一个例子来说明无风险利率的计算。假设一个还有 84 天到期的国库券，其买入报价为 8.83 美元，卖出报价为 8.77 美元。由于短期国库券市场报价为贴现率，我们可以利用下式计算其中间报价对应的现金价格（面值为 100 美元）为

$$P_{TB} = 100 - \left(\frac{8.83 + 8.77}{2}\right)\left(\frac{84}{360}\right) \tag{5.9}$$

通过上式可知，现金价格为 97.947 美元。

进一步应用连续复利利率的计算公式得到相应的利率：

$$e^{r(T-t)} = \frac{100}{P_{TB}} \tag{5.10}$$

通过上式可知，无风险利率为 $r = 0.090\ 2$。

2. 资产价格的波动率

估计标的资产价格的波动率要比估计无风险利率困难得多，也更为重要。估计标的资产价格波动率有两种方法：历史波动率和隐含波动率。

所谓历史波动率就是从标的资产价格的历史数据中计算出价格收益率的标准差。以股票价格为例，计算波动率可以运用统计学中计算样本均值和标准差的简单方法。其中，R_t 为股票价格百分比收益率，$\bar{R}$（或者为 μ）则为连续复利收益率（估计）均值，$\mathrm{Var}(R)$（或者 σ^2）则是连续复利收益率（估计）方差，σ 就是相应的（估计）标准差（波动率），即 Black-Scholes 公式计算时所用的参数。具体公式如下：

$$R_t = P_t / P_{t-1} \tag{5.11}$$

$$\bar{R} = \frac{1}{T}\sum_{t=1}^{T} \ln R_t \tag{5.12}$$

$$\mathrm{Var}(R) = \frac{1}{T-1}\sum_{t=1}^{T} (\ln R_t - \bar{R})^2 \tag{5.13}$$

在 Black-Scholes 公式所用的参数中，有三个参数与时间有关：到期期限、无风险利率和波动率。值得注意的是，这三个参数的时间单位必须相同，或者同为天、周，或者同为年。年是经常被用到的时间单位，因此，我们常常需要将天波动率转化为年波动率。在考虑年波动率时，有一个问题需要加以重视：一年的天数究竟按照日历天数还是按照交易天数计算。一般认为，证券价格的波动主要来自交易日。因此，在转换年波动率时，应该按照一年 252 个交易日进行计算。从统计的角度来看，时间越长，数据越多，获得的精确度一般越高。但是，资产价格收益率的波动率却又常常随时间而变化，太长的时间段反而可能降低波动率的精确度。因此，计算波动率时，要注意选取距离今天较近的时间，一般的经验法则是设定度量波动率的时期等于期权的到期期限。因此，如果要为 9 个月的期权定价，可使用 9 个月的历史数据。

从 Black-Scholes 期权定价模型本身来说，公式中的波动率指的是未来的波动率数据，这使得历史波动率始终存在着较大的缺陷。为了回避这一缺陷，一些学者将目光转向隐含波动率的计算。所谓的隐含波动率，即根据 Black-Scholes 期权定价公式，将公式中除了波动率以外的参数和市场上的期权报价代入，计算得到的波动率数据。显然，这里计算得到的波动率可以看作市场对未来波动率的预期。当然，由于 Black-Scholes 期权定价公式比较复杂，隐含波动率的计算一般需要通过计算机完成。

二、二叉树期权定价模型

对期权的定价而言，Black-Scholes 模型的出现是一个开创性的研究。然而，由于该模型涉及复杂的数学计算等问题，并且将期权的不确定性最后完全归结到了仅有的一个不确定性因素——波动率上，这些对大多数人而言是非常难以理解和操作的。于是，Cox 在 1979 年用一种比较浅显的方法也计算出了这个期权定价模型，这一模型被称为“二叉树模型（binomial model）”，这是一种期权的数值定价方法。这种方法的优点在于简单、直观，易于理解，并不需要太多的数学知识就可以加以理解和应用。同时，它不仅可以为欧式期权定价，而且可以为美式期权定价；不仅可以为无收益资产定价，而且可以为有收益资产定价，应用相当广泛，目前已经成为金融界基本的期权定价方法之一。

类似微积分中的定积分思路，二叉树模型首先把期权的有效期分为很多很小的时间间隔 Δt，并假设在每一个时间间隔 Δt 内证券价格只有两种运动的可能：从开始的 S 上升到原先的 u 倍，即到达 Su；下降到原先的 d 倍，即 Sd。其中，$u > 1$，$d < 1$，如图 5.1 所示。价格上升的概率假设为 q，下降的概率假设为 $1 - q$。相应地，期权价值也会有所不同，分别为 f_u 和 f_d。

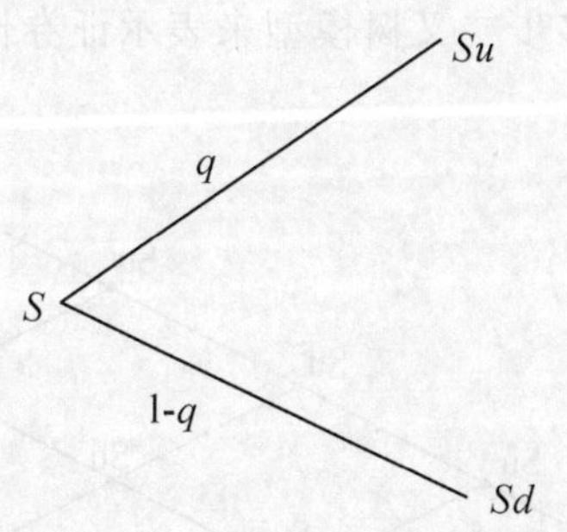

图 5.1　Δt 时间内资产价格的变动

事实上，如果是在较大的时间间隔内，这种二值运动的假设一定是不符合实际的，但是当时间间隔非常小，接近于无限小的时候，资产价格只有这两个运动方向的假设是可以接受的。因此，二叉树模型实际上是在用大量离散的小幅度二值运动来模拟连续的资产价格运动。

下面将运用风险中性定价法对期权进行定价。我们可以在二叉树模型中应用风险中性定价原理，确定参数 p 、u 和 d，从而为期权定价。在风险中性的世界里，所有可交易证券的期望收益都是无风险利率；未来现金流可以用其期望值按无风险利率贴现。

在风险中性的条件下，标的证券的预期收益率应等于无风险利率 r，因此若期初的证券价格为 S，则在很短的时间间隔 Δt 末的证券价格期望值应为 $Se^{r\Delta t}$。因此，参数 p、u 和 d 的值必须满足这个要求，即：

$$Se^{r\Delta t} = pSu + (1 - p)Sd \tag{5.14}$$

$$e^{r\Delta t} = pu + (1 - p)d \tag{5.15}$$

二叉树模型也假设证券价格遵循几何布朗运动，那么在一个时间段 Δt 内证券价格变化的方差是 $S^2e^{2\mu(T-t)}[e^{\sigma\ 2(T-t)} - 1]$。根据方差的定义，变量 Q 的方差等于 $E(Q^2) - [E(Q)]^2$，因此：

$$S^2e^{2\mu(T-t)}[e^{\sigma}\ 2(T - t) - 1] = pS^2u^2 + (1 - p)S^2d^2 - S^2[pu + (1 - p)d]^2 \tag{5.16}$$

$$e^{2\mu(T-t)}[e^{\sigma 2(T-t)} - 1] = pu^2 + (1 - p)d^2 - [pu + (1 - p)d]^2 \tag{5.17}$$

同时假设：

$$u = \frac{1}{d} \tag{5.18}$$

根据以上三个条件求得，当 Δt 很小时：

$$p = \frac{e^{r\Delta t} - d}{u - d} \tag{5.19}$$

$$u = e^{\sigma\sqrt{\Delta t}} \tag{5.20}$$

$$d = e^{-\sigma\sqrt{\Delta t}} \tag{5.21}$$

从而可知：

$$f = e^{-r\Delta t}[pf_u + (1 - p)f_d] \tag{5.22}$$

以上所述的单步二叉树模型虽然比较简单，但是已经充分说明了二叉树定价模型的基本思路。因此，在这个模型基础上，我们完全可以进一步拓展，从单步二叉树扩展到多步二叉树模型。应用多步二叉树模型来表示证券价格变化的完整树型结构，如图 5.2 所示。

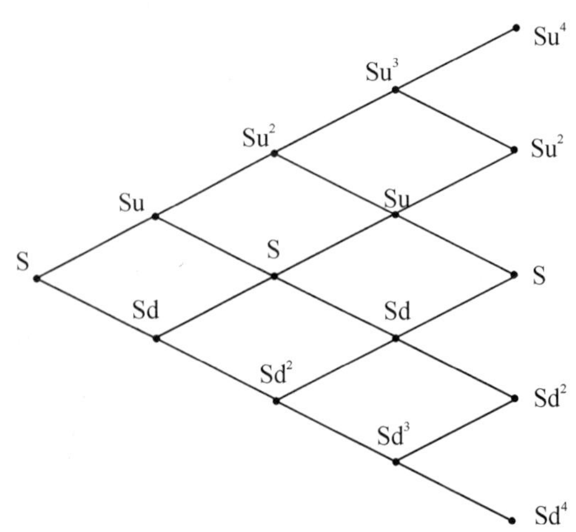

图 5.2　资产价格的多叉树结构

当时间为 0 时，证券价格为 S。时间为 Δt 时，证券价格要么上涨到 Su，要么下降到 Sd；时间为 $2\Delta t$ 时，证券价格就有三种可能，即 Su^2、Sud（等于 S）和 Sd^2，以此类推。一般而言，在 $i\Delta t$ 时刻，证券价格有 $i+1$ 种可能，它们可用符号表示为：$Su^j d^{i-j}$，其中 $j=0, 1, \cdots\cdots, i$。当然，由于 $u=\frac{1}{d}$，使得许多结点是重合的，从而大大简化了树图。

得到每个结点的资产价格之后，就可以在二叉树模型中采用倒推定价法，从树型结构图的末端 T 时刻开始往回倒推，为期权定价。由于在到期时刻的预期期权价值是已知的，如看涨期权价值为 $\max(S_T-X, 0)$，看跌期权价值为 $\max(X-S_T, o)$，因此在风险中性条件下求解 $T-\Delta t$ 时刻的每一结点上的期权价值时，都可通过将 T 时刻的期权价值的预期值在 Δt 时间长度内以无风险利率 r 贴现求出。同理，要求解 $T-2\Delta t$ 时的每一结点的期权价值时，也可以将 $T-\Delta t$ 时的期权价值预期值在时间 Δt 内以无风险利率 r 贴现求出。以此类推，采用这种倒推法，最终可以得到零时刻（当前时刻）的期权价值。

这就是利用多步二叉树方法计算欧式期权定价的情况，对于美式期权而言，就要在树型结构的每一个结点上，比较在本时刻提前执行期权和继续再持有 Δt 时间，到下一个时刻再执行期权，选择其中较大者作为本结点的期权价值。计算的核心思路还是与欧式期权一样。

假设把该期权有效期划分成 N 个长度为 Δt 的小区间，令 $f_{ij}(0\leqslant i\leqslant N, 0\leqslant j\leqslant i)$ 表示在时间 $i\Delta t$ 时第 j 个结点处的美式看跌期权的价值，我们将 f_{ij} 称为结点 (i, j) 的期权价值。同时用 $Su^j d^{i-j}$ 表示结点 (i, j) 处的证券价格。由于美式看跌期权在到期时的价值是 $\max(X-S_T, o)$，所以有

$$f_{N,j}=\max(X-Su^j d^{N-j}, 0) \tag{5.23}$$

其中，$j=0, 1, \cdots\cdots, N$。当时间从 $i\Delta t$ 变为 $(i+1)\Delta t$ 时，从结点 (i, j) 移动到结点 $(i+1, j+1)$ 的概率为 p，移动到 $(i+1, j)$ 的概率为 $1-p$。假定期权不被提前执行，则在风险中性条件下：

$$f_{ij}=e^{-r\Delta t}[pf_{i+1,j+1}+(1-p)f_{i+1,j}] \tag{5.24}$$

其中，$0\leqslant i\leqslant N-1$，$0\leqslant j\leqslant i$。如果考虑提前执行的可能性的话，式中的 f_{ij} 必须与期权的内在价值比较，由此可得

$$f_{ij}=\max\{X-Su^j d^{i-j}, e^{-r\Delta t}[pf_{i+1,j+1}+(1-p)f_{i+1,j}]\} \tag{5.25}$$

按这种倒推法计算，当时间区间的划分趋于无穷大，或者说当每一区间 Δt 趋于 0 时，就可以求出美式看跌期权的准确价值。

BSM 模型问世以来，受到普遍的关注与好评，有的学者还对其准确性开展了深入的检验。但同时，不少经济学家对模型中存在的问题亦发表了不同的看法。伽莱（galai）、特里皮（trippi）、奇拉斯（chiras）、曼纳斯特（manuster）、麦克贝斯（macbeth）及默维勒（merville）等对 BSM 模型进行了检验，发现：

（1）模型对平值期权的估价令人满意，特别是对剩余有效期限超过两月且不支付红利者效果更好。

（2）对于高度增值或减值的期权，模型的估价有较大偏差，会高估减值期权而低

估增值期权。

（3）对临近到期日的期权的估价存在较大误差。

（4）离散度过高或过低的情况下，会低估低离散度的买入期权，高估高离散度的买方期权。但总体而言，BSM 模型仍是相当准确的，是具有较强实用价值的定价模型。

（5）对 BSM 模型的检验着眼于从实际统计数据进行分析，对其表现进行评估。

另外的一些研究则从理论分析入手，提出了 BSM 模型存在的问题，这集中体现在对模型假设前提合理性的讨论上。不少学者认为，该模型的假设前提过于苛刻，在一定程度上影响了其可靠性，具体表现在以下四个方面：

（1）对股价分布的假设。BSM 模型的一个核心假设就是股票价格波动满足几何布朗运动过程，从而股价的分布是一个对数正态分布，这也就意味着股价是连续的。麦顿（merton）、约翰·考克斯（John Carrington Cox）、斯蒂芬·罗斯（Stephen A. Ross）、马克·鲁宾斯坦（Mark Rubinstein）等指出，股价的变动不仅包括对数正态分布的情况，也包括由于重大事件而引起的跳起情形，忽略后一种情况是不全面的，而且也会造成期权定价上的偏差。

（2）关于连续交易的假设。从理论上讲，投资者可以连续地调整期权与股票间的头寸状况，得到一个无风险的资产组合。但实践中这种调整必然受多方面因素的制约。

（3）假定股票价格的离散度不变也与实际情况不符。布莱克本人后来的研究表明，随着股票价格的上升，其方差一般会下降，而并非独立于股价水平。有的学者曾想扩展 BSM 模型以解决变动的离散度的问题，但至今未取得满意的进展。

（4）假设不考虑交易成本及保证金等因素，这与现实存在较大的差异；假设期权的基础股票不派发股息更是限制了模型的广泛运用。不少学者认为，股息派发的时间与数额均会对期权价格产生实质性的影响，如果忽视这种影响，那么期权的定价将会产生较大的偏差，这种偏差将会在很大程度上影响此模型的应用价值。

思考题

1. BSM 期权定价公式的假设条件是什么？如果某个假设条件不满足，还能得到期权定价公式吗？

2. BSM 期权定价公式假设条件很多，并且部分假设条件与现实差异较大，那么应该如何理解和看待此公式的意义？

3. BSM 期权定价公式有什么不足之处？

第六章　有效市场理论

20 世纪 60 年代，Fama（1965）、Samuelson（1965）、Mandelbrot（1966）创立了有效市场假说（efficient market hypothesis，EMH）。该假说将市场有效性问题很好地融入了主流经济学，成为现代金融学的范式。然而，随着近年来研究的不断深入，EMH 引起了许多争论，特别是关于金融市场上异常波动、极端风险等各种异象，这对 EMH 产生了重要的影响。随着人们对这些问题研究的深入，逐渐诞生了行为金融学等相关理论，同时关于金融市场非线性特征的相关研究也推动了混沌、多重分形、非线性动力学等理论的发展。本章将主要介绍有效市场理论的基本内容、有效市场的检验方法、有效市场理论的局限性以及分形市场理论等。

第一节　有效市场理论

一、有效市场的概念

早在 1900 年，巴舍利耶（Louis Bachelier）就指出股票价格在证券市场中遵循一个随机游走（random walk）过程，其最早指出股票价格在投机市场中遵循一个随机游走过程；随后，考尔斯（Alfred Cowles，1933）、肯德尔（Maurice G. Kendall，1953）、库特纳（Paul H. Cootner，1964）等学者先后对此问题进行了大量的卓有成效的研究，而萨缪尔森（Paul A. Samuelsen，1965）更是从理论上给出了更为一般的数学解释。

1965 年，Fama 综合各种观点，正式提出有效市场假说（efficient market hypothesis，EMH），该假说指出：一个有效率的市场是指一个存在大量理性参与者活跃竞争的市场。在这个市场上，每位参与者都尽力预测未来证券的市场价值，并且当前重要的信息几乎免费地被所有参与者获得。在有效市场中，参与者的竞争导致这样一个状况：在任何时点上，证券的实际价格都已经反映了已发生事件和市场预计将来会发生事件的信息。也就是说，在一个有效市场上，证券在任何时点的价格都是它内在价值的最好估计。

有效市场假说是量化金融市场理论的核心，也是现代金融经济学的重要理论基础之一。目前，我们所熟知的经典金融理论大都是基于 EMH 理论的，诸如 Markowitz（1952）的现代投资组合理论（MPT）、夏普（William F. Sharpe，1964）的资本资产定价模型（CAPM）、布莱克-舒尔斯-莫顿（Robert C. Merton，Fischer Black & Myron Scholes，1973）的期权定价模型（OPM）、罗斯（Stephen A. Ross，1976）的套利定价模型（APT）等。

二、有效市场理论的假设条件

有效市场理论的基本假设条件主要有：证券市场是无摩擦的，也就是在证券交易过程中无交易费用；所有市场参与者获得信息都不需要支付额外成本；所有投资者都是理性的，也就是投资者的目标都是追求个人效用最大化。即使某些投资者是非理性的，由于他们在市场中的交易大都是随机进行的，当这类投资者的数量较大时，那么他们的独立交易行为在很大程度上可以互相抵消。因此，即便是非理性投资者的交易量比较大，但是证券价格还是在基本价值附近变化；另外，由于非理性投资者通常是高买低卖，这种投资方式也会导致他们的财富逐渐减少，直至完全退出证券市场。显然，当投资者都是理性的，证券价格在这样的市场中可以“充分反映”所有可获得的信息。然而，在现实证券市场上，这种无摩擦市场几乎是不存在的，但有效市场理论的部分支持者认为，这些条件并不是证券市场有效的必要条件，将这些条件在一定程度上适当放松，证券市场应该仍然是有效的。

近几十年来，许多学者和业界专家对有效市场进行了大量研究，并且取得了很多成果。其主要体现在以下三个方面：

（1）关于无交易成本假设的放松。市场微观结构理论就是关于放松无交易费用假设后所得到的最新理论成果，主要研究市场定价效率问题，特别是在考虑到投资者交易费用情形下。

（2）关于无额外成本获得信息假设，也在随后的很多研究中进行了拓展，特别是在信息非对称问题上，研究发现投资者类型分布情况也是影响市场效率的一个重要因素。

（3）关于理性假设的放松，也可以看作一致预期假设的拓展，也产生了许多重要的金融学理论，如行为金融理论、分形理论、噪声交易者理论等。

三、有效市场的分类

1991 年，Fama 在 Robert（1967）信息分类方法的基础上，将有效市场分为弱式有效市场、半强式有效市场、强式有效市场。有效市场理论的着眼点是信息。

一般而言，信息可以分为历史信息、所有可以公开获得的信息以及所有可用的信息等。1967 年，Roberts 提出了信息分类方法，在此基础上，Fama 在 1991 年根据信息的可获得性和信息获得成本的不同，提出了三种有效市场假说。

1. 弱式有效市场假说（weak-form efficient market hypothesis）

该假说认为，金融资产当前价格已经充分反映在所有的历史信息中，包括过去的价格趋势、成交量、收益率等。此时，所有历史信息都已经反映在证券价格上，也就意味着这些已经与未来证券价格的变动没有任何关系，所以就无法利用历史信息来预测未来，也就意味着传统的依赖于证券市场历史交易价格和成交量等指标的技术分析方法将失去效用。

2. 半强式有效市场假说（semi- strong- form efficient market hypothesis）

该假说认为证券价格不仅反映了历史价格中的所有信息，还反映了所有的已公开信息，这些公开信息包括交易价格、成交量、换手率、流动性、市盈率、市净率、公司财务信息、公司盈利、股利、管理特征等。由于证券价格已反映了所有已公开信息，所以投资者无法利用公开信息获得超额收益。在半强式有效市场假说下，在证券市场上的任何基本面分析也都是无效的，任何依赖那些公开信息期望获得比其竞争对手更精确的信息都是不可能的。同时，信息一经发布就可以迅速反映在证券价格上，所以此时任何技术分析和基本面分析都将无效，也只有内幕信息等非公开信息才可能获得超额收益。

3. 强式有效市场假说（strong- form efficient market hypothesis）

该假说认为，证券价格已反映了全部信息，包括历史的、已公开的以及未公开信息。此时，在证券市场上任何投资者都将无法获得超额收益。

在强式有效市场假说下，与公司价值有关的所有信息都已经反映在证券价格上了，此时市场所有投资者都确切掌握了公司的所有信息，所以任何投资者都无法通过信息获得超额收益。从以上表述可以看出，强式有效市场是一个非常极端的情形，它要求证券价格反映公司内部信息，但是内部信息的特性就是非公开性，所以此情况存在较大矛盾。

从以上表述可以看出，弱式有效市场假说反映证券价格的信息集是最小的，仅有历史交易信息；而半强式有效市场假说的信息集，既包含了弱式有效市场的信息集，也包括所有可以公开获得的信息；强式有效市场的信息集是最大的，不仅包括弱势有效市场、半强式有效市场的信息集，而且还包括内幕人所知的信息。三者之间的信息集是从小范围到大范围、后者包含前者的关系，如图 6.1 所示。

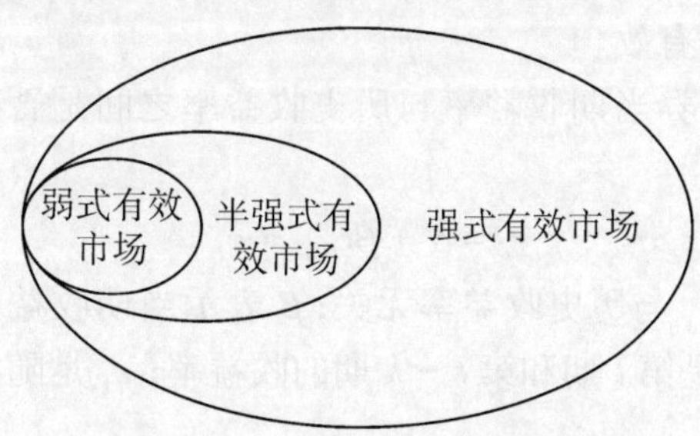

图 6.1　弱式、半强式、强式有效市场

如果投资者认为市场不是有效的或处于弱式有效状态，那么投资者应该采用积极的投资策略。所谓积极的投资策略，就是指投资者主动收集信息进行分析，试图买入被市场低估的证券，或卖出被市场高估的证券，从而获得超额收益。采用积极的投资策略最重要的环节就是择股和择时。择股是选择合适的股票；择时是投资者通过对证券市场流动性等因素的预估和判断选择合理交易时机。

事实上，从以上分析可以看出，如果证券市场是强式有效的，那么无论任何投资者，利用任何投资策略都是无法获得超额收益的，也就是说，无论是技术分析，还是基本分析都将失效。然而，我们必须看到，即便是在强有效市场上，组合管理策略也是有效的，这其中的原因在组合分散化原理，通过组合管理策略，投资者可有效地降低组合风险中的非系统性风险。

第二节　有效市场假说的检验

自有效市场假说诞生以来，许多学术界的学者和业界专家都通过各种实证分析来检验证券市场的有效性。大多数研究结果表明，证券市场是弱式有效或半强式有效的。事实上，所有的检验结果都不能完全拒绝市场有效的假设，这是因为，实证结果拒绝原假设，既可能是市场无效，也可能是模型设定偏误。

通过上一节中有效市场的分类可知：如果强式有效市场假说是成立的，那么半强式有效市场假说也一定会成立；而如果半强式有效市场假说成立，那么弱式有效市场假说也一定成立。因此，在对证券市场进行检验时，检验弱式有效市场假说是否成立都是首先要进行的，如果弱势有效市场假说成立，那么再继续检验半强式有效市场假说是否成立；如果半强式有效市场假说也成立，那么再检验强式有效市场假说是否成立。

有效市场假说理论的检验方法主要有：

一、序列相关性检验（Serial Correlation）

所谓的序列相关性检验，就是检验股票价格变化的自相关性，也就是检验股票在第 i 期和第 j 期价格变化的相关系数。如果相关系数很高，那么就说明证券价格变动容易受到上一期价格变动的影响；如果相关系数很低，那么证券价格变化就是序列不相关的，也就说明投资者无法从现在和历史的证券价格信息来预测未来证券价格变动，也就说明证券市场是弱式有效。

相关性检验是检验证券当期收益率与历史收益率之间是否存在线性关系，回归方程可以表示为

$$r_t = \alpha + \beta r_{t-k} + \varepsilon_t \tag{6.1}$$

其中，α 代表期望收益率，与历史收益率无关；β 表示当期收益率与历史收益率的相关关系；r_t 和 r_{t-k} 分别表示是第 t 期和第 $t-k$ 期的收益率；ε_t 是随机干扰项。

二、游程检验

游程检验亦称“连贯检验”，是根据样本表现排列所形成的游程的多少进行判断的检验方法。这是一种非参数性统计假设的检验方法，是游程总数检验和最大游程检验的总称，用于两个独立样本的比较和观测结果随机性的检验测试。如果证券收益率为正，那么我们就标注为“+”号；反之，则标注为“-”号，具有相同符号的一个序列称为一个游程。因此，可以借助对价格变化序列进行分析，如果相关性较高，那么就会较大概率出现较长的一个“+”序列或“-”序列。

三、过滤检验

1964 年，Alexanda 提出了著名的过滤检验，用来验证证券市场是否达到弱势有效。随后，Fama 和 Blume（1966）对过滤原则进行了拓展。所谓的过滤检验是指，如果股票价格变动超过模型设定的阈值，那么它将在一定程度上延续这种变化，也就是所谓的动量效应。因此，投资者可以根据此信息进行证券投资组合选择。

四、事件研究法

Ball 和 Brown（1968）、Fama 等（1969）提出了事件研究法，这种方法的原理比较简单和直观，便于使用。其基本原理是根据研究目的选择某一特定事件，然后根据研究事件发生前后的样本股票收益率变化情况，来分析和解释特定事件对样本股票的影响。显然，根据有效市场理论可知，如果证券市场是半强式有效市场，那么任何事件都将立即反映在证券价格中，任何人都不能利用这种事件获得超额收益。因此，事件研究法主要是用来检验半强式有效市场理论。

事件研究法的基本步骤主要有：

（1）根据研究目的，确定研究事件。

（2）确定事件期。考察事件对证券价格影响的首要工作就是确立一个合理的事件期，主要包括事前估计期与事后观察期。事前估计期的主要作用就是估计正常收益率；事后观察期主要用于研究事件发生后证券价格发生的异常变化。

综上所述，序列相关性检验方法的优点是简便直观，易于操作和实现；缺点是结果容易受到个别极端值影响；游程检验的结果不容易受到个别极端值的影响。当然，序列相关性检验和游程检验都是反映当期收益率和前期收益率的一个相关关系。

第三节　国内外主要证券交易市场

证券市场交易制度的核心是价格发现功能，后者也是整个证券市场重要的环节之一。在现代证券市场，大多数的交易均是通过集中的、电子化的市场进行的，因此，需要有一个电子化的交易系统来支撑这些交易，这就是通常所说的证券交易系统。证券交易系统本质上是物化的证券交易制度，即通过计算机系统和通信网络技术来实现证券交易制度的各项功能。

一、我国证券市场

证券交易所是依据国家有关法律、经政府证券主管机关批准设立的集中进行证券交易的有形场所。证券交易所是我国上市证券集中交易的场所。我国的证券交易所主要有四个：上海证券交易所、深圳证券交易所、香港交易所、台湾证券交易所。

1. 上海证券交易所

上海证券交易所成立于 1990 年 11 月 26 日，同年 12 月 19 日开业，归属中国证监会垂直管理。按照“法制、监管、自律、规范”的八字方针，上海证券交易所致力于创造透明、开放、安全、高效的市场环境，其主要职能包括：提供证券交易的场所和设施；制定证券交易所的业务规则；接受上市申请，安排证券上市；组织、监督证券交易；对会员、上市公司进行监管；管理和公布市场信息。

上海证券交易所下设办公室、人事部（党委组织部）、党委办公室（党委宣传部）、纪检监察办公室、交易管理部、发行上市部、上市公司监管一部、上市公司监管二部、会员部、债券业务部、国际发展部、基金业务部、衍生品业务部、市场监察部、法律部、投资者教育部（企业培训服务中心）、总工程师办公室、信息中心、北京中心、财务部、风控与内审部、资本市场研究所、香港办事处、基建工作小组、自贸区交易平台筹备工作小组、花桥基地工作小组等内设部门或临时工作小组，以及全资子公司——上交所技术有限责任公司、上证所信息网络有限公司、上证金融服务有限公司，通过它们的合理分工和协调运作，有效地担当起证券市场组织者的角色。此外，上海证券交易所还控股或参股了 20 家公司机构，大大拓展了其服务范围。

经过 30 年的快速成长，上海证券交易所已发展成为拥有股票、债券、基金、衍生品四大类证券交易品种的，市场结构完整的证券交易所；拥有可支撑上海证券市场高效稳健运行的，世界先进的交易系统及基础通信设施；拥有可确保上海证券市场规范有序运作的，效能显著的自律监管体系。依托这些优势，上海证券市场的规模和投资者群体也在迅速壮大。2015 年，沪市上市公司数量达 1 081 家，总市值 29.5 万亿元，全年累计成交金额 132.6 万亿元，日均成交达 5 433 亿元，股市筹资总额达 8 713 亿元；债券市场挂牌数量达 4 489 只，托管量 3.4 万亿元，累计成交 122.8 万亿元；股票期权累计挂牌交易合约数为 510 个，日均合约成交量 10.6 万张，日均权利金交易额为 1.1 亿元；基金市场上市数量达 135 只，总市值 4 543 亿元，累计成交 10.4 亿元。投资者开户数量已达 13 699 万户。

根据上海证券交易所交易规则（2015 年）的要求，目前上海证券交易所的基本交易机制主要包括以下几种：

（1）交易品种和交易时间。上海证券交易所要求可以在本所市场挂牌交易的交易品种主要有股票、基金、债券、债券回购、权证以及经证监会批准的其他交易品种。交易时间则是每周一至周五（国家法定假日和本所公告的休市日除外），每个交易日的 9:15 至 9:25 为开盘集合竞价时间，9:30 至 11:30、13:00 至 15:00 为连续竞价时间，开市期间停牌并复牌的证券除外。

（2）证券买卖。上海证券交易所的所有证券交易实行全面指定交易制度，境外投资者从事 B 股交易的除外。全面指定交易是指参与上海证券交易所市场证券买卖的投资者必须事先指定一家会员作为其买卖证券的受托人，通过该会员参与上海证券交易所市场证券买卖。投资者应当与指定交易的会员签订指定交易协议，明确双方的权利、义务和责任。指定交易协议一经签订，会员即可根据投资者的申请向上海证券交易所交易主机申报办理指定交易手续。在开市期间接受指定交易申报指令，该指令被交易主机接受后即刻生效。投资者变更指定交易的，应当向已指定的会员提出撤销申请，由该会员申报撤销指令。对于符合撤销指定条件的，会员不得限制、阻挠或拖延其办理撤销指定手续。指定交易撤销后即可重新申办指定交易。

投资者在上海证券交易所买卖证券，应当开立证券账户和资金账户，并与会员签订证券交易委托协议。协议生效后，投资者即成为该会员经纪业务的客户（以下简称“客户”）。投资者开立证券账户，按上海证券交易所指定登记结算机构的规定办理。客户可以通过书面或电话、自助终端、互联网等自助委托方式委托会员买卖证券。电话、自助终端、互联网等自助委托应当按相关规定操作。客户通过自助委托方式参与证券买卖的，会员应当与其签订自助委托协议。

客户的委托指令应当包括下列内容：证券账户号码、证券代码、买卖方向、委托数量、委托价格。客户可以采用限价委托或市价委托的方式委托会员买卖证券。限价委托是指客户委托会员按其限定的价格买卖证券，会员必须按限定的价格或低于限定的价格申报买入证券；按限定的价格或高于限定的价格申报卖出证券。市价委托是指客户委托会员按市场价格买卖证券。客户可以撤销委托的未成交部分。被撤销和失效的委托，会员应当在确认后及时向客户返还相应的资金或证券。

根据市场需要，上海证券交易所可以接受下列方式的市价申报：①最优五档即时成交剩余撤销申报，即该申报在对手方实时最优五个价位内以对手方价格为成交价逐次成交，剩余未成交部分自动撤销。②最优五档即时成交剩余转限价申报，即该申报在对手方实时五个最优价位内以对手方价格为成交价逐次成交，剩余未成交部分按本方申报最新成交价转为限价申报；如该申报无成交的，按本方最优报价转为限价申报；如无本方申报的，该申报撤销。

竞价交易中，债券交易的申报数量应当为 1 手或其整数倍，债券质押式回购交易的申报数量应当为 100 手或其整数倍，债券买断式回购交易的申报数量应当为 1 000 手或其整数倍。债券交易和债券买断式回购交易以人民币 1 000 元面值债券为 1 手，债券质押式回购交易以人民币 1 000 元标准券为 1 手。但本所另有规定的除外。股票、基金、权证交易单笔申报最大数量应当不超过 100 万股（份），债券交易和债券质押式回购交易单笔申报最大数量应当不超过 10 万手，债券买断式回购交易单笔申报最大数量应当不超过 5 万手。根据市场需要，上海证券交易所可以调整证券的单笔申报最大数量。不同证券的交易采用不同的计价单位。股票为“每股价格”，基金为“每份基金价格”，权证为“每份权证价格”，债券为“每百元面值债券的价格”，债券质押式回购为“每百元资金到期年收益”，债券买断式回购为“每百元面值债券的到期购回价格”。A 股、债券交易和债券买断式回购交易的申报价格最小变动单位为 0.01 元人民币，基金、权证交易为 0.001 元人民币，B 股交易为 0.001 美元，债券质押式回购交易为 0.005 元人民币。根据市场需要，上海证券交易所可以调整各类证券单笔买卖申报数量和申报价格的最小变动单位。

（3）涨跌幅限制。上海证券交易所对股票、基金交易实行价格涨跌幅限制，涨跌幅比例为 10%。股票、基金涨跌幅价格的计算公式为：涨跌幅价格 = 前收盘价 ×（1 ± 涨跌幅比例）。计算结果按照四舍五入原则取至价格最小变动单位。

属于下列情形之一的，首个交易日无价格涨跌幅限制：首次公开发行上市的股票和封闭式基金；增发上市的股票；暂停上市后恢复上市的股票；退市后重新上市的股票。

买卖有价格涨跌幅限制的证券，在价格涨跌幅限制以内的申报为有效申报，超过价格涨跌幅限制的申报为无效申报。买卖无价格涨跌幅限制的证券，集合竞价阶段的有效申报价格应符合下列规定：股票交易申报价格不高于前收盘价格的200%，并且不低于前收盘价格的50%；基金、债券交易申报价格最高不高于前收盘价格的150%，并且不低于前收盘价格的70%。集合竞价阶段的债券回购交易申报无价格限制。

买卖无价格涨跌幅限制的证券，连续竞价阶段的有效申报价格应符合下列规定：申报价格不高于即时揭示的最低卖出价格的110%且不低于即时揭示的最高买入价格的90%；同时不高于上述最高申报价与最低申报价平均数的130%且不低于该平均数的70%；即时揭示中无买入申报价格的，即时揭示的最低卖出价格、最新成交价格中较低者视为前项最高买入价格；即时揭示中无卖出申报价格的，即时揭示的最高买入价格、最新成交价格中较高者视为前项最低卖出价格。

证券竞价交易采用集合竞价和连续竞价两种方式。集合竞价是指在规定时间内接受的买卖申报一次性集中撮合的竞价方式。连续竞价是指对买卖申报逐笔连续撮合的竞价方式。集合竞价期间未成交的买卖申报，自动进入连续竞价。证券竞价交易按价格优先、时间优先的原则撮合成交。成交时价格优先的原则为：较高价格买入申报优先于较低价格买入申报，较低价格卖出申报优先于较高价格卖出申报。成交时时间优先的原则为：买卖方向、价格相同的，先申报者优先于后申报者。先后顺序按交易主体接受申报的时间确定。

集合竞价时，成交价格的确定原则为：可实现最大成交量的价格；高于该价格的买入申报与低于该价格的卖出申报全部成交的价格；与该价格相同的买方或卖方至少有一方全部成交的价格。

两个以上申报价格符合上述条件的，使未成交量最小的申报价格为成交价格；仍有两个以上使未成交量最小的申报价格符合上述条件的，其中间价为成交价格。集合竞价的所有交易以同一价格成交。

连续竞价时，成交价格的确定原则为：最高买入申报价格与最低卖出申报价格相同，以该价格为成交价格；买入申报价格高于即时揭示的最低卖出申报价格的，以即时揭示的最低卖出申报价格为成交价格；卖出申报价格低于即时揭示的最高买入申报价格的，以即时揭示的最高买入申报价格为成交价格。

（4）大宗交易。在上海证券交易所进行的证券买卖符合以下条件的，可以采用大宗交易方式：A股单笔买卖申报数量应当不低于30万股，或者交易金额不低于200万元人民币；B股单笔买卖申报数量应当不低于30万股，或者交易金额不低于20万美元；基金大宗交易的单笔买卖申报数量应当不低于200万份，或者交易金额不低于200万元人民币；债券及债券回购大宗交易的单笔买卖申报数量应当不低于1 000手，或者交易金额不低于100万元人民币。

上海证券交易所每个交易日接受大宗交易申报的时间分别为：9:30至11:30、13:00至15:30接受意向申报；9:30至11:30、13:00至15:30、16:00至17:00接受成交申报；15:00至15:30接受固定价格申报。交易日的15：00仍处于停牌状态的证券，不再接受其大宗交易的申报。上海证券交易所接受大宗交易申报主要有意向申报、成交申报、固定价格申报。

买卖双方就大宗交易达成一致后，应当委托会员通过交易业务单元向本所交易系统提出成交申报，申报指令应当包括以下内容：证券代码、证券账号、买卖方向、成交价格、成交数量。并且买卖双方达成协议后，向本所交易系统提出成交申报，申报的交易价格和数量必须一致。

对于固定价格申报的大宗交易，买卖双方可按当日竞价交易市场收盘价格或者当日全天成交量加权平均价格进行申报。固定价格申报指令应当包括证券账号、证券代码、买卖方向、交易类型、交易数量等。在接受固定价格申报期间内，固定价格申报可以撤销；申报时间结束后，上海证券交易所根据时间优先的原则对固定价格申报进行匹配成交，未成交部分自动撤销。

有价格涨跌幅证券的成交申报价格，由买方和卖方在当日价格涨跌幅限制范围内确定。无价格涨跌幅限制证券的成交申报价格，由买卖双方在前收盘价格的上下30%或当日已成交的最高、最低价格之间自行协商确定。每个交易日16：00至17：00接受的申报，适用于当日其他交易时段接受的涨跌幅价格。

上海证券交易所在每个交易日结束后通过本交易所网站公布以下交易信息：股票和基金的成交申报大宗交易，内容包括：证券代码、证券简称、成交量、成交价格以及买卖双方所在会员证券营业部的名称；债券和债券回购的成交申报大宗交易，内容包括：证券名称、成交价和成交量；单只证券的固定价格申报的成交量、成交金额，及该证券当日买入、卖出金额最大五家会员证券营业部的名称和各自的买入、卖出金额。

（5）债券回购交易。债券回购交易包括债券买断式回购交易和债券质押式回购交易等。债券买断式回购交易是指债券持有人将债券卖给购买方的同时，交易双方约定在未来某一日期，卖方再以约定价格从买方购回相等数量同种债券的交易。债券质押式回购交易是指债券持有人在将债券质押的同时，将相应债券以标准券折算比率计算出的标准券数量为融资额度而进行的质押融资，交易双方约定在回购期满后返还资金和解除质押的交易。债券回购交易的期限按日历时间计算。如到期日为非交易日，顺延至下一个交易日结算。

（6）证券交易信息公开。有价格涨跌幅限制的股票、封闭式基金竞价交易出现下列情形之一的，上海证券交易所公布当日买入、卖出金额最大的5家会员营业部的名称及其买入、卖出金额：日收盘价格涨跌幅偏离值达到±7%的各前3只股票（基金），收盘价格涨跌幅偏离值的计算公式为：收盘价格涨跌幅偏离值=单只股票（基金）涨跌幅-对应分类指数涨跌幅。日价格振幅达到15%的前3只股票（基金），价格振幅的计算公式为：价格振幅=（当日最高价格-当日最低价格）/当日最低价格×100%。日换手率达到20%的前3只股票（基金），换手率的计算公式为：换手率=成交股数（份额）/流通股数（份额）×100%。收盘价格涨跌幅偏离值、价格振幅或换手率相同的，依次按成交金额和成交量选取。

股票、封闭式基金竞价交易出现下列情形之一的属于异常波动，上海证券交易所将分别公告该股票、封闭式基金交易异常波动期间累计买入、卖出金额最大5家会员营业部的名称及其买入、卖出金额：连续3个交易日内日收盘价格涨跌幅偏离值累计达到±20%的；连续3个交易日内日均换手率与前5个交易日的日均换手率的比值达到30倍，并且该股票、封闭式基金连续3个交易日内的累计换手率达到20%的；上海证券交易所或证监会认定属于异常波动的其他情形。

上海证券交易所对证券实施特别停牌的，根据需要可以公布以下信息：成交金额最大的五家会员营业部的名称及其买入、卖出数量、买入、卖出金额和股份统计信息。

（7）交易行为监督。上海证券交易所对下列可能影响证券交易价格或者证券交易量的异常交易行为予以重点监控：可能对证券交易价格产生重大影响的信息披露前，大量买入或者卖出相关证券；以同一身份证明文件、营业执照或其他有效证明文件开立的证券账户之间，大量或者频繁进行互为对手方的交易；委托、授权给同一机构或者同一个人代为从事交易的证券账户之间，大量或者频繁进行互为对手方的交易；两个或两个以上固定的或涉嫌关联的证券账户之间，大量或者频繁进行互为对手方的交易；大笔申报、连续申报或者密集申报，以影响证券交易价格；频繁申报或频繁撤销申报，以影响证券交易价格或其他投资者的投资决定；巨额申报，且申报价格明显偏离申报时的证券市场成交价格；一段时期内进行大量且连续的交易；在同一价位或者相近价位大量或者频繁进行回转交易；大量或者频繁进行高买低卖交易；进行与自身公开发布的投资分析、预测或建议相背离的证券交易；在大宗交易中进行虚假或其他扰乱市场秩序的申报。

上海证券交易所对情节严重的异常交易行为，可以视情况采取下列措施：口头或书面警示，约见谈话，要求相关投资者提交书面承诺，限制相关证券账户交易，报请证监会冻结相关证券账户或资金账户，上报证监会查处。

2. 深圳证券交易所

深圳证券交易所（以下简称深交所）成立于 1990 年 12 月 1 日，是为证券集中交易提供场所和设施，组织和监督证券交易，履行国家有关法律、法规、规章、政策规定的职责，实行自律管理的法人，由中国证券监督管理委员会（以下简称中国证监会）监督管理。深交所的主要职能包括：提供证券交易的场所和设施，制定业务规则，接受上市申请、安排证券上市，组织、监督证券交易，对会员进行监管，对上市公司进行监管，管理和公布市场信息，中国证监会许可的其他职能。

深交所以建设中国多层次资本市场体系为使命，全力支持中国中小企业发展，推进自主创新国家战略的实施。2004 年 5 月，中小企业板正式推出；2006 年 1 月，中关村科技园非上市公司股份报价转让开始试点；2009 年 10 月，创业板正式启动，多层次资本市场体系架构基本确立。

根据深交所 2016 年交易规则等相关信息，具体交易规则如下：

（1）交易品种和交易时间。深圳证券交易所要求可以在本所市场挂牌交易的交易品种主要有股票、基金、债券、权证以及经证监会批准的其他交易品种。交易时间则是每周一至周五（国家法定假日和本所公告的休市日除外），每个交易日的 9:15 至 9:25 为开盘集合竞价时间，9:30 至 11:30、13:00 至 15:00 为连续竞价时间，开市期间停牌并复牌的证券除外。

（2）涨跌幅限制。深圳证券交易所对股票、基金交易试行价格涨跌幅有限制，涨跌幅限制的比例为 10%，ST 和 ST＊等被实施特别处理的股票价格涨跌幅限制比例为 5%。涨跌幅限制价格的计算公式为：涨跌幅限制价格 = 前收盘价×(1±涨跌幅限制比例)。计算结果按照四舍五入原则取至价格最小变动单位，涨跌幅限制价格与前收盘价之差的绝对值低于价格最小变动单位时，以前收盘价增减一个价格最小变动单位为涨跌幅限制价格。

（3）大宗交易。在深圳证券交易所进行的证券买卖符合以下条件的，可以采用大宗交易方式，上海证券交易所每个交易日接受大宗交易申报的时间分别为 9:15 至 11:30、13:00 至 15:30。A 股单笔买卖申报数量应当不低于 30 万股，或者交易金额不低于 200 万元人民币；B 股单笔买卖申报数量应当不低于 3 万股，或者交易金额不低于 20 万港币；基金大宗交易的单笔买卖申报数量应当不低于 200 万份，或者交易金额不低于 200 万元人民币；债券单笔买卖申报数量应当不低于 5 000 张，或者交易金额不低于 50 万元人民币。

（4）证券交易信息公开。有价格涨跌幅限制的股票、封闭式基金竞价交易出现以下情形时，深圳证券交易所将分别公布相关证券当日买入、卖出金额最大五家会员证券营业部或交易单元的名称及其各自的买卖金额：当日收盘价涨跌幅偏离值达到±7%的前五只证券；当日价格振幅达到 15%的前五只证券；当日换手率达到 20%的前五只证券。无价格涨跌幅限制的股票，深圳证券交易所公布其当日买入卖出金额最大的 5 家会员证券营业部或交易单元的名称及其各自买入卖出金额。

股票封闭式基金竞价交易出现下列情形之一的属于异常波动，深圳证券交易所将分别公布在交易异常波动期间，累计买入、卖出金额最大 5 家会员证券营业部或交易单元的名称，累计买入、卖出金额：连续 3 个交易日，每日收盘价涨跌幅偏离值累计达到 20%；ST 和 * ST 股票连续 3 个交易日的日内收盘价涨跌幅偏离值累计达到 12%；连续 3 个交易的日均换手与前 5 个交易日的日均换手率的比值达到 30 倍，且该证券连续 3 个交易的日内累计换手率达到 20%。

（5）交易行为监督。上海证券交易所对下列可能影响证券交易价格或证券交易量的异常交易行为予以重点监控：涉嫌内幕交易、操纵市场等违法违规交易行为；证券买卖时间、数量、方式等收到法律、行政法规、部分规章和规范性文件等相关规定限制的行为；可能影响证券交易价格或证券交易量的异常交易行为；证券交易价格或证券交易量明显异常的情形。

3. 香港证券交易所

香港交易所立足于亚洲主要国际金融中枢——中国香港，是全球领先的交易所及结算所营运机构，按市值计是全球其中一家最大交易所集团。香港交易所经营证券及衍生产品市场以及相关的结算所，是香港上市公司的前线监管机构，旗下成员尚包括世界首屈一指的基本金属市场——英国的 London Metal Exchange（伦敦金属交易所，以下简称 LME）。在香港，香港交易所的工作包括监管上市发行人，执行上市、交易及结算规则，以及主要在批发层面向交易所及结算所的参与者和用户提供服务。证券交易所及结算所在批发层面的服务对象包括发行人以及中介机构，例如投资银行或保荐人、证券及衍生产品经纪、托管银行及资讯供应商等，而中介机构则直接服务投资者。证券交易所提供的服务包括交易、结算及交收、存管及代理人服务以及横跨多种产品及资产类别的资讯服务。

香港交易所透过旗下全资拥有的附属公司香港联合交易所及香港期货交易所经营香港唯一认可的证券市场及期货市场。香港交易所同时经营香港仅有的四家认可结算所：香港中央结算有限公司（香港结算）、香港期货结算有限公司（期货结算公司）

及香港联合交易所期权结算所有限公司（联交所期权结算所）及香港场外结算有限公司（场外结算公司）。香港结算、期货结算公司及联交所期权结算所向参与者提供综合的结算、交收、存管及代理人业务，而场外结算公司则向会员提供场外利率衍生产品及不交收远期外汇合约结算服务。香港交易所透过旗下的数据发布公司香港交易所资讯服务有限公司提供市场数据。

香港交易所透过 LME 在基本金属期货及期权交易中占据全球领先地位。LME 汇集现货实业与金融社群的参与者，是一个全日 24 小时运作且监管稳健的市场。在 LME，任何时候都有买家和卖家，随时都有最新的市场价格，市场买家必然可找到转移或应对风险的机会。LME 与业界紧密联系，金属生产商及消耗者若已无法找到其他渠道，LME 始终可为他们提供一个最后的现货市场，故不论全球金属价格上涨或下跌，他们任何时候都能够对冲风险。

香港交易所又与上海证券交易所和深圳证券交易所成立合资公司——中华证券交易服务有限公司（简称中华交易服务）。中华交易服务是于香港登记及注册成立的公司，锐意为推进中国资本市场的国际化做出贡献，为全球投资者提供涉足全球第二大经济体的机会。中华交易服务编制以沪深港三方市场交易产品为基础的跨境指数，并研究开发上市公司分类标准、信息标准及产品。

香港的证券交易历史悠久，最早出现于 19 世纪中叶。到 1891 年香港经纪协会成立时，香港始有正式的证券交易市场。该会于 1914 年易名为香港经纪商会。香港第二间交易所“香港股份商会”于 1921 年注册成立。两所于 1947 年合并成为香港证券交易所，并合力重建第二次世界大战后的香港股市。此后，香港经济快速发展，促成另外三家交易所的成立——1969 年的远东交易所、1971 年的金银证券交易所以及 1972 年的九龙证券交易所。在加强市场监管和合并四所的压力下，香港联合交易所有限公司于 1980 年注册成立。四所时代于 1986 年 3 月 27 日画上历史句号，新交易所于 1986 年 4 月 2 日开始运作，采用电脑辅助交易系统进行证券买卖。到 2000 年 3 月与香港期货交易所所完成合并前，联交所共有 570 家会员公司。

香港中央结算有限公司于 1989 年注册成立，其中央结算及交收系统于 1992 年投入服务，成为所有结算系统参与者的中央交收对手。中央结算的运作是基于存放在中央存管处的非流动化股票来进行的。股份交收则以持续净额交收的方式，透过中央结算及交收系统参与者的股份户口进行电子存账或扣账完成。所有中央结算系统参与者之间的股份交易均需要于成交后第二个交易日（T+2）进行交收。香港结算同时提供代理人服务。

香港期货交易所有限公司前身是香港商品交易所，于 1976 年成立，是亚太区内主要的衍生产品交易所。香港商品交易所当时主要买卖的产品有棉花期货、糖期货、黄豆期货及黄金期货。1985 年 5 月 7 日，香港商品交易所易名为香港期货交易所（期交所）。1986 年 5 月 6 日，期交所推出其旗舰产品——恒生指数期货；至今，恒指期货仍然是香港交易所旗下衍生产品市场最受欢迎的期货产品。期交所提供一个高效率且多元化的市场，让投资者可透过逾 160 家交易所参与者（当中许多为国际金融机构的联系机构）买卖期货及期权合约。香港交易所的衍生产品市场为各类期货及期权产品提供交易市场，这些衍生产品包括股票指数、股票及利率期货及期权产品。香港交易所及其全资附属成员机构——香港期货结算有限公司及香港联合交易所期权结算所有限公司——实施一套严谨的风险管理制度，让交易所参与者及其客户能在一个高流通量和监管完善的市场，进行投资和对冲活动。香港场外结算有限公司（场外结算公司）于2012年5月注册成立为香港交易所附属公司，作为与香港结算场外衍生产品的结算所。随后，香港交易所邀请12家金融机构参与创始股东计划及成为场外结算公司创始股东。所有创始股东合共持有场外结算公司25%的已发行股本（以无投票权普通股方式持有），而香港交易所则持有余下75%的无投票权普通股。香港交易所将继续全数拥有场外结算公司的具投票权普通股。场外结算公司于2013年11月开始提供场外衍生产品结算服务，其场外结算及交收系统亦同时投入运作，成为所有结算会员结算场外衍生产品的中央结算对手。

4. 中国台湾证券交易所

中国台湾证券交易所（TWSE），全称台湾证券交易所股份有限公司（Taiwan Stock Exchange Corporation，TSEC），简称台证所或证交所，为主掌台湾股票上市公司交易市场（即所谓的集中市场）的机构，是台湾唯一的证券交易所。1961年10月23日，台湾证券交易所正式被批准成立，1962年2月9日起正式对外营业。台湾证券交易所的最高决策机构为股东大会，下设董事会，由13名董事组成，从中推举产生5名常务董事，一名董事长。其实际位置在中国台湾台北市博爱路17号。台湾证券交易所自成立起，即采用股份有限制的官民合资的公司组织，拥有资本1.2亿台币，由45家公营和民营事业投资组成，其中公营事业及银行占39%，民营事业股占61%，其股东全部为法人，无自然人参与。台湾证交所的交易类型除了常规的次日交割、指定日交割以外，从1974年正式开办证券信用交易的融资业务。

二、国外证券交易市场

国内外存在众多的证券交易市场，每一个证券交易市场都有其适合的交易规则和制度。本节对某些典型交易市场的交易机制进行分析，研究其运作过程。下面将了解几个国外证券市场，这些市场也是世界上最重要的证券交易市场。

1. 纽约-泛欧证券交易所

纽约-泛欧交易所集团由纽约证券交易所集团（总部位于纽约）和欧洲证券交易所（总部位于巴黎）合并组成，于2007年4月4日在纽交所和欧交所同时挂牌上市。纽约-泛欧交易所集团是全球规模最大、最具流动性的证券交易集团，为全球投资者及上市公司提供最多样化的金融产品和服务。

纽约-泛欧交易所集团是全球领先的、最具流动性的证券交易所集团，致力于提供最高水平的服务质量、客户选择和创新产品。旗下证券交易所遍及6个国家，包括全球规模最大的现金股票交易所——纽约证券交易所、欧元区最大的现金股票交易所——泛欧交易所、按交易价值计算欧洲领先的金融衍生品交易所、快速增长的美国期权交易平台。

纽约-泛欧交易所集团为发行人、投资者和金融机构提供多样化的金融产品和服务，包括现金股票、期权及金融衍生品、交易所交易基金、债券、市场数据以及商业技术解决方案等。纽约-泛欧交易所集团近4 000家上市公司。纽约-泛欧交易所集团现金股票市场日均成交额约为1 410亿美元/1 030亿欧元（截至2007年12月31日），占全球现金股票日成交额的三分之一以上。纽约-泛欧交易所是标准普尔500指数成员，并且是标准普尔100指数成员中唯一的交易所。纽约证券交易所（New York Stock Exchange，NYSE）是上市公司总市值第一（2009年数据）、IPO数量及市值第一（2009年数据）、交易量第二（2008年数据）的交易所。

纽约-泛欧交易所是于2005年年初推出的。在主板上市的公司以字母顺序排列并以市值而非地理位置进行分类，这样就容易区分小型（市值小于1.5亿欧元）、中型（市值在1.5亿至10亿欧元之间）和大型（市值在10亿欧元以上）的公司。

主板上市流程是根据上市类型和交易证券种类的不同，在主板上市有不同的流程，但总体上说，公司在主板挂牌上市都需要经过以下几个关键步骤：

（1）指定一个上市代理。申请上市的公司必须指定一个保荐人，即上市代理。保荐人在上市工程中扮演非常关键的角色，一方面要向申请公司提供咨询服务，另一方面与纽约-泛欧交易所及监管机构联络，而且还要与其他顾问机构协调。保荐人通常是一家投资银行，且必须是泛欧交易所证券市场的成员。

（2）准备必要的财务报告，报告必须符合纽约-泛欧交易所认可的会计准则或国际会计准则。

（3）申请挂牌上市和监管机构的许可（通过上市保荐人）。在纽约-泛欧交易所上市必须得到以下机构的许可：纽约-泛欧交易所批准申请公司的证券在交易所进行交易（对于初次申请者，在收到完整申请文件后最多90天，其他情况最多30天做出决定）。相关监管机构批准公司证券在列入交易所挂牌名单（纽约-泛欧交易所的主板）以及批准相关上市文件。招股说明书应呈送至相关监管机构备案并得到其批准。以上批准步骤可同时进行，一旦获得两方面的批准，公司证券即可正式在主板上挂牌交易。

股票的主板上市要求：

（1）公众持股要求。基本规则规定上市公司需要有足够数量的股票为公众所持，而此比例一般应不低于公司总发行股数的25%。如果向公众发售的股票数量相当多，则低于25%的比例也可以被接受。但是在任何情况下，向公众发售的股票不应少于总股数的5%且向公众发售的股票的总价格不得低于500万欧元。纽约-泛欧交易所对于上市公司的总市值没有最低限额的要求。如果上市公司已在其他证券市场挂牌，此规则将考虑原有的公众持股量。

（2）营运记录要求。获准挂牌时，上市公司必须已经发布或提交了前三年的审计报表或模拟合并报表（如适用）。如果财务年度在挂牌上市之前的九个月已经结束，则该公司必须公布或提交审计的半年财务报表。在符合上市公司或投资人的利益的前提下，纽约-泛欧交易所也可能免除此项要求。但在这种情况下，会在公司上市时对公司市值、所有者权益等方面提出更多的要求或设定股票禁售期等其他特别的条件。

（3）会计标准或国际会计准则要求。财务报表必须根据上市公司注册地所在国的会计准则或根据国际会计准则或其他任何在该财务信息所涵盖的期间内由国家监管机构认可的会计准则制作。如果上市公司的总部设在欧盟之外，纽约-泛欧交易所会要求公司的财务报告根据被相关纽约-泛欧交易所市场监管机构所接受的通用会计准则或国际会计准则进行调整。

纽约-泛欧交易所为上市公司提供的服务主要有：在上市过程中的支持；路演支持；保证上市股票和其他证券的有序交易；积极协助提高个股流动性；高效地保证上市公司信息及时传递至市场参与者；维护市场指数；进入股权衍生品市场（纽约-泛欧交易所、伦敦国际金融期货交易所——世界第二大衍生产品市场）；可为每一上市公司提供在线网络工具以查阅股东信息及其证券的市场交易情况；支持公司行为的顺利实施；积极支持投资人关系的维护并提供培训课程。

境外公司与境内公司有相同的基本上市规则。境外公司需要满足的额外要求及需要关注的额外事项包括：

（1）语言。所有要求提交的文件都应以英文或为相关纽约-泛欧交易所市场所接受的语言书写。通常来说，招股说明书可用英文书写并附以简短的地方语言摘要。而根据相关监管机构不同的要求，以地方语言书写的摘要有时可以免除。

（2）上市工具。纽约-泛欧交易所接受股票、存证和公司债券以及其他大多数金融工具包括基金、交易所交易基金，凭证和权证等上市交易。

（3）股票。纽约-泛欧交易所接受所有不同种类的股票在市场上交易，但要符合如上所述的上市规则。

（4）存证。纽约-泛欧交易所接受各种类型存证在纽约-泛欧交易所主板上市。存证是可交易的凭证，代表对公司的一定数量股票的所有权，它可以独立于其所代表的股票进行交易。存证有许多不同的形式，包括欧元存证（EDRs）、全球存证（GDRs）、信托存证（FDRs）和美国股票存证（ADRs）等。

（5）债务工具。公司还可在纽约-泛欧交易所发行一系列的债券和债务工具。

（6）货币。纽约-泛欧交易所上市的所有股票都以欧元计价。纽约-泛欧交易所也经常批准适用其他主要币种作为证券的交易货币。

（7）双重上市。国际公司可申请在纽约-泛欧交易所首次上市，如果它们已经在自己本国的证券市场上市，则可以申请双重上市。在多数情况下且在一定条件下，公布招股说明书的义务对于已经在其他某个欧盟成员国的规范市场交易的证券在纽约-泛欧交易所规范市场交易将不适用。

2. 纳斯达克证券市场

纳斯达克证券市场（NASDAQ）始建于 1971 年，是一个完全采用电子交易、为新兴产业提供竞争舞台、自我监管、面向全球的股票市场，同时也是全美乃至世界最大的股票电子交易市场。

纳斯达克股票市场是世界上主要的股票市场中成长速度最快的市场，而且它是首家电子化的股票市场。每天在美国市场上换手的股票中有超过半数的交易在纳斯达克进行，将近 5 400 家公司的证券在这个市场上挂牌。

纳斯达克在传统的交易方式上通过应用当今先进的技术和信息——计算机和电信技术使它与其他股票市场相比独树一帜，代表着世界上最大的几家证券公司的 519 位券商被称作做市商，它们在纳斯达克上提供了 6 万个竞买和竞卖价格。这些大范围的活动由一个庞大的计算机网络进行处理，向遍布 52 个国家的投资者显示其中的最优报价。纳斯达克拥有各种各样的做市商，投资者在纳斯达克市场上任何一支挂牌的股票的交易都采取公开竞争来完成——用它们的自有资本来买卖纳斯达克股票。这种竞争活动和资本提供活动使交易活跃地进行，广泛有序的市场、指令的迅速执行为大小投资者买卖股票提供了有利条件。纳斯达克增大了交易市场中的优秀因素，并增强了它的交易系统，这些改进使纳斯达克有能力把投资者的指令发送到其他的电子通信网络中去，感觉好像进入了一个拍卖市场。

纳斯达克股票市场包含两个独立的市场：纳斯达克全国市场（Nasdaq National Market，NNM）和纳斯达克小额资本市场（Nasdaq Small Cap Market，NSCM）。

纳斯达克全国市场是纳斯达克最大而且交易最活跃的股票市场，有近 4 400 只股票挂牌。要想在纳斯达克全国市场上市，公司必须满足严格的财务、资本额和共同管理等指标。在纳斯达克全国市场中有一些世界上最大和最知名的公司，其上市条件主要包括：需有 300 名以上的股东，每年的年度财务报表必须提交给证管会与公司股东们参考；最少有 3 位做市商参与此案（每位登记有案的做市商须在正常的买价与卖价之下有能力买或卖 100 股以上的股票，并且必须在每笔成交后的 90 秒内将所有的成交价及交易量回报给美国证券商同业公会（NASD））；在此基础上还必须满足下列条件的其中之一：股东权益（公司净资产）不少于 1 500 万美元，最近 3 年中至少有一年税前营业收入不少于 100 万美元；股东权益（公司净资产）不少于 3 000 万美元；不少于 2 年的营业记录；在纳斯达克流通的股票市值不低于 7 500 万美元，或者公司总资产、当年总收入不低于 7 500 万美元。

纳斯达克小额资本市场是专为成长期的公司提供的市场，纳斯达克小额资本市场有 1 700 多只股票挂牌。作为小型资本额等级的纳斯达克上市标准中，财务指标要求没有全国市场上市标准那样严格，但它们共同管理的标准是一样的。上市开盘价 4 美元以上状态必须持续 90 天，之后不得低于 1 美元，否则就要降级到柜台交易告示板；反之，若公司营运良好且股价上升到 5 美元以上，则可申请到全国市场交易。具体如表 6.1 所示。

表 6.1　纳斯达克小额资本市场上市条件

条件	首次上市	持续上市
净有形资产（在上一个会计年度或者前三年中的两个会计年度）	400 万美元	200 万美元
总市值（在上一个会计年度或者前三年中的两个会计年度）	5 000 万美元	3 500 万美元
净收入（在上一个会计年度或者前三年中的两个会计年度）	75 万美元	75 万美元
公众持股数	100 万股	50 万股
公众持股的市场总值	500 万美元	100 万美元
最低买入价	4 美元	1 美元
做市商数	3 个	2 个
股东数（交易单位股东）	300 个	300 个
经营历史/总市值	1 年/5 000 万美元	不作要求

纳斯达克拥有自己的做市商制度，它们是一些独立的股票交易商，为投资者承担某一只股票的买进和卖出。这一制度安排对于那些市值较低、交易次数较少的股票尤为重要。这些做市商由NASD的会员担任，这与TSE的保荐人构成方式是一致的。每一只在纳斯达克上市的股票，至少要有两个以上的做市商为其股票报价，一些规模较大、交易较为活跃的股票的做市商往往能达到40~45家。这些做市商包括美林、高盛、所罗门兄弟等世界顶尖级的投资银行。NASDAQ现在越来越试图通过这种做市商制度使上市公司的股票能够在最优的价位成交，同时又保障投资者的利益。

纳斯达克在市场技术方面也有很强的实力，它采用高效的"电子交易系统"（EC-Ns），在全世界共装置了50万台计算机终端，向世界各个角落的交易商、基金经理和经纪人传送5 000多种证券的全面报价和最新交易信息。由于采用电脑化交易系统，纳斯达克的管理与运作成本低、效率高，增加了市场的公开性、流动性与有效性。相比之下，在纳斯达克上市的要求是最严格且复杂的，同时由于它的流动性很大，在该市场上市所需进行的准备工作也最为繁重。

3. 东京证券交易所

东京证券交易所（Tokyo Stock Exchange，TSE）是世界四大证券交易所之一。东京证券交易所是会员制的证券交易所，有资格成为交易所会员的只限于达到一定标准的证券公司。现拥有会员证券公司100余家，其中约五分之一为外国的证券公司。

东京证券交易所的股票有两种方式：

（1）人工交易。其股票交易大厅里有六个"U"形交易台，其中五个为日本国内股票交易台，一个为外国股票交易台，站在台外边的是正式会员公司派驻的交易员，站在台里边的是中介人会员。在股票进行交易时，正式会员公司的交易员根据场外公司传来的指令，向台里边的中介人会员征询，谈判买卖。中介人会员的任务是把各正式会员移交的买卖委托，按交易规则加以撮合，使买卖成交，成交结果由计算机储存处理。

（2）电脑交易。除在第一部交易的股票外，所有的上市股票都是用这种方式成交。各会员公司通过电脑的指令输入装置向交易所内的中央处理机发出指令，通过电脑的交易室内的专用终端装置，由交易所经纪人按照显示的报价情况加以撮合成交。

东京证券交易所对于买卖交易制定了许多详细的规则。其中，最基本的是交易市场的集中原则和竞争买卖原则。也就是说，要把尽可能多的有价证券买卖集中于证券交易所交易（部分债券例外），旨在达到形成公正价格，并且不准进行期货交易。在东京交易市场上交易和买卖的有价证券，事先要经过东京证券交易所的上市资格审查。经审查认为符合上市标准的，呈报大藏大臣认可，方能上市。对于上市的有价证券，交易所还要不断地进行严密地监督和审查，以决定其是否可以继续上市。

在东京证券交易所上市的国内股票分为第一部和第二部两大类，第一部的上市条件要比第二部的条件高。新上市股票原则上先在交易所第二部上市交易，每一营业年度结束后考评各上市股票的实际成绩，据此作为划分部类的标准。东京证券交易所根据企业的发展阶段对应外国企业开设了"外国部""玛札兹"两个市场。企业根据公司的规模及企业形象可选择任意一个市场。玛札兹市场面向具有很高成长性的公司和国外新兴企业，外国部则面向全球大型外国企业和业绩优良的企业。

东京证交所有 4 个市场：市场 1 部、市场 2 部、外国部和创业板，后两个市场对外国公司开放。

东京证券交易所的发展趋势：

（1）交易业务国际化。20 世纪 70 年代以来，日本经济实力大增，成为世界经济强国。为适应日本经济结构和经济发展的国际化需要，日本证券市场的国际化成为必然趋势。为此，日本政府自 20 世纪 70 年代以来全面放宽外汇管制，降低税率，以鼓励外国资金进入日本证券市场，使国际资本在东京证券市场的活动日益频繁。1988 年，日本政府允许外国资本在东京进入场外交易；1989 年，又允许外国证券公司进入东京证券交易所，使东京证券交易所在国际上的地位大大提升。

（2）市场管理自由化。1975 年以后，日本政府逐步放宽对银行和证券公司的管制，允许银行参与证券业务。1987 年 6 月，大藏省允许都市银行、地方银行、长期信用银行、信托银行、信用金库、信用组合从事股票信用买卖业务，使证券市场管理趋向自由化。

（3）证券投资机构化。二战后一段时期，个人投资者一直是推动证券交易的主体。但近年来，日本机构投资者购买股票、债券的比重逐年增加。1987 年，机构投资者所占比重已达 50.5%，大大超过了个人投资者（占 36.1%）。随着证券市场上竞争日益激烈和风险不断增大，机构投资者的地位将进一步上升，逐步取代个人投资者成为证券交易的主体。

（4）债券市场进一步扩大。伴随着日本经济发展速度的放慢，一方面需要大量的公共投资以刺激经济发展；另一方面又由于税收减少，公共投资缺乏资金来源。为了填补这一投资缺口，日本政府势必逐年增加国债发行量，促进债券市场以国债为中心进一步扩大。同时，随着转换公司债的大量流行，将取代部分股票成为股份公司的筹资手段，并因其自由转换股票的灵活性而得到进一步推广。

4. 多伦多证券交易所

多伦多证券交易所（Toronto Stock Exchange，TSX）于 1852 年成立，是加拿大最大的证券交易所，由多伦多证券交易所集团（TSE Group，TSE）拥有及管理。在该交易所上市的公司种类繁多，主要来自加拿大和美国。交易所的总部设于多伦多，在加拿大其他主要城市，如温哥华、蒙特利尔、温尼伯及卡尔加里均设有办事处。

多伦多证券交易所的上市要求：

（1）上市最低要求。上市标准被设计为指导准则，交易所保留对上市申请的最终决定权。这个决定权可能带来对某一特定申请的特殊考虑，使上市申请得以批准或否决（尽管有公布的上市标准）。交易所也会考虑申请者的状况是否与其他法规机构的要求相符。

申请上市的公司被分为如下三类：工业（综合）、矿业、石油和天然气。其他特别实体如收入信托、投资基金和有限合伙公司均属于工业（综合）类。如果一个企业本源形态无法清楚地归类，交易所在浏览公司财务报表和其他文件后会指定一个类别，这三类公司中的每一类都有特定的最低上市条件。

（2）管理层要求。在考虑了所有有关公司管理层的因素后，交易所有权做出是否接纳公司上市的决定。交易所根据以下有关法律法规规则做出尽可能合理的判断：要求所有递交给交易所的文件都是完整的、真实的、清晰披露的；评定管理者、董事、推广者、大股东或其他任何人或公司（这些人持有公司大量股票，足可以影响公司的控股权），以确保他们能够在公正而且保护股东和投资者的最大权益的前提下，指导公司的业务发展，同时遵守交易所和其他权力机构的规则和条例。

（3）保荐人要求。一家公司要在交易所挂牌必须要满足一定的财务条件。公司的管理层也是影响公司能否上市的一项重要因素。所有申请上市的公司都需要交易所的参与机构提供的保荐人，也作为交易所评估时的一个重大因素。在任何个例中保荐人的重要性取决于申请者的财务和管理层的实力，而在一些例子中甚至是决定性因素。

交易所认为保荐人有责任评估并以书面形式提供以下内容：公司达到所有有关上市的标准；上市申请书和所有支持文件的可靠性和完整性；申请公司的所有相关事宜以及给交易所披露文件的完整性；公司的财务形势、发展历史、商业计划、管理专业技术、所有的有形交易、所有的商业从属关系或合伙关系，以及所有开发项目可能的未来收益性；所有递交给交易所以支持公司上市的预测、计划、资金支出预算和独立的技术报告及假定条件；公司在过去12个月内的新闻稿和财务披露，以此评定公司是否达到适当的披露标准；公司管理者、董事、推广者、大股东过去的行为，以此确保公司的业务指导是公正的，以股东和投资者的最大权益为准则，并遵守交易所和其他权力机构的规则和条例；有关矿业和石油天然气公司的特殊规定；所有保荐人认为相关的因素。

在此基础上，保荐人还要特别注意确认：公司能准备和公布所有交易所要求披露的信息；公司董事能够承担作为一家上市公司董事的责任；董事、管理者、员工和公司的内情人能遵守安大略证券会制定的“内情人交易”准则。交易所也考虑到保荐人的责任，包括作为申请公司信息的来源、向申请公司提供顾问协助以及协助公司的股票在市场上进行积极而有序的交易。

（4）发起人的股票和锁定期的要求。交易所对首次公开发行之前公司所发行的股票有一些特殊的规定。

（5）流通期权和员工激励计划。股票期权，股票期权计划和员工股票购买计划必须满足交易所对上市公司的相关要求。

多伦多股票交易所的上市申请程序如下：

（1）正式申请。上市申请书中列出了所需要的支持文件。在一家公司计划通过招股说明书来申请股票上市时，这家公司可以在申报上市申请书之前，要求交易所有条件地同意股票在向公众发行之前挂牌。35份初步招股说明书和个人信息表，按交易所要求申报。如果是一家自然资源公司，还需提交工程师或地质学者完成的报告。

申请的核准基于初步招股说明书，应符合下列条件：披露在初步招股说明书中的信息在最终申请书中没有实质性的改变；所有其他申请文件和股票分布情况的完整描述应按交易所的要求在90天内提交，或者在交易所规定的日期内提交；申请费用必须跟随上市申请书或者初步招股说明书交付。如果申请通过，那么申请费用就划归到最初的上市费用中。挂牌股票的数量必须等同于实际的股票发行和流通的数量和因其他特殊用途已被批准发行的股票。

（2）上市申请程序。收到上市申请书后，交易所将通知知情者以确认是否所有需要完成评定的文件都已经递交，并且按交易所指定的格式提交。申请者将有 75 天的时间来递交任何缺失文件。75 天期限内不递交将会导致其申请的退回，再申请时还需交纳申请费。交易所将尽最大的努力评定申请书，并在所有文件收到的 60 天内给予决定。交易所也将尽最大的努力调节申请者的时间安排，使之完成招股说明书和股票的发行。在评估的任何时候，交易所都有可能要求额外信息或文件，这有可能延长评估时间。

完成评估后，交易所将决定：①给予有条件的批准。上市申请有条件的批准基于在 90 天期限内达到指定的条件。②延期。上市申请由于对特定事宜的解决而被延期。如果在 90 天内特定事宜的解决达不到交易所的要求，申请将被拒绝。③拒绝。上市申请被拒绝，在 6 个月内交易所不再考虑申请。

（3）上市协议。每家上市公司都要签署上市协议，遵守交易所的规则和政策。

（4）批准股票上市和挂牌。当交易所通过了对申请文件的审核，申请书就被提交到由证券行业人员组成的交易所上市公司委员会。在交易所上市是一项荣誉而不是特权。举例来说，上市公司委员会可能认为一家公司不应享受上市的荣誉，尽管它已达到了规定的最低上市要求。如果上市公司委员会同意公司的股票上市，交易所就会选一个指定的券商来担任股票的做市商。这个被指定的做市商有责任协助维持一个有序的证券交易市场。选任一个指定的做市商通常要用 2~3 周时间。

一旦上市申请通过，短期内股票就可以开始交易，但一般规定，不能超过上市申请批准后的 90 天。如果上市股票发行给公众，在公司要求下，股票也可以在发行结束之前先行挂牌交易。交易所的工作人员将给新的上市公司分配一个股票代号。股票代号是一个公司名字的缩写，不超过三个字母。代号后有一个后缀，以确定优先股、配股、认购权、特别股等类别。当申请上市时，公司可以要求交易所提供一个特定的交易代号。每个要求都会受理，但不保证会有满意结果。多伦多股票交易所分配的股票代号具有唯一性，适用于加拿大所有交易所的交易。如果一家公司已经在其他加拿大交易所挂牌，那它在多伦多股票交易所进行股票交易时仍用原有的代号。公司将被邀请参加交易所举办的庆祝公司股票在 TSE 上市的庆典。公司的高层人员将有机会会见交易所的人员。交易所也会安排一个摄影师来为公司摄录这一事件。

（5）上市声明。交易所根据上市申请书和公司的财务报表编辑整理出一份上市声明，但不是招股说明书。上市声明的发布是为参与机构、与证券业有关联的政府机构、新闻媒体、财务协会以及其他公众投资者提供信息。有兴趣的人可以订阅，其副本由交易所保存，供公众查阅。交易所负责上市声明的印刷，但印刷费用由上市公司承担。

（6）文件的公开性。上市申请书最终审核通过后，所有支持文件应当向公众公开，如果交易所认为有必要，此类文件可以公开发行。只要交易所认为文件披露了隐秘的财务信息、个人信息和其他信息，不适合给公众检查的应避免公开，交易所就可以一直持有这类文件而不向公众公开。所有上市公司都由安大略证券会命名为“申报发行者”，必须遵守证券法的规定进行披露。

5. 法兰克福证券交易所

法兰克福证券交易所（Frankfurt Stock Exchange，FWB）的证券交易业务全部由德国政府商会管理。政府商会由商会管理委员会、仲裁董事会、监事董事会和官方经纪人四方（约 20 人）组成，具体负责《证券交易法》（于 1896 年颁布）执行情况的监督，根据政策法令协调有关证券交易的事宜。

目前法兰克福证券交易所的会员由银行会员和经纪商组成，上市证券约 8 000 种，外国证券约占 1/5，整个法兰克福证券交易所交易量约占全国的 60%左右。根据德国《证券交易法》，在证券交易所从事证券交易的银行、证券公司和经纪个人必须遵守下列规定：从事证券交易的企业，如银行证券部和证券公司必须经国家批准才有资格代替客户从事证券买卖。上述证券经营机构应有足够的金融资产作为保证基金，以应付突发事件的发生。经营机构的全部证券买卖业务都需在证券交易所办理公证、担保等法律手续。从事证券经纪业务的个人必须经过专门业务训练，应具备足够的经营资产，按照政府商会的统一规定从事证券买卖业务。

投资者在法兰克福证券交易所进行交易，必须通过银行证券经营机构或证券公司发出指令。在德国的每一个外国经纪人都须持有银行执照。银行在证券交易所执行其顾客的指令，同时也可在自己的账户上进行他们自己的交易。他们把客户的指令传递给官方经纪人，由他们撮合交易、确定价格，官方经纪人在上市证券的交易中充当拍卖人的角色。在法兰克福证券交易所，以 50 股或 50 股的倍数为批量的交易时间在 10:30~13:30 之间进行。少于 50 股的零股交易一般是集中起来确定价格，每个交易期进行一次，这种交易的集中性赋予德国证券交易所以“拍卖交易所”的特性。

企业在法兰克福证券交易所上市的条件主要有：企业必须成立一个股份公司，这家企业必须作为一家公司已经存在了至少三年，必须至少有 25 万欧元的可上市的股票价值。

一般而言，要达到以下最低要求的企业，才有上市的意义：

（1）最低营业额为 1 000 万欧元/年。

（2）税前盈利至少为营业额的 4%。

（3）预期的有据可证的营业额增长率、利润以及有可能产生的红利。

（4）发行股票的总量不少于 1 500 万欧元。

企业在法兰克福证券交易所上市的主要程序如下：

（1）成立股份公司。

（2）确立会计标准。

（3）制订商业计划。

（4）拟定股票发行的草案。

（5）审查公司结构、商业计划的可行性及公司竞争力。

（6）做股市分析。

（7）制作股票发行说明书。

（8）办理上市的手续。

就企业在法兰克福证券交易所上市的费用来说，每个企业上市的前期费用都不相同，一般在 2. 5 万欧元到 25 万欧元之间，主要是股票说明书的制订和审核、印刷以及发行的费用。然后是交易所允许上市的手续费用和媒体发布的费用。这一项总费用和发行股票的价值有密切关系，一般为 5 万欧元到 12. 5 万欧元之间。上市的广告费，一般在 20 万欧元以上。代为发行股票的银行将收取发行股票价值 4%的费用，另外再收取1%的费用作为股票说明书的正确性承担法律责任的费用。上市后定期出现的审计费用5万欧元，由发行银行代收。上述的各项开支，每个企业上市都会有不同。总额一般在上市股票价值的8%左右。

在法兰克福证券交易所交易的有来自130多个国家的超过11 000家公司的股票。其他通过Xetra平台可交易的产品包括：逾1 000种交易所交易基金（ETF）、交易所交易商品（ETC）及交易所交易债券（ETN）；23 000余种固定收益证券，如债券、抵押债券和无担保债券；大约3 000种投资基金和超过70万种的结构性产品，例如凭证和认股权证。

6. 澳大利亚证券交易所

澳大利亚证券交易所（Australian Stock Exchange，ASX），全称澳大利亚证券交易有限公司，是根据《澳大利亚证券交易及国家保证金法案》于1987年4月1日开业的。澳大利亚实际上只有澳大利亚证券交易有限公司一家证交所，其他6个州的证券交易所均是其全资子公司。澳大利亚证券有限公司是一个律师管理机构，公司在悉尼设立了一个全国性的秘书处。公司受全国公司和证券委员会监督管理，其最高决策机构是公司董事会。董事会成员包括个人及成员组织，他们一般被称为股票经纪人。ASX董事会有10位股票经纪人董事以及这10名董事任命并经公司年会批准的4位非成员董事。

澳大利亚证券交易所的主要作用是为证券及其相关产品提供并维护一个公正、有效、信息通畅、有国际竞争性的市场，保证投资者及各个公司在产品市场上的信心。澳大利亚证券交易所的主要活动包括提供交易系统、结算清算系统及证券市场调节的管理。澳大利亚证券交易所制定了一系列行为和程序规则，对其成员的活动进行监控，这些都已经写在《澳大利亚证券交易所交易规则》中；任何上市公司都必须遵循《澳大利亚证券交易所上市规则》。

澳大利亚证券交易所上市的基本条件是：必须要得到在澳大利亚证券交易所正式上市的许可；申请正式上市的公司必须符合《澳大利亚证券交易所上市规则》中的先决条件；申请时，公司必须向澳大利亚证券交易所提供所需的文件，证明符合《澳大利亚证券交易所上市规则》，并缴纳上市费。

澳大利亚证券交易所的上市过程可以分为以下四个不同阶段：①呈交前阶段，即呈交公司招股说明书前的阶段；②注册前阶段，即呈交招股说明书与招股说明书注册之间这一阶段；③注册后阶段，即招股说明书注册后到全国上市委员会考虑研究公司申请上市前这一阶段；④挂牌前阶段，即全国上市委员会考虑申请后到公司证券正式挂牌前这一阶段。

澳大利亚证券交易所交易股票种类很多，主要有普通股、延期派息股、优先股、优先普通股以及分摊股，但最常见的是普通股。澳大利亚证券市场最重要的投资者是机构投资者，如退休基金、养老基金以及人寿保险公司等。近年来，来自美、英等国的投资者也大量增加。澳大利亚证交所证券交易的结算通常是在交易后的第五个营业日进行。零股和交易不活跃的股票的结算往往较迟。澳大利亚证交所实行可协商的佣金制。除了交纳佣金外，买卖双方都得交纳3‰的印花税。

澳大利亚证券交易有限公司各证交所的正式交易时间是：从10月的最后一个星期

六到次年3月的最后一个星期六实行夏时制，交易时间为每星期一至星期五的10:00至12:15，14:00至15:15。其中，佩思证交所在17:15至17:45也营业。从3月的最后一个星期六至10月最后一个星期六实行标准时间，阿得雷德、霍巴特、墨尔本和悉尼4个证交所的交易时间为每星期一至星期五的9:00至11:15，13:00至14:15。布里斯班证交所为每星期一至星期五的10:00至12:15，14:00至15:15。佩思证交所为每星期一至星期五的10:00至12:15，14:00至15:15，17:00至17:30。

澳大利亚证券交易有限公司6个子公司都有各自的股价指数。此外还有一个全国性的"澳大利亚证券交易所指数"，该指数包括两组：股票价格指数和累积指数。股票价格指数没有对股息支付和增值因素进行调整。而累积指数则把股息进行理论上的再投资，从而提供了衡量某类股票总体结果的标准。但比较常用的股价指数是"全部普通股指数"，该指数包括250家以上的公司，采用加权计算法。

7. 新加坡证券交易所

1999年12月1日，新加坡证券交易所（Singapore Exchange Limited，SEX）与新加坡国际金融交易所（SIMEX）合并成立了目前的新加坡交易所。新加坡证交所是一个共同的证券公司，其成员公司由证券经纪人成员组成。会员席位限于共同证券公司签发有交易商许可证的证券公司。外国证券公司不能成为成员。一个由5名委员组成的委员会，是证交所的最高决策机构。

新加坡证券交易所成立于1973年5月24日，其前身——新加坡证券业协会成立于1930年，当时是为了规范证券法和新加坡经纪人协会而成立的。新加坡证券交易所采取会员制，会员公司包括国际金融机构所拥有的国际会员公司。

新加坡证券交易所作为亚洲的金融中心之一，是发展中国家和地区中一个比较有代表性的证券市场。近年来，新加坡证交所发展迅速，除了有新加坡强大的银行体系的支持以外，新加坡在自然时区上的优势、发达的通信基础设施以及政府对外资运用的较少限制，也都是重要原因。

1975年，新加坡证券交易所开始实施二部类上市挂牌制度。1978—1983年，新加坡证券交易所设立证券金融公司、证券结算与电脑服务公司和保证金交易机制，此举提高了市场资金周转率，加速了交易进程并降低了管理成本。1986年，根据新加坡法律，调整理事会构成，增加非经纪理事，赋予理事会在完成新证交所经营目标、执行决策方面的广泛权力，促进了交易所自我调节机制建设。1990年，新证交所为国际性或地方性证券的上市交易开设克劳白国际市场（CLUB International，自动撮合国际市场）。

由于历史原因，新加坡证券交易所的形成和发展过程与马来西亚证交所有着密切联系，在初期更是共为一体。1910年，在橡胶和锡矿业繁荣时期，股票交易成为两地区经济生活中共同的主要内容。从证券业协会成立直至1973年5月之前，新加坡和马来西亚两国一直共有一家证券交易所，两国将各自证券在两地联合挂牌，以直线电话相连，在交易中采用记分牌制度。1973年，马来西亚政府决定终止马新两国之间的货币互换协定，两地共用的交易所因此分家，但两国企业仍在两交易所双重挂牌上市。从1990年1月1日开始，两国企业互相交叉挂牌停止，作为替代，新证交所允许除牌的马来西亚公司在克劳白国际市场上市交易。

新加坡证交所是一个共同的证券公司，其成员公司由证券经纪人成员组成。会员席位限于共同证券公司签发有交易商许可证的证券公司。外国证券公司不能成为成员。在新加坡证交所正式上市的证券交易分为两类，第一类证券的交易应该在结算合同和即期交割的基础上进行（月内签订的合同应该在每月最后一个交易日进行交割）；第二类证券的交易在签约日后的第一个交易日即可进行。新加坡证券交易所还设立了一个由电脑控制的中央票据结算所，全部会员公司即可通过该票据结算所进行交易，以便消除会员公司之间的临时股票交割，从而加速交易进程，并降低运作管理成本。

新加坡证券交易所主要有 2 个交易板块，分别是第一股市与自动报价股市。自动报价股市成立于 1989 年，新加坡证券交易所的成立宗旨是要提供具有发展潜力的中小型企业到资本市场募集资金的一个渠道，自动报价股市成立之初，只开放给新加坡注册公司申请上市。自 1997 年 3 月起，新加坡证券交易所开始向外国公司开放。所以，现在不论是新加坡本地公司还是外国公司都可以申请在第一股市或自动报价股市上市。

企业或公司在新加坡证券交易所的上市条件如下：

（1）最低公众持股数量。至少 1 000 名股东持有公司股份的 25%，如果市值大于 3 亿新币，股东的持股比例可以降低至 10%；公司的股票必须已经具备一个公开市场，拥有该公司股票的十大股东，不得少于 2 000 人，对于作为第二市场上市，至少有 2 000 名股东持有公司股份的 25%；可选择三年的业务记录或无业务记录。

（2）最低市值要求。新加坡证券交易所要求 8 000 万新币或无最低市值要求。

（3）盈利要求。过去三年的税前利润累计 750 万新币，每年至少 100 万新币；过去 1~2 年的税前利润累计 1 000 万新币；三年中任何一年税前利润不少于 2 000 万新币，且有形资产价值不少于 5 000 万新币；无溢利要求。

（4）上市企业类型。吸引国内外优质公司上市，寻找国际伙伴，开放市场引入国外券商。

（5）采用会计准则。新加坡、国际或美国公认的会计原则。

（6）公司注册和业务地点。自由选择注册地点，无须在新加坡有实质的业务运营。

（7）公司经营业务信息披露规定。如果公司计划向公众募股，该公司必须向社会公布招股说明书；如果公司已经拥有足够的合适股东，并且有足够的资本，无须向公众募集股份，该公司必须准备一份与招股说明书类似的通告交给交易所，以便公众查询。

新加坡证券市场的特色主要有：

（1）制造业公司所占比例大。截至 2004 年 4 月 16 日，共有 569 家企业在新加坡上市，其中制造业（包含电子业）上市公司达到了 290 家，占在新加坡上市公司的 51%，同亚洲其他证券市场相比，新加坡市场对制造业公司更为青睐。

（2）外国企业比重高，国际化程度高。新加坡证券市场是一个更为开放和国际化的市场。

（3）证券相对流通性较大，即交易值与市值的比值比较大。同我国香港、日本东京交易所相比，新加坡交易所规模较小，但股票却有更佳的流动性，特别是具有中资企业背景的股票流动性更佳，上市挂牌中国公司的换手率普遍高于其他企业，具有“中国效应”。

（4）有大量的机构投资者。这些机构拥有众多的投资专家、基金经理以及各类专业投资分析员，市场相对有效成熟。根据新加坡金融管理局网站 2002 年公布的数据，新加坡国内的基金总额达到了 3 440 亿新元，国内外的基金经理达到了 695 名。

（5）有成熟和活跃的二级市场供增发融资。新加坡证券市场相对比较成熟，在信息披露完全的条件下，已上市公司增发融资相对容易。

企业或公司在新加坡证券交易所上市的程序主要有：

（1）聘请专业人士，建立由上市企业高管、主理商、上市经理人、会计师、律师、承销商、公关公司等组成的上市团队。

（2）上市前公司的结构重组，包括选择海外注册地，如在百慕大、维京群岛等设立海外控股公司。引进海外战略投资者，收购境内公司的股权或资产。

（3）根据上市要求编制和提交经审计的财务报表和会计账目。

（4）新交所处理上市申请，如果合乎规定，则颁发“原则同意书”。

（5）召开新闻发布会，举行路演、公共宣传活动。

（6）财务顾问、承销商、上市公司讨论决定上市发行的时间选择。

（7）交易所将公司股票挂牌并开始交易。

从上文介绍可以知道，企业在新加坡证券交易所上市具有一系列的优点，但是企业在新加坡证券交易所上市还是存在一定的弊病：

（1）信息披露方面。由于上市公司是公众公司，所以新加坡证券交易所有严格的信息披露要求。在信息披露给公众的同时，竞争对手也十分易于获取公司的信息，使上市公司在竞争中处于信息不对称状态。

（2）控制权方面。企业有可能失去控制权，上市公司更易于遭受兼并和恶意收购。

（3）盈利压力。企业将会受到盈利的压力和持续增长的压力，股民和投资商会不断给上市公司施加这方面的压力。

（4）费用的增加。企业在新加坡证券交易所上市后将会承担挂牌交易费、年费、会计师费、审计费、定期报表等费用，这将在一定程度上增加企业的费用开支。

（5）市盈率较低。新加坡证券交易所上市的平均市盈率不高，平均只有 8~15 倍，低于香港交易所的 17 倍、韩国交易所的 10~17 倍。

（6）规模较小。融资数量不大，只适宜中小企业上市。

8. 伦敦证券交易所

伦敦证券交易所是世界上历史悠久的证券交易所之一，其历史最早可以追溯到 200 年以前。1761 年，一个由 150 名证券经纪人组成的俱乐部开始在伦敦证券交易所买卖股票。1801 年，伦敦证券交易所建立了正式的会员制，成为伦敦第一个实行自律监管的交易所。直至 1986 年金融大爆炸之前，以伦敦证券交易所为代表的证券交易所一直是英国证券市场最为主要的监管者。1985 年，英国政府向国会提出了《金融服务法草案》，该草案于 1986 年 10 月 27 日在英国议会下院三读通过，从而催生了一系列证券市场变革。

对于伦敦证券交易所来说，1986 年金融大爆炸引起的变化主要是：允许非会员公司拥有会员公司的所有权；所有的会员公司拥有承销商/经纪人双重经营资格；废除证券交易的最低佣金；单一会员终止拥有投票权；建立电脑交易和报价系统；伦敦证券交易所成为公司法下的私人有限责任公司。

1997 年，伦敦证券交易所开始采用证券电子交易服务系统（SETS）和原由英格兰银行负责开发的中央证券自动清算系统（CREST），以提高证券市场的效率和交易速度。此后，英国又于 2000 年 6 月 14 日通过了《金融服务与市场法》，创设了新型监管机构金融服务管理署（FSA）。此后，伦敦证券交易所和财政部的英国上市监管职能被移交给金融服务管理署。同年，伦敦证券交易所特别股东大会做出决议，将伦敦证券交易所改制为公开发行公司——伦敦证券交易所公共股份有限公司“London Stock Exchange PLC”。2001 年 7 月 20 日，伦敦证券交易所公共股份有限公司在伦敦证券交易所自己的主板市场挂牌上市。伦敦证券交易所自 1973 年至 1995 年实际上曾是英国唯一的证券交易所。根据 1986 年《金融服务法》（Financial Services Act 1986）规定的公认投资交易所（Recognized Investment Exchange，“RIE”）准则，贸易点（Tradepoint）公司于 1995 年 9 月向证券投资局申请，成立了以电子交易系统为主的另一家交易所，名为“贸易点投资交易所”（Tradepoint Investment Exchange），并于 2001 年 6 月 25 日正式更名为“Vir-x”。

伦敦证券交易所特色鲜明，主要表现在：

（1）地处国际金融中心。伦敦证券交易所地处作为国际金融中心之一的伦敦金融城。世界 500 强企业均在伦敦开展业务。伦敦金融城的第一个特色是汇集了全世界最大的投资基金。到 2004 年，共有 547 家外国银行落户伦敦。与纽约相比，伦敦更加注重机构投资者，其长期专业投资者所占比例比纽约更高。伦敦金融市场受机构投资者驱动，投资者占据伦敦金融城 99%的资金额和 95%的交易量。2004 年伦敦的机构持股达 2.6 万亿英镑（约 4.68 万亿美元）。以伦敦为大本营的机构投资者更加注重国际业务，2004 年伦敦的海外股票交易额达 4.57 万亿美元；全世界 70% 的国际欧元债券交易在伦敦进行；全球 19%的跨边境银行同业拆借在伦敦进行，占全球最大市场份额；欧洲 53%的风险投资基金在伦敦管理运作。

伦敦金融城的第二个特色是汇集了全世界众多的专业人才。伦敦的证券分析师数量超过所有欧洲城市的总和，达到 4 500 人。伦敦金融城是欧洲专业服务和支持服务最集中的地点——全世界 83%的顶级律师事务所将总部设在伦敦。伦敦有着全世界最庞大的外汇交易市场——日均交易额达 6 370 亿美元，高于纽约和东京外汇市场交易额的总和。众多的国际一流银行将其全球股票战略部门设在伦敦。此外，伦敦金融城还是全世界增长最迅速的信用衍生产品市场。

（2）交易的资产规模庞大、流动性强。2005 年 1 月，伦敦证券交易所的上市公司达到 2 838 个，其中有 2 318 个为英国公司，520 个为非英国公司。这些上市公司的总市值达到 65 210 亿美元，其中英国公司的市值为 27 750 亿美元，非英国公司的市值为 37 460 亿美元。在伦敦证券交易所，2004 年的证券成交量达到 89 660 亿美元，其中，英国公司的成交量为 44 000 亿美元，非英国公司的成交量为 45 660 亿美元。2004 年，在伦敦证券交易所首次公开招股（IPO）的公司数量达到 275 个，其中英国公司有 212 个，非英国公司有 63 个。上述所有 275 个公司首次公开招股的募集资金金额达到 144.4 亿美元。

（3）是国际股票交易中心。英国上市公司监管局（UKLA）的规则是针对海外公司的情况特别制定的，这样分属于不同文化的公司都可以适应伦敦的上市公司监管要求。在伦敦证券交易所上市和交易可以选择包括美元、港币和欧元在内的15种主要货币。并且伦敦证券交易所接受不同的会计准则，包括国际会计准则、美国一般公认会计原则和英国一般公认会计原则。特别重要的一点是，在伦敦的机构投资者相比于世界上其他金融中心的机构投资者更注重对非本国证券的投资。富于弹性的监管与市场环境使伦敦证券交易所成为国际股票交易的中心。

伦敦证券交易所上市挂牌的具体核准流程如图6.2所示。伦敦证券交易所的国际（非本国）股票总交易额占全球的45%，高于世界上其他金融中心的非本国股票交易额，是世界上最大的国际股票交易市场。在伦敦证券交易所，2004年的证券成交量达到89 660亿美元，其中非英国公司的成交量为45 660亿美元，高于英国公司44 000亿美元的成交金额。因此，有许多大型的非英国公司选择在伦敦证券交易所上市。2005年1月，520个在伦敦证券交易所上市的非英国公司的总市值达到37 460亿美元，高于上市英国公司27 750亿美元的总市值。

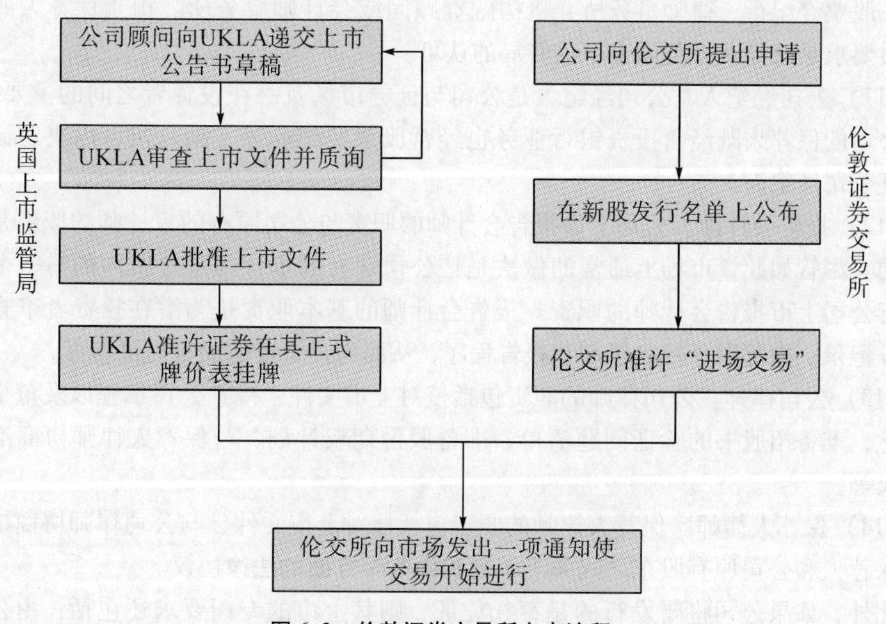

图6.2　伦敦证券交易所上市流程

伦敦证券交易所的主板市场上市要求如下：

（1）公司法律地位。公司应作为股份有限公司在其注册地合法成立并存续。

（2）财务记录。申请在伦敦上市的公司，通常须有至少3年的经审计无保留意见的财务记录。其财务记录日距离上市日期不超过6个月（第二上市不超过12个月）。

（3）经营记录。公司在上述3年的财务记录期间内应具有独立的营业和收入记录。如果公司在上市前3年内进行过重大的收购，则这些收购标的也应具有适当的经营记录。

（4）董事。公司的董事与高级管理人员必须具备经营公司业务所需的相关经验与专业素质，并且不存在可能妨碍经营公司业务的利益冲突。

（5）营运资本。公司必须表明其在当前和未来12个月内拥有充足的营运资本。

（6）独立运营。公司能够独立开展业务经营，包括独立于公司的控股股东。

（7）公众持股比例。一旦上市，公司应至少有 25%的股票由与企业无关联的人士持有。2005 年 7 月 1 日之前，英国上市监管局对 25%最低公众持股量的阐释是最少 25%的证券需要由在欧盟区的投资者认购。2005 年 7 月 1 日之后，英国上市监管局将在非欧盟注册的投资者也包括在认可的公众持股里面。

（8）招股说明书。公司及其顾问必须根据英国上市监管局《上市规则》的要求编写招股说明书。招股说明书提供的信息需足以让潜在的投资者对上市公司及其股票做出有根据的决策。招股说明书必须提供的信息包括：经过独立审计的财务数据、董事薪水及合同细节以及关于主要股东的信息等。

（9）持续性义务。公司在股票上市和交易后，必须在持续性基础上履行一系列义务。此等义务包括在指定期限内提供半年财务报表和经过独立审计的全年财务报表，并及时向市场公布任何价格敏感信息。

（10）每一家申请上市的公司都需要由一家认可的保荐人代表，保荐人通常是投资银行、股票经纪行、律师事务所、机构融资顾问或会计师事务所。担当保荐人的机构其资质要求是已经获得英国上市监管局的认可。

（11）公司经纪人。公司经纪人是公司与证券市场及潜在投资者之间的主要媒介。如果公司的保荐人既经营投资银行业务也经营股票经纪业务，则公司可以决定让保荐人兼任公司经纪人。

（12）报告会计师。公司上市报告会计师的职责与公司原有的审计师的职责是相互分离的。尽管如此，市场上通常的做法是让公司现有的审计师事务所内的另一个团队来履行公司上市报告会计师的职责。报告会计师的基本职责是为潜在投资者审查公司的财务记录、内部财务控制机制和报告程序，从而为投资者的决策提供参考。

（13）公司律师。公司律师的职责包括核对上市文件、检查公司章程以及董事合同的变化，准备招股书的验证问题清单、准备股份期权计划、与保荐人律师协商准备各项协议等。

（14）保荐人律师。保荐人律师的职责包括核对上市文件、与公司律师协商准备公司与保荐人和公司原有股东之间关于承销和税务等方面的法律协议。

此外，如果公司将要发行的是存托凭证，则其上市的专门要求还包括：由公众持有的存托凭证，存托凭证的市值应至少有 70 万英镑，而且通常至少有 25%的存托凭证由与企业无关联的人士持有；存托银行必须是英国上市监管局认可的金融机构，其职能是为存托凭证持有者托管相关的股票。

伦敦证券交易所中的上市证券种类最多，除股票外，有政府债券，国有化工业债券，英联邦及其他外国政府债券，地方政府、公共机构、工商企业发行的债券，其中外国证券占 50%左右；同时，还拥有数量庞大的投资于国际证券的基金。对于公司而言，在伦敦上市就意味着自身开始同国际金融界建立起重要联系。

伦敦证券交易所的上市方式主要有四类，分别是：

（1）引入。这种方式将不募集新资，而由伦敦证券交易所接纳现有股票上市。其股票价格相对稳定，分布面广，所以可以估算出适销性。

（2）私募。私募是指将现有或新股票直接发行给经选择的发起人的客户。

(3) 中介人发行。中介人发行是指将现有或新股票推销给投资中介人，由这些中介人向其客户转售。

(4) 公开发行上市。公开发行上市是指在上市公司被接纳入伦敦市场之时，通过商业银行或股市经纪人向社会大众直接出售股票。

9. 芝加哥期货交易所

芝加哥期货交易所（Chicago Board Options Exchange，CBOE）是当前世界上最具代表性的农产品交易所。19 世纪初期，芝加哥是美国最大的谷物集散地，随着谷物交易的不断集中和远期交易方式的发展，1848 年，由 82 位谷物交易商发起组建了芝加哥期货交易所，该交易所成立后，对交易规则不断加以完善，于 1865 年用标准的期货合约取代了远期合同，并实行了保证金制度。芝加哥期货交易所除提供玉米、大豆、小麦等农产品期货交易外，还为中长期美国政府债券、股票指数、市政债券指数、黄金和白银等商品提供期货交易市场，并提供农产品、金融及金属的期权交易。芝加哥期货交易所的玉米、大豆、小麦等品种的期货价格，不仅成为美国农业生产商的重要参考价格，而且成为国际农产品贸易中的权威价格。

成立于 1848 年的芝加哥期货交易所是一个具有领导地位的期货与期权交易所。通过交易所的公开喊价和电子交易系统，超过 3 600 个芝加哥期货交易所会员交易 50 种不同的期货与期权产品。在 2003 年，交易所成交量达到创纪录的 4. 54 亿张合约。

在交易所成立初期，芝加哥期货交易所只是交易农产品，如玉米、小麦、燕麦和大豆。交易所的期货合约经过多年的发展演变，现在交易的产品还包括非保存性农产品和非农产品，如黄金和白银。芝加哥期货交易所第一种金融期货合约于 1975 年 10 月推出，该合约为基于政府全国抵押协会抵押担保证券的期货合约。随着第一种金融期货合约的推出，期货交易逐渐被引进到多种不同的金融工具，其中包括美国国库中长期债券、股价指数和利率互换等。同时，期货期权作为一个新的金融创新产品也已经于 1982 年推出。

在过去的 150 多年中，芝加哥期货交易所的主要交易方式为公开喊价交易，即交易者在交易场内面对面地买卖期货合约。然而，为了满足全球经济增长的需求，芝加哥期货交易所于 1994 年成功地推出了第一个电子交易系统。在过去的十年中，随着电子交易使用的日益普及，交易所曾将电子交易系统数次升级。2004 年 1 月，芝加哥期货交易所推出了另一个由领先的 LIFFE CONNECT 交易技术所支持的新的电子交易系统。2006 年 10 月 17 日，美国芝加哥商业交易所（CME）和芝加哥期货交易所宣布已经就合并事宜达成最终协议，两家交易所合并成全球最大的衍生品交易所——芝加哥交易所集团。合并后的公司被称为芝加哥交易所集团（CME 公司），总部设在芝加哥。

在芝加哥期货交易所推出新交易系统的同时，交易所也完成了清算业务的转换。芝加哥商业交易所（CME）于 2004 年 1 月开始为芝加哥期货交易所的所有产品提供清算及相关业务服务。CME/CBOT 共同清算网将两个具有主导地位的金融机构结合起来，提高了业务、保证金和资本效率，使期货经纪商和期货产品的最终用户获益匪浅。

无论是电子交易还是公开喊价，芝加哥期货交易所的主要角色是为客户提供一个具有透明性及流通性的合约市场，该市场的作用为价格发现、风险管理及投资。农场主、公司、小企业所有者、金融服务提供者、国际交易机构及其他个人或机构可通过一个称作套期保值的过程来管理价格、利率和汇率风险。套期保值是通过在期货市场持有相等但相反的头寸来对冲掉现货市场头寸的内在价格风险的操作。套期保值者利用芝加哥期货交易所保护其业务以避免不利的价格变动可能对其盈余造成的不利影响。

针对大豆、豆粕、小麦等期货合约，下面将介绍芝加哥期货交易所的交易规则。

（1）大豆期货。合约单位为5 000蒲式耳；交割等级为2等黄大豆或交易所指定的替代品；报价单位为美分或1/4美分/蒲式耳；最小变动价位为1/4美分/蒲式耳（50/张）；日涨跌幅限制比上日结算价上下波动30美分/蒲式耳（可扩大为45美分），现货月无此限制；合约月份为9月、11月、1月、3月、5月、7月、8月；最后交易日为交割月倒数第7个交易日；最后交割日为交割月的最后一个交易日；交易时间为周一至周五芝加哥时间的9:30-13:15。

（2）豆粕期货。交易代码为SM；交易单位为100短吨（每短吨=2 000磅）；交割等级为蛋白质含量48%以上；报价方式为美元和美分/短吨；最小价格变动为10美分/短吨（/合约）；日价格波动限制为前一交易日结算价上下/短吨（00/合约）；现货月合约没有限制（限制在现货月之前2日内取消）；合约月份为11月、12月、1月、3月、5月、7月、8月、9月；最后交易日为交割月最后交易日前的第7日（2000年1月和以后的合约，最后交易日在合约到期月份前第15日）；最后交割日为交割月最后交易日后第2天；交易时间为周一至周五9:30~13:15。

（3）小麦期货。合约单位为5 000蒲式耳；交割等级为1号北方春麦、2号软红麦、2号硬红冬麦及2号北方黑春麦；报价单位为美分或1/4美分/蒲式耳；最小变动价位为1/4美分/蒲式耳（50/张）；日涨跌幅限制比上日结算价高低20美分/蒲式耳（可扩大为30美分），现货月无此限制；合约月份为7月、9月、12月、3月、5月；最后交易日为交割月倒数第7个交易日；最后交割日为交割月的最后一个交易日；交易时间为周一至周五9:30~13:15。

（4）玉米期货。交易单位为5 000蒲式耳/张；报价单位为美分/蒲耳式；最小变动价位是0.25美分/蒲耳式；合约交割月份为3、5、7、9、12月；电子竞价是美国中部时间星期天至星期五的18:00至次日6:00和9:30至13:15；公开报价时间是美国中部时间星期一至星期五的9:30至13:15；到期合约在最后交易日的中午停止交易；最后交易日是合约到期前的第15个日历日；交割品级是黄玉米2号，按照合约价值交割，黄玉米1号升水1.5美分/蒲耳式，黄玉米3号贴水1.5美分/蒲耳式；交割地点是交易所指定交割仓库；交易代码是C/ZC。

（5）豆油期货。交易单位是60 000磅/张；报价单位是美分/磅；最小变动价位是0.01美分/磅；合约交割月份是1月、3月、5月、7月、8月、9月、10月、12月；电子竞价是美国中部时间星期天至星期五的18:00至6:00和9:30至13:15；公开报价为美国中部时间星期一至星期五的9:30至13:15；到期合约在最后交易日的中午停止交易；最后交易日是合约到期前的第15个日历日；交割品级是交割等级和标准要达到交易所公布的规则和条例；交割地点是交易所指定交割仓库；交易代码是BO/ZL。

（6）燕麦期货。交易单位是5 000蒲式耳/张；报价单位是美分/蒲耳式；最小变动价位是0.20美分/蒲耳式；合约交割月份是3月、5月、7月、9月、12月；最后交易日是合约到期前的第15个日历日；交割地点是交易所指定交割仓库。

第四节　有效市场研究前沿

一、分形市场假说

随着计算机技术和统计学、经济物理学等学科的不断发展，人们对市场的认识也不断深入。收益率分布的“尖峰肥尾”（Leptokurtic and Fat Tailed）、市盈率效应（P/E Effect）等金融异象、高频发生的金融风险等，不断提示人们市场演化具有非线性、非连续性特征。分形市场理论（Fractal Market Hypothesis，FMH）由此产生，并与耗散结构（Dissipative Structures）、混沌理论（Chaos Theory）并称 20 世纪 70 年代科学史上的三大发现。

虽然目前主流的投资理论以市场的线性特性为基石，但市场的复杂性和非线性特征一刻也没有被人忽视或遗忘。回溯过去一个世纪投资理论的发展，可清晰发现，基于 EMH 的线性理论流派和基于 FMH 的非线性理论流派从未泾渭分明，反而交叉融合、共同发展，并在某些历史的拐角偶遇。实际上，FMH 的先驱曼德尔布罗特（Benoit Mandelbrot）既是数学家冯·诺依曼（John Von Neumann）的关门弟子也是概率学家列维（Paul Lévy）的学生，而 EMH 的创建者法玛（Eugene F. Fama）又恰是 Mandelbrot 的学生。

分形市场假说成型于 20 世纪 90 年代，作为资本市场前沿理论的重要分支，为认识市场的非线性动力学特征提供了新视角和新方法。在分形市场结构中，价格运动服从分形分布（Fractal Distribution），具有自相似性（Self-similarity）和长期记忆性。FMH 框架下价格的分形动力学（Fractal Dynamics）特征在汇率市场、债券市场、商品期货市场、股票市场、经济指数中获得了验证。经典投资理论及代表人物谱系如图 6.3 所示。

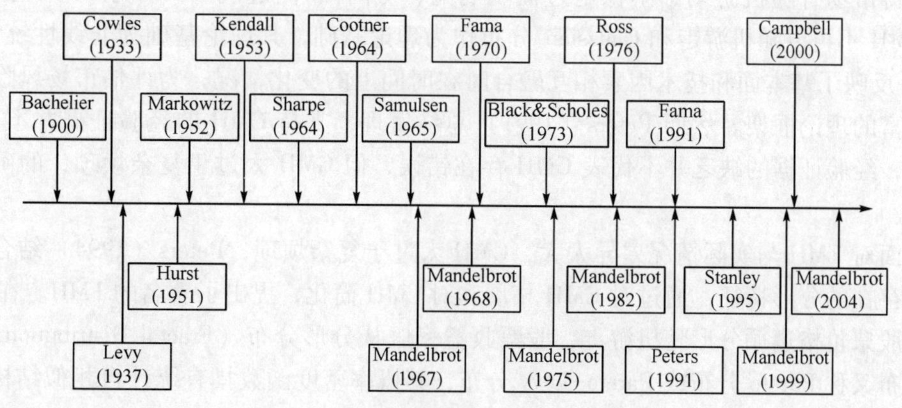

图 6.3　经典投资理论及代表人物谱系

1. 分形市场理论的研究进展

股票市场效率会严重影响投资策略的效果，决定着投资策略的成败。市场效率理论众多，基于 EMH 的有效市场理论最为人熟知。EMH 起源于 Bachelier（1900）的先驱性工作，其最早指出价格在投机市场中遵循随机游走。随后，Kendall 等（1953）、Cootner（1964）等相继对此进行了实证研究。Samulson（1965）在详尽数学解释的基础上，将 EMH 公之于世。站在前人的肩膀上，Fama（1970）将 EMH 公理化，依照信息分类法将市场效率分为弱式、半强式和强式有效三个层次，分别代表着股票价格，反映了历史信息、公开信息等，对应依靠技术分析、基本面分析、内幕消息进行投资实践将难以获得额外收益。由于数学处理上的便利，EMH 自产生以后，便成了现代经典投资理论的基石。随着金融研究的不断深入，动量和反转效应等大量具有预测价格趋势的现象逐渐被挖掘出来，对 EMH 提出了质疑。

在实证发现不支持 EMH 的情况下，部分学者通过分析 EMH 的缺陷提出了更加符合真实市场的假说。针对 EMH 假定投资者经济理性的苛刻假设，DeBondt 和 Thaler（1985）提出了过度反应假说（Overreaction Hypothesis，ORH），ORH 认为投资者对新流入市场的信息并非是按照贝叶斯准则进行反应，相反，实际投资者对信息的反应会过度。ORH 并未得到普遍的认可，Jegadeesh 和 Titman（1993）、Tetlock（2011）等人的观点与 ORH 截然相反，他们认为投资者对信息反应不足；时隔多年，ORH 不仅未曾得到大量的认可，而且饱受争议。

EMH 以线性科学为出发点来探讨股票市场，ORH 以投资者的行为偏差为出发点来分析股价波动现象。真实的股票市场往往是非线性的，而投资者非理性行为千差万别。因此，EMH 难以符合真实市场的非线性特征，而 ORH 难以将投资者的行为偏差准确描述；最终，使得这两种现象在实证分析中缺乏支撑。然而，随着非线性科学的发展，越来越多的非线性工具为研究股票价格波动模式提供了工具。Vaga（1900）在 Ising 模型和社会模仿理论的基础上，提出了协同市场假说（Coherent Market Hypothesis，CMH）。CMH 认为，基本偏倚和市场情绪两个因素决定市场价格状况，两个因素的结合使得市场有随机游动、不稳定过渡、混沌、协同四种状况。EMH 为 CMH 的特例，但 CMH 不再以随机游走和 Gaussian 分布作为理论基础，其理论基础为非线性统计学。CMH 反映了基本面和技术因素相互融合时在时间上的变化情况，为评估市场风险提供了丰富的理论框架。然而 Peters（1991）总结发现，支持 CMH 的经验证据并不多见。当然，经验证据的缺乏并不代表 CMH 存在错误，但 CMH 太过于复杂烦琐，的确让人生畏。

面对 EMH 与实际情况差异太大，CMH 太过于复杂烦琐，Peters（1994）结合市场普遍存在的分形特征，通过对 EMH 拓展和对 CMH 简化，提出了著名的 FMH。在 FMH 下，股票价格遵循分形随机游走，股票收益率服从分形分布（Fractal Distribution）。分形分布又称 Pareto 分布或 Pareto-Lévy 分布，其概率密度函数具有统计自相似结构，黄诒蓉（2006）和曹广喜（2008）等学者对其发展脉络以及与正态分布、柯西分布间的关系进行了详细的介绍。相对于 EMH，FMH 认为投资者有限理性，其投资期限具有多样性，对信息具有多样性敏感程度。相对于 CMH，FMH 遗弃了协同相和随机游动相，通过投资起点联结市场不稳定状态和稳定状态。如同 Larrain（1991）的 K-Z 模型，

FMH 能够发现股票市场混沌产生的方式，认为稳定的市场存在分形结构。FMH 的提出代表着正式产生了分形市场理论，为解释收益率尖峰、厚尾分布等金融现象提供了新的视角。分形市场理论虽为一种新兴的市场理论，极大地吸引了 Mandelbrot（1997）、Williams 等（2004）和魏宇等（2010）等国内外广大学者的高度重视，并在探究市场效率、技术分析、风险管理等方面取得了不小的成果，其力量不容小觑。樊智和张世英（2002）、Song 等（2012）等学者通过对 FMH 和 EMH 进行了如下表 6.2 所示的系统比较分析，肯定了 FMH 更符合实际情况。

表 6.2 EMH 与 FMH 的区别与联系

指标	EMH	FMH	指标	EMH	FMH
市场特性	线性系统	非线性系统	均衡状态	均衡	未必均衡
市场分类	三种层次	单、重分形	反馈机制	无	正反馈
收益序列	白噪音	分数噪音	风险测度	有限方差	H 指数等
收益分布	正态分布	分形分布	检验方法	游程检验等	R/S 等
波动趋势	随机趋势	分形趋势	预测性	不可预测	可预测
价格序列	随机游走	分形游走	序列维数	拓扑维	分形维
两者联系	FMH 是 EMH 的拓展，更贴近实际市场，EMH 是 FMH 的特例				

分形市场理论问世之后，围绕其展开金融市场研究的国内外学者人数众多。Mantegna 等（1995）、Mandelbrot（1997）和陈梦根（2003）等众多国内外学者在汇率市场、债券市场、期货市场、股票市场、经济指数中均发现了分形动力学特征。R/S 分析、修正 R/S 分析或者分形维数等方法是分析时间序列单分形特征的常用方法。郝清民（2004）、Bilel 等（2009）和 Tan 等（2010）等学者利用分形检验、R/S 分析或者修正 R/S 分析法研究发现，股票市场具有分形结构，存在标度不变形、自相似或自仿射等特征，价格趋势存在记忆性特征，且这些特征并未随着时间的推移、市场日益成熟而消失。随着分形理论的逐渐完善，检验分形特征的方法日益丰富。Mandelbrot（1999）和施锡铨等（2004）等学者在股票市场上发现了多标度特征，标度存在跃迁现象，多标度特征是更为复杂的分形结构，即为多重分形特征。

多重分形（Multifractal）是单分形的发展，具有重分形、多标度分形等多种称谓。英国学者 Falconer（2003）认为，多重分形是一个无限集合，该集合由分形结构上的多个标度指数组成，主要用于刻画质量分布在不同区域上的不同标度性质。Harte（2001）指出，重分形理论本质上根源于概率论，其与单分形最为本质的区别在于单分形研究的是集合，而重分形研究的是测度。基于多重分形理论能构建一种兼容平稳和剧烈震荡市场的模型，Mandelbrot（1999）利用多重分形理论对股票价格的波动进行了别开生面的论述，认为多重分形是刻画股票市场甚至金融市场的有力工具。利用多重分形不仅可以窥视到市场的剧烈波动，连极其微小的波动也可探究得清清楚楚，这正是利用多重分形研究股票市场的美妙之处。Calvet 和 Fisher（2001）、Jiang 和 Zhou（2008）、Yuan 等（2009）等大量学者的研究表明，利用多重分形研究金融市场确实具有独到之处。如今，基于多重分形研究股票市场价格波动规律的文献已经不胜枚举，这些文献主要分为两类：一是对股票市场是否存在多重分形特征进行实证检验，并对价格呈现多重分形特征的原因给予简单的分析；二是基于多重分形理论构建波动或风险等测度，初步地应用价格的多重分形特征。

Katsuragi（2000）和 Sun 等（2001）分别以日本和中国香港股票市场为样本，通过多重仿射和多重分形分析等方法，发现股票价格中存在多重分形特征。Sun 等（2001）指出，恒生指数日收益率方差与其多重分形谱的宽度之间存在密切的关系。为了方便分析价格序列中的多重分形特征，Kantelhardt 等（2002）提供了一种不要求价格序列平稳的分析方法，即多重分形消除趋势波动分析法（Multifractal Detrended Fluctuation Analysis，MF-DFA）。MF-DFA 的基础是消除趋势波动分析法。相对于多重仿射分析及其他多重分形分析方法，MF-DFA 不仅具有对时间序列的平稳性无要求的优势，而且该方法在探究非平稳时间序列的趋势自相关性时，能有效规避误判的风险。同时，MF-DFA 在鉴别多重分形特征时，较之其他方法也更为简单易行。因为上述这些优势，MF-DFA 方法在各个领域无胫而行，在金融领域更是得到了迅速的应用。Zunino 等（2008）声称市场的效率与股票价格序列的多重分形程度具有正向相关性，越高的多重分形程度对应着越无效率的市场，并以 33 国家的股票市场为样本，利用 MF-DFA 对此进行了实证检验。Wang 等（2009）和苑莹等（2011）等大量学者使用 MF-DFA 对深圳股票市场的效率及深圳股市行业板块的多重分形特征进行分析。这些研究深化了人们对股票市场的认识，体现了分形市场理论的活力。

面对大多数研究主要是实证检验时间序列自身的多重分形特征，而实际上序列间相互关系因受股价的影响也可能存在多重分形特征。为了判别多个非稳定时间序列间相关性是否存在多重分形特征，Zhou（2008）对 MF-DFA 进行了延拓，提出了多重分形去趋势相关性分析法（MF-DXA）。MF-DXA 在保留 MF-DFA 优点的基础上，可以直接针对两个序列相关性的变化情况进行分析。使用该方法，He 和 Chen（2011）、宋光辉等（2013）等发现金融时间序列之间的相关性存在多重分形特征；吴栩等（2014）发现沪深股市的 Sharpe 比率之间同样具有多重分形相关性。此外，Agaev 等（2004）、Ganchuk 等（2006）、Lee 等（2007）等大量学者在美国、俄罗斯、乌克兰和韩国等股票市场都发现了多重分形特征。因此，多重分形特征存在于股票市场是非常普遍的现象，而绝非偶然。可见，FMH 在股票市场上得到了广泛的实证支撑，较之 EMH 更加符合市场的实际情况，较之 CMH 更容易被实证检验。

面对股票市场普遍符合 FMH，部分学者对股票市场符合 FMH 的原因进行了分析。Mandelbrot 等（2004）将价格的多重分形特征归因于投资者非理性引致的 Noah 效应和 Joseph 效应，这两种效应的存在使得价格波动会集聚，价格趋势具有记忆性，FMH 所描绘的现象成立。Cajueiro 等（2009）认为价格呈现多重分形波动与有限理性的投资者存在羊群效应有关。这些解释结合有限理性的投资者的投资行为，对深化 FMH 具有重要作用。苑莹等（2011）和许林（2012）等人表明，在金融时间序列中，多重分形主要是由时间序列中大小波动不同程度的相关性和收益率厚尾分布共同引致的。Barunik 等（2012）认为多重分形特征主要源自收益率的厚尾分布，该学者以股票市场指数、汇率、利率等多种价格序列为样本，利用广义 Hurst 指数、仿真分析和打乱原价格序列检验对此进行了论证。这些解释虽然有利于了解分形产生的原因，但仍可以优化，因为这些学者的解释仍是从数据分析的角度进行论述，未曾回答是何种投资者行为导致的结果，难以深入回答真实股票市场符合 FMH 的原因。

相对于实证检验 FMH 的众多成果，应用 FMH 解决金融理论和实践问题的现有成果则显得十分稀少。Mandelbrot 等（1997）利用了多重分形级联过程构建了资产收益的多重分形模型，相对于以往的其他模型，其不仅体现了股票价格具有多重分形特征的现实情况，也包含了以往模型所描绘的价格波动特征。Muzy 等（2001）对利用了多重分形级联过程进行扩展，将多重分形和传统的期望相结合，使用湍流中瀑布理论的相关方法，构建了多重分形组合模型。Fisher 和 Calvet（2001）、Calvet 和 Fisher（2004）分别提出了 Poisson 多重分形过程和马科夫转换多重分形模型。Liu 等（2007）利用仿真分析和对比标度指数对马科夫转换多重分形模型进行了实证检验，检验结果表示支持。魏宇和黄登仕（2005）、Wei 和 Wang（2008）以多重分形谱为基础，分别设计了风险测度和针对高频数据的日多重分形波动测度，且测度的有效性获得了实证支撑。以多重分形波动测度为基础，Wei 等（2011）结合 Copula 模型，进一步提出了 Copula 多重分形波动对冲模型，且有较为优异的对冲效果。虽然多重分形模型优势众多，也常常被何建敏等（2002）和 Lux（2003）等大量学者所推崇，但难以否认的是估计多重分形模型的参数存在一定的难度。为解决参数估计问题，Fisher 和 Calvet（2002）、Bacry 等（2001）、Pochart 和 Bouchaud（2002）等对此进行了研究，并提出了一些简化的方法或其他模型。Lux（2008）则将 Makhov 转换引入 Poisson 多重分形过程之中，使多重分形的参数可利用广义矩方法估计，克服了利用极大似然方法估计参数时所呈现的种种缺陷。

综上可见，应用分形理论研究股票市场有其独特之处，虽然分形市场理论在描绘价格趋势和管理风险方面已经初露头角，但由于其计算的复杂，以及可用于实践的成果仍相对较少，因此还有许多问题可以深入研究。但难以否认的是，以 FMH 为基础，以分形几何方法对金融市场进行研究的分形市场理论正散发着蓬勃生机。

2. 分形市场理论的研究缺陷

分形市场理论的提出为研究股票市场提供了新视角，然而分形市场理论的现有研究也存在如下缺陷，有待弥补。

首先，现有研究尚未将股票价格分形波动特征纳入 MLC 的研究框架。除 Mandelbrot 等（2004）和 Cajueiro 等（2009）等极少数的学者将 Joseph 效应和羊群效应与分形市场结合起来考虑之外，大多数学者对分形市场理论的研究主要集中在实证检验与风险测度构建方面。由宋光辉等（2013）、Chave 等（2003）和 Meyers（2009）等的研究可知，将分形波动特征纳入 MLC 的研究框架，可以获得更好的结果。实际上，除 Joseph 效应与动量效应一脉相承外，分形随机游走与 MLC 也联系密切。EMH 声名鹊起之前，Mandelbrot 和 Ness（1968）、Mandelbrot 和 Wallis（1968）便指出若以 P_{t+1}^{i} 表示 Hurst 指数，$\bar{P}_{t+1}^{i}$ 表示随机游走，$B_H(0)$ 表示任意实数，记 $K(t-s)=(t-s)_{s\in[s,\ t]}^{H-0.5}$ 和 $K(t-s)=(t-s)_{s\leqslant 0}^{H-0.5}-(-s)_{s\leqslant 0}^{H-0.5}$，则实际的股票价格时间序列遵循 $B_H(t)=[\int_0^{+\infty} t^{H-0.5}e^{-H-0.5}dt]^{-1}\times\int_{-\infty}^{t}K(t-s)dB(s)$ 所示的随机过程。分形随机游走中 Hurst 指数可充分刻画股票价格序列的自相性，根据 Mandelbrot（1971）的研究可知，$H>0.5$ 对应着价格上涨或下跌动量效应阶段；$H < 0.5$ 对应着高位或低位反转效应阶段；$H = 0.5$ 对应着价格随机游走。可见，随着 Hurst 指数的变动，分形随机游走与 MLC 描述的股票价格波动趋势一致。同时，FMH 也与 MLC 关系紧密。Wei 等（2005）和 Zunino 等（2008）等众多学者指出，FMH 更加符合真实的股票市场。Lipson 等（2007）和 Sias（2007）等指出，动量和反转交易分别对价格的持续和反持续趋势具有强化作用。从而，投资者的动量和反转交易引致价格的动量和反转效应。Andersen 和 Didier（2003）、Liu 等（2006）研究表明，投资者的投资行为具有多样性。可见，FMH 认为投资者具有信息敏感性和有限理性，信息敏感性导致投资者在动量和反转交易中进行多样性选择，这种多样性选择可能使得价格趋势持续和反持续存在交替的可能，最终价格呈现分形随机游走，与 MLC 所描述的价格波动规律相符。因此，引入分形理论研究 MLC 既是现实市场存在分形特征的要求，也是对 MLC 与分形市场所存在密切关系的利用。

其次，分形分析方法较为烦琐，其研究成果难以满足实务界简单有效、切实可行的要求。随着分形理论的发展，虽然检验价格分形波动的方法较之以前已更为丰富，但仍未摆脱复杂烦琐的枷锁，这导致难以广泛地进行实证检验。现有文献主要是以大盘指数的价格或收益率作为样本，分析其分形特征，而实证分析个股或行业指数的分形特征，以及实证分析复杂金融指标的文献却屈指可数。缺乏简单易行的分形分析方法，使得这些多重分形模型难以在实际应用中被加以利用，更不利于推广。因此，利用分形市场理论研究投资管理时应尽可能地化繁为简，方便实务界参考。

最后，在分形市场下研究投资策略的成果欠缺。目前，虽然已有少量文献对利用多重分形进行风险管理进行了研究，但仍不成体系，且偏重于理论研究，难以用于实践活动。虽然，Williams 等（2004）和丁鹏（2012）对基于分形和混沌的投资策略进行了研究，但其主要是对 K 线的形态进行分析，且缺少金融理论基础。股票价格的分形波动与 MLC 存在相关之处，而 MLC 与反馈投资策略密切相关。在分形市场下研究 MLC 有利于回答在分形市场下如何进行投资管理。

综上可见，股票价格具有分形波动特征已广为人知，但几乎没有文献将分形市场理论纳入 MLC 的研究框架。基于 MLC 的投资策略构建引入分形市场理论研究，一方面是顺应了分形市场广泛存在的客观条件，另一方面，也是对分形市场理论研究的拓展。为了让研究结果容易被实务界所参考，基于 MLC 的投资策略构建利用分形市场理论研究还需化繁为简。

3. 有效市场和分形市场的区别和联系

表 6.3 展示了 EMH 与 FMH 之间的区别和联系。虽然二者之间的区别较多，但前述分析已清晰指出，内在统一性才是二者关系的本质特征。

表 6.3　EMH 与 FMH 的区别与联系

	EMH	FMH
理论创建	Fama（1970）	Peters（1991）
理论基础	市场无摩擦、充分竞争、信息成本为零、市场参与者同质预期且持有期相同	投资者投资期限不同；异质预期；价格变化非连续且非温和；流动性决定市场稳定状态

表6.3(续)

	EMH	FMH
市场特征	线性、独立性、正态性	自相似性、标度不变性、长期记忆性、局部随机整体有序性
市场分类	弱有效性、半强有效性、强有效性	单分形、重分形
分布函数	价格遵循布朗运动（Brownian Motion），收益率服从正态分布（Gaussian Distribution）	分数布朗运动：列维分布（Levy Distribution）或帕累托-列维（Pareto-Levy Distribution）分布
可预测性	不可预测	价格短期可测，风险长期可测
维数	拓扑维（Topology Dimension），整数	分形维（Fractal Dimension），分数
检验方法	顺序和反转检验、游程检验、滤波器法则检验、自相关系数检验、方差比检验等	（1）单分形：R/S 分析、分形维分析、分形分布分析、长记忆分析和谱分析；（2）重分形：尺度函数、局部 Hölder 指数
理论成果	现代投资组合理论（MPT）	分形组合理论（FPT）
联系	EMH 是 FMH 的特例，FMH 拓展了 EMH 的含义；EMH 与 FMH 具有内在统一性	

此外，Mantegna 和 Stanley（2006）从随机过程的有限性和稳定性两个维度对 FMH 和 EMH 关系做了直观描述。为使二者的关系在非线性科学的框架内更清晰，本节拟借助一个分形图来重新直观刻画二者的关系。以任一半圆做始元（Initiator），取其直径的 1/3 和 2/3 "生成"（Generate）两个半圆，以此递归（Rule of Recursion），最后得到一个类似于"法老的胸铠"的分形图。由图 6.4 可知，FMH 包含了 EMH，但二者又都隶属于非线性市场的范畴。对于其他空白部分，A 代表的是诸如混沌理论描述的市场，B 代表的是诸如柯西分布描述的市场，C 代表的则是弱式有效市场或半强式有效市场。

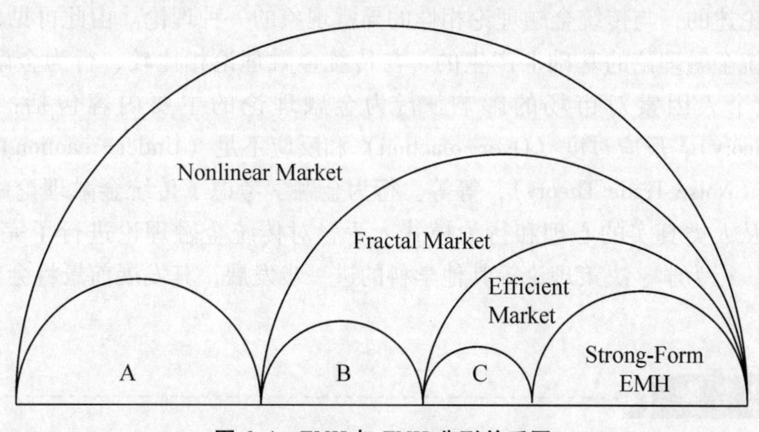

图 6.4　EMH 与 FMH 分形关系图

4. 分形市场研究存在的问题

一般而言，国内对 FMH 的研究和应用较晚。自 20 世纪 90 年代末开始对 FMH 研究以来，目前主要呈现如下特征：

（1）虽然已有很多学者指出 EMH 和 FMH 之间的关系，但很少有学者从更深入的微观机理方面进行研究。

（2）Mandelbrot 认为市场的分形结构部分与价格的剧烈和集中波动有关，即价格波动具有诺亚效应和约瑟夫效应，但对更深层次的原因分析采取了暂时搁置的态度。国内目前的研究也多止步于此。

（3）对于基于分形理论的投资组合构建与风险管理的研究较少。分形几何是一种重要的非线性特征分析工具，其作用不仅在于认识价格波动的非线性规律。

（4）对于投资者的心理和行为特征，以及整个投资决策过程的关注还是较少。

二、行为金融理论

EMH 意味着证券价格是随机游走过程，这也就意味着证券价格是根本不可能预测的。20 世纪 70 年代以来，随着金融计量经济学的快速发展，出现了很多新识别出的“金融异象”（Anomalies），这些异象促使一些金融学家开始怀疑 EMH 的有效性。Shiller（1981）、French（1990）通过系列研究发现了股票价格过度波动和可预测性；随后，Debondt 和 Thaler（1985）、Lakonishok 等（1994）、Jegadeesh（1996）、Titman（1994）通过对动量策略和反转策略的研究，发现投资者可以一定程度上依据股票过去价格的变化情况，来预测未来发展趋势，这也就对弱有效市场形态提出了与之相悖的实证证据。French 和 Gibbon、Hess 和 Ariel 研究发现了日历效应，也就是证券价格走势与日期相关；而 Banz（1981）和 Bamber（1997）则发现了规模效应，指出证券价格与企业规模相关，小盘股的平均收益要高于大盘股；等等。

直接挑战传统金融理论的异常现象有规模现象、日历效应、股权溢价之谜、期权波动率微笑、封闭式基金之谜，等等。这些现象的存在可以用来实现一些投资策略。这些不符合 EMH 的现象表明存在着可以用来取得超额收益的信息。

行为金融理论是以心理学上的发现为基础，辅以社会学等其他社会科学的观点，研究投资者如何在决策时产生系统性偏差，并尝试解释金融市场中实际观察到的或是金融文献中论述的，与传统金融理论相悖的异常现象的一种理论。由此可见，行为金融理论是在传统金融理论的基础上产生的，与传统金融理论相比较，行为金融学的特点是其更重视个人因素对市场的影响。行为金融理论的主要内容包括：期望理论（Prospect Theory）、反应过度（Over-reaction）和反应不足（Under-reaction）理论、噪声交易理论（Noise Trade Theory），等等。行为金融学考虑了传统金融理论中所忽视的心理因素，从人类真实的心理和行为模式入手，对传统金融理论进行了完善。同时，随着心理学、行为学、决策理论等其他学科的进一步发展，其发展前景将会十分广阔。

思考题

1. 如何理解有效市场假说？
2. 如何检验有效市场假说？
3. 我国证券市场是有效市场吗？为什么？

第七章　金融经济学研究前沿

第一节　现代分形投资组合研究前沿

现代投资组合理论（Modern Portfolio Theory，MTP）自创立至今已有60余年。MTP研究的核心问题是投资者如何通过构建投资组合将资金分散地投资于不同资产，达到分散风险和确保收益的目的。MTP既是现代金融学的开端，也是现代金融理论研究的动力，在金融理论研究和金融实务操作中均占据着重要的地位。目前，已有大量学者对MTP进行了研究，并取得了一些成果。虽然这些成果丰富了MTP，但是现有成果在构建投资组合时主要仍使用均值、方差、下偏方差、模糊数学、条件在险价值、集成预测熵等方法来测量证券的收益和风险。在证券价格没有分形特征时，使用均值、方差、下偏方差、模糊数学等方法也许能够准确地测量出证券的收益和风险。但是，大量研究表明证券价格普遍具有明显的分形特征，如：有学者实证发现衍生品和现货市场都具有分形特征，有学者实证发现上海和深圳股票市场均有多重分形特征，还有学者实证发现32个国家的股票指数均具有分形特征。此时，使用这些方法测量证券的收益和风险便存在难以准确测量甚至无法测量的缺陷。

具体而言，当证券价格具有分形特征时，证券价格波动服从分形布朗运动，证券收益率服从分形分布，表现出自相似性、标度不变性、长记性等特征，呈现出无穷精细的复杂结构。已有学者明确指出，对于价格具有分形特征的证券，分形方法是刻画其特征的有力工具。随后，大量学者的研究表明，当正确价格具有分形特征时，只有使用分形方法来测量证券的收益和风险等特征，所得到的结果才可能准确；采用均值、方差、下偏方差、模糊数学等非分形方法难以将证券的收益和风险等特征准确测量。同时，根据前文可知，当证券价格具有分形特征时证券收益率服从分形分布。分形分布是较为复杂的幂率分布，其均值和方差可能趋于无限；此时，采用均值、方差、下偏方差等非分形方法来测量证券的收益和风险便面临着无法测量的可能。可见，现有研究主要使用非分形方法来测量证券的收益和风险存在测不准或不可测的缺陷，最终导致所构建的投资组合缺乏有效性。

综上可见，研究 MTP 具有重要的理论和应用价值，现有相关成果在测量证券收益和风险时使用的方法主要属于非分形方法，在证券价格普遍存在分形特征的现实背景下，存在测不准或不可测的缺陷，影响投资组合的有效性。基于此，本节首先构建了分形期望和分形方差两个分形统计测度来测量证券的收益和风险；其次，以分形统计测度为基础构建了分形组合模型，给出了分形组合模型的解析解；最后，对分形组合模型的有效性进行了实证分析。

一、分形统计测度构建

针对使用期望和方差等非分形方法来测量证券的收益和风险存在测不准或不可测的缺陷，本节借鉴分形观点下处理曲线长度的方法来构建分形期望和分形方差两个分形统计测度，以便在证券价格普遍具有分形特征的现实背景下较为准确地测量证券的收益和风险。

分形观点下处理曲线长度的方法简述如下：对于以 x_0 和 x_T 为端点的某条曲线，令 $\varepsilon = d(x, y)$ 代表曲线上两点 x 和 y 之间的距离，记 x_1 为曲线上第 1 个使得 $d(x_0, x_1) = \varepsilon$ 成立的点，记 x_2 为曲线上第 2 个使得 $d(x_1, x_2) = \varepsilon$ 成立的点，依此类推，假设经过 $n = n(\varepsilon)$ 步选到 x_n 点时有 $d(x_n, x_T) \leqslant \varepsilon$ 成立；则曲线的长度可利用 $L(\varepsilon) = \varepsilon n(\varepsilon)$ 近似计算。显然，ε 取值越小，测量的曲线长度越精确。在传统观点下，如果 $\lim\limits_{\varepsilon \to 0} L(\varepsilon) = L$，那么 L 便是曲线的长度；如果 $\lim\limits_{\varepsilon \to 0} L(\varepsilon)$ 趋于无穷，那么便毫无意义。在分形观点下，如果曲线存在分形特征，当 $\lim\limits_{\varepsilon \to 0} L(\varepsilon)$ 趋于无穷时必然存在非负实数 d 和 m 使得 $\lim\limits_{\varepsilon \to 0} m^{-1} \varepsilon^{d} n(\varepsilon) = 1$ 成立，从而有 $L(\varepsilon) \approx m\varepsilon^{1-d}$ 成立，其中非负实数数 d 和 m 分别称为该曲线的分形维数和 Minkowski 容量。可见，在不同的测量尺度 ε 下，分形维数 d 和 Minkowski 容量 m 是反映曲线长度 $L(\varepsilon)$ 的重要参数。

借鉴上述分形观点下处理曲线长度的方法，可以将期望 $E(X)$ 写成极限形式 $E(X) = \lim\limits_{c \to \infty} E_c(X)$，式中 $E_c(X) = \int_{-c}^{c} x\rho(x)\,dx$，$c$ 为常数。对于密度函数 $\rho(x)$ 的确定，虽然当证券价格具有分形特征时收益率服从分形分布，但是一般形式的分形分布有特征参数、偏度参数、尺度参数和位置参数四个参数，具体形式较为复杂，如果直接取 $\rho(x)$ 为一般形式的分形分布对应的密度函数作为 $\rho(x)$ 的表达式，那么计算将十分困难；考虑到幂率分布是分形分布的重要性质，当特征参数小于 2 且偏度参数为 0 时变量尾部就是幂率分布，加之使用幂率分布已经能够较好地刻画证券收益率的分布，不少经济学研究领域的相关文献将幂率分布称为分形分布，因此如下以幂率分布对应的密度函数作为 $\rho(x)$ 的表达式，即对常数 ρ_0 和 x_0，当 $x \geqslant x_0$ 时，$\rho(x) = \rho_0 x^{-\alpha}$，当 $x < x_0$ 时，有 $\rho(x) = 0$ 成立。对于非负实数 $c > x_0$，当 $\alpha \neq 2$ 时，必然有如（7.1）式成立。由（7.1）式可知，当 $\alpha > 2$ 时，$E_c(X)$ 有限，从而期望 $E(X)$ 存在；当 $\alpha < 2$ 时，$E_c(X)$ 趋于无穷，从而期望 $E(X)$ 趋于无穷。此时，由（7.2）式可知，$E_c(X)$ 的变化过程由 $(2-\alpha)^{-1}\rho_0$ 和 $2-\alpha$ 确定，从而可用数组 $\langle (2-\alpha)^{-1}\rho_0, 2-\alpha \rangle$ 来反映期望 $E(X)$。为了方便，记数组 $\langle (2-\alpha)^{-1}\rho_0, 2-\alpha \rangle = \langle E_X, e_X \rangle$。当期望 $E(X)$ 有限时，（7.2）式

仍然成立，即期望 $E(X)$ 仍可用数组 $\langle E_X, e_X\rangle$ 反映。可见，在分形观点下期望 $E(X)$ 由数组 $\langle E_X, e_X\rangle$ 决定，因此本节将 $E_f(X)=\langle E_X, e_X\rangle$ 称之为分形期望。

$$E_c(X)=\int_{-c}^{c} x\rho(x)dx=\int_{-c}^{c}\rho_0 x^{1-\alpha}dx=\frac{\rho_0}{2-\alpha}(c^{2-\alpha}-x_0^{2-\alpha}) \tag{7.1}$$

$$\lim_{c\to\infty}(2-\alpha)\rho_0^{-1}c^{\alpha-2}E_c(X)=1 \tag{7.2}$$

根据分形期望的上述定义，设 $\{a_i\}_{i=1}^{n}$ 为 n 个常数，$\{X_i\}_{i=1}^{n}$ 为 n 个随机变量，记第 i 个随机变量 X_i 的分形期望为 $E_f(X_i)$，则分形期望有（7.3）式所示的主要运算法则。

$$\begin{cases} E_f(X_i)<E_f(X_j)\Leftrightarrow(e_{X_i}<e_{X_j})\vee[(e_{X_i}=e_{X_j})\wedge(E_{X_i}<E_{X_j})] \\ E_f(X_i)E_f(X_j)=\langle E_{X_i}E_{X_j},\ e_{X_i}+e_{X_j}\rangle \\ E_f(\sum_{i=1}^{n}a_iX_i)=\sum_{i=1}^{n}a_iE_f(X_i)=\langle\sum_{k=1}^{m}a_{i_k}E_{X_{i_k}},\ e_{X_{i_1}}\rangle,\ e_{i_1}=\cdots=e_{i_m}=\max\{e_i\}_{i=1}^{n} \\ E_f(X_i)[E_f(X_j)]^{-1}=\langle E_{X_i}E_{X_j}^{-1},\ e_{X_i}-e_{X_j}\rangle \\ [E_f(X_i)]^{q}=\langle E_{X_i}^{q},\ qe_{X_i}\rangle,\ \forall q\in R^{+},\ \forall i\neq j\in\{1,\ \cdots,\ n\} \end{cases} \tag{7.3}$$

类似于分形期望的构建，可以将方差写成 $\mathrm{Var}(X)=\lim\limits_{c\to\infty}E_c^2(X)-[\lim\limits_{c\to\infty}E_c(X)]^2$，对于 $\lim\limits_{c\to\infty}E_c^2(X)$，当 $\alpha\neq3$ 时，有（7.4）式成立。从而，当 $\alpha\neq2$ 和 $\alpha\neq3$ 时，方差可根据（7.5）式计算。根据（7.5）式可知，当 $\alpha<3$ 时，$\mathrm{Var}(X)$ 趋于无穷，此时（7.6）式成立；当 $\alpha>3$ 时，$\mathrm{Var}(X)$ 有限，（7.6）式仍然成立。从而，分形观点下 $\mathrm{Var}(X)$ 由如（7.7）式定义数组 $\langle V_X, v_X\rangle$ 决定，因此本节将 $\mathrm{Var}_f(X)=\langle V_X, v_X\rangle$ 称之为分形方差。

$$\lim_{c\to\infty}E_c^2(X)=\lim_{c\to\infty}\int_{-c}^{c}x^2\rho(x)dx=\frac{\rho_0}{3-\alpha}(c^{3-\alpha}-x_0^{3-\alpha}) \tag{7.4}$$

$$\mathrm{Var}(X)=\lim_{c\to\infty}\left[\frac{\rho_0(c^{3-\alpha}-x_0^{3-\alpha})}{3-\alpha}-\frac{\rho_0^2(c^{4-2\alpha}+x_0^{4-2\alpha}-2c^{2-\alpha}x_0^{2-\alpha})}{(2-\alpha)^2}\right] \tag{7.5}$$

$$\begin{cases} \lim\limits_{c\to\infty}(3-\alpha)\rho_0^{-1}c^{\alpha-3}\mathrm{Var}(X)=1,\ \alpha>1 \\ \lim\limits_{c\to\infty}(2-\alpha)^2\rho_0^{-2}c^{2\alpha-4}\mathrm{Var}(X)=1,\ \alpha<1 \\ \lim\limits_{c\to\infty}(2^{-1}\rho_0-\rho_0{}^2)^{-1}c^{-2}\mathrm{Var}(X)=1,\ \alpha=1 \end{cases} \tag{7.6}$$

$$\langle V_X,\ v_X\rangle=\begin{cases}\langle(3-\alpha)^{-1}\rho_0,\ 3-\alpha\rangle,\ \alpha>1 \\ \langle 2^{-1}\rho_0-\rho_0^2,\ 2\rangle,\ \alpha=1 \\ \langle(2-\alpha)^{-2}\rho_0^2,\ 4-2\alpha\rangle,\ \alpha<1\end{cases} \tag{7.7}$$

记第 i 个随机变量 X_i 的分形方差 $\mathrm{Var}_f(X_i)$，根据上述分形方差的定义，不难证明分形方差有（7.8）式所示的运算规则，针对随机变量线性组合，分形方差不需要像传统方差那样考虑变量间的协方差，分形方差与传统方差的区别显而易见。同时由（7.8）式还可以知道，当 $\sum_{i=1}^{n}a_i=1$ 且 $a_i>0$ 时，必有 $\mathrm{Var}_f(\sum_{i=1}^{n}a_iX_i)<\sum_{i=1}^{n}a_i\mathrm{Var}_f(X_i)$

成立，因此用分形方差度量风险时仍可体现投资组合对风险的分散作用。

$$\begin{cases}\mathrm{Var}_f(X_i) < \mathrm{Var}_f(X_j) \Leftrightarrow (v_{X_i} < v_{X_j}) \vee [(v_{X_i} = v_{X_j}) \wedge (V_{X_i} < V_{X_j})] \\ \mathrm{Var}_f(X_i)\mathrm{Var}_f(X_j) = \langle V_{X_i}V_{X_j},\ v_{X_i} + v_{X_j} \rangle \\ \mathrm{Var}_f(\sum_{i=1}^{n} a_i X_i) = \sum_{i=1}^{n} a_i^2 \mathrm{Var}_f(X_i) = \langle \sum_{k=1}^{m} a_{i_k}^2 V_{X_{i_k}},\ v_{X_{i_1}} \rangle,\ v_{i_1} = \cdots = v_{i_m} = \max\{v_i\}_{i=1}^{n} \\ \mathrm{Var}_f(X_i)[\mathrm{Var}_f(X_j)]^{-1} = \langle V_{X_i}V_{X_j}^{-1},\ v_{X_i} - v_{X_j} \rangle \\ [\mathrm{Var}_f(X)]^q = \langle V_X^q,\ qv_X \rangle,\ \forall i \neq j \in \{1, \cdots, n\},\ \forall q \in R^+ \end{cases} \tag{7.8}$$

综上，本节构建了分形期望和分形方差两个分形统计测度，并给出了两个分形统计测度的运算规则，为进一步阐述基于分形统计测度构建的投资组合奠定了基础。

二、分形统计测度下的组合模型

根据 MTP 可知，构建投资组合是指通过分配投资权重到不同资产以实现风险在既定收益下最小化的目标。设投资组合 P 由 n 种资产 $\{Y_i\}_{i=1}^{n}$ 按权重 $\{\omega_i\}_{i=1}^{n}$ 组合而成，资产的收益率为 $\{r_i\}_{i=1}^{n}$，则构建投资组合可通过如（7.9）式对投资权重 $\{\omega_i\}_{i=1}^{n}$ 求解，使得投资组合 P 在既定收益水平 u 约束下风险最小。根据下式，便可求得 $\{\omega_i\}_{i=1}^{n}$ 的解如（7.9）式所示。

$$\begin{cases}\min \mathrm{Var}(r_P) = \min\{\sum_{i=1}^{n} \omega_i^2 \mathrm{Var}(r_i) + \sum_{i \neq j} \omega_i \omega_j \mathrm{Cov}(r_i,\ r_j)\} \\ \mathit{Constraint\ Condition}: \begin{cases} \sum_{i=1}^{n} \omega_i = 1 \\ \sum_{i=1}^{n} \omega_i E(r_i) = u \end{cases}\end{cases} \tag{7.9}$$

$$\begin{cases}\omega_i = \dfrac{u \sum_{j=1}^{n} \theta_{ij}[(\sum_{i,j=1}^{n} \theta_{ij}) r_j - (\sum_{i,j=1}^{n} \theta_{ij} r_j)] + \sum_{j=1}^{n} \theta_{ij}[\sum_{i,j=1}^{n} \theta_{ij} r_j r_i - (\sum_{i,j=1}^{n} \theta_{ij} r_j) r_j]}{(\sum_{i,j=1}^{n} \theta_{ij} r_j r_i)(\sum_{i,j=1}^{n} \theta_{ij}) - (\sum_{i,j=1}^{n} \theta_{ij} r_j)^2} \\ \begin{bmatrix} \theta_{11} & \theta_{12} & \cdots & \theta_{1n} \\ \theta_{21} & \theta_{22} & \cdots & \theta_{2n} \\ \vdots & \vdots & \ddots & \vdots \\ \theta_{n1} & \theta_{n2} & \cdots & \theta_{nn} \end{bmatrix} = \begin{bmatrix} \mathrm{Var}(r_1) & \mathrm{Cov}(r_1,\ r_2) & \cdots & \mathrm{Cov}(r_1,\ r_n) \\ \mathrm{Cov}(r_2,\ r_1) & \mathrm{Var}(r_2) & \cdots & \mathrm{Cov}(r_2,\ r_n) \\ \vdots & \vdots & \ddots & \vdots \\ \mathrm{Cov}(r_n,\ r_1) & \mathrm{Cov}(r_n,\ r_2) & \cdots & \mathrm{Var}(r_n) \end{bmatrix}^{-1}\end{cases} \tag{7.10}$$

按照 MTP 和（7.9）式、（7.10）式所示的投资组合模型，便可构建基于分形期望和分形方差的投资组合模型。设投资组合 P 由 n 种资产 $\{Y_i\}_{i=1}^{n}$ 按权重 $\{\omega_i^f\}_{i=1}^{n}$ 组合而成，记第 i 种资产 Y_i 和投资组合 P 的分形期望为 $E_f(r_i) = \langle E_i,\ e_i \rangle$ 和 $E_f(r_P) = \langle E_P,\ e_P \rangle$，上述资产或组合的分形方差为 $\mathrm{Var}_f(r_i) = \langle V_i,\ v_i \rangle$ 和 $\mathrm{Var}_f(r_P) = \langle V_P,\ v_P \rangle$；则基于分形

期望和分形方差的投资组合模型如（7.11）式所示。

$$\begin{cases} \min \mathrm{Var}_f(r_P) = \min\{\mathrm{Var}_f(\sum_{i=1}^{n} \omega_i^f r_i)\} = \min\{\sum_{i=1}^{n} (\omega_i^f)^2 \mathrm{Var}_f(r_i)\} \\ Constraint\ Condition: \begin{cases} \sum_{i=1}^{n} \omega_i^f = 1 \\ \sum_{i=1}^{n} \omega_i^f E_f(r_i) = u \end{cases} \end{cases} \tag{7.11}$$

对（7.11）式求解，即是求目标函数在约束条件下的条件极值。结合（7.3）式和（7.8）式所示的运算规则，利用 Lagrange 乘子法便可对（7.11）式求解。具体而言，首先构建如（7.12）式所示的 Lagrange 函数；其次，令 Lagrange 函数关于自变量的偏导数等于零，得到如（7.13）式所示的线性方程组；最后，使用 Gauss 消元法对（7.13）式求解得到（7.11）式的解，如（7.14）式所示。从而，基于分形期望和分形方差的最优投资组合中，$\{\omega_i^f\}_{i=1}^{n}$ 分别为资产 $\{Y_i\}_{i=1}^{n}$ 的投资权重。

$$L(\omega_1^f, \cdots, \omega_n^f, \lambda_1, \lambda_2) = \mathrm{Var}_f(r_P) - \lambda_1[\sum_{i=1}^{n} \omega_i^f E_f(r_i) - u] - \lambda_2(\sum_{i=1}^{n} \omega_i^f - 1) \tag{7.12}$$

$$\begin{cases} 2\omega_i^f \mathrm{Var}_f(r_i) = \lambda_1 E_f(r_i) + \lambda_2 \\ \sum_{i=1}^{n} \omega_i^f = 1 \\ E_f(\sum_{i=1}^{n} \omega_i^f r_i) = \sum_{i=1}^{n} \omega_i^f E_f(r_i) = u \end{cases} \tag{7.13}$$

$$\begin{cases} \omega_i^f = \dfrac{(1 - \varphi\psi + \varphi\varphi u) E_f(r_i)}{2\varphi \mathrm{Var}_f(r_i)} + \dfrac{\psi - \varphi u}{2(\varphi\psi - \varphi^2) \mathrm{Var}_f(r_i)} \\ \varphi = \sum_{i=1}^{n} \dfrac{E_f(r_i)}{2\mathrm{Var}_f(r_i)}, \varphi = \sum_{i=1}^{n} \dfrac{1}{2\mathrm{Var}_f(r_i)}, \psi = \sum_{i=1}^{n} \dfrac{[E_f(r_i)]^2}{2\mathrm{Var}_f(r_i)} \end{cases} \tag{7.14}$$

由于（7.14）式所示的投资权重为数组形式，为了服务于投资实践，有必要将其转换成数值形式。对此，不妨记 $\omega_i^f = \langle W_i, w_i \rangle$，由分形期望和分形方差的定义可知，有 $\lim_{c\to\infty} \omega_i^f W_i^{-1} c^{-w_i} = 1$ 成立，即对比较大的 c 有 $\omega_i^f \approx W_i c^{w_i}$ 成立。因此，可用 $\omega_{i=1,\cdots,n}^f \approx W_i c^{w_i} (\sum_{i=1}^{n} W_i c^{w_i})^{-1}$ 将资产 Y_i 的数组权重转化为数值权重。

由上可见，前文所构建的两个分形统计测度，不仅在理论上可以构建投资组合，还可将数组权重转换为数值权重，应用于投资实践，从而完整地解决了分形统计测度下的投资组合问题。为了表述的方便，下文将基于分形期望和分形方差两个分形统计测度所构建的投资组合模型简称为分形组合。

三、分形组合的有效性分析

我们在理论模型构建的基础上，便可利用实证分析来验证分形组合的有效性。在既定收益水平约束下，如果分形组合的风险小于基准组合的风险，则表明分形组合有效。在基准组合的选取上，考虑到分形组合较之 Markowitz 传统组合模型主要是在风险和收益测度上进行改进，因此本节以 Markowitz 传统组合模型作为基准组合。在样本选取上，本节以上海证券交易所的所有 6 种行业指数为资产样本，并分别用传统期望和方差、分形期望和方差计算其风险与收益来构建基准组合与分形组合。在样本区间选取上，为了反映分形组合在不同市场行情下的效果，以 2012 年 1 月 1 日至 2017 年 1 月 1 日为整个样本区间，并以每一年为子区间构建组合观察所构建的组合的风险情况。数据来源于聚源数据库。

为了构建分形组合，首先需要计算收益率序列的密度函数。将收益率序列 $\{r_t\}_{t=1}^{m}$ 按从小到大排序并记为 $\{\overline{r_t}\}_{t=1}^{m}$，记 p_t 为每个收益率 $\overline{r_t}$ 对应的累积概率，设 $\ln p_t$ 和 $\ln \overline{r_t}$ 回归结果为 $\ln p_t = \pi \ln \overline{r_t} + \eta$；若回归方程具有较高的拟合优度 R^2，记 $\alpha = 1 - \pi$ 和 $\rho_0 = \pi e^{\eta}$，则 $\rho(x) = \rho_0 x^{-\alpha}$ 为收益率序列 $\{r_t\}_{t=1}^{m}$ 的密度函数。据此，便可计算出 6 种资产在 5 个子区间里的收益率序列的密度函数。所有 30 个密度函数的两个参数和拟合优度见表 7.1。

表 7.1　30 个密度函数的两个参数和拟合优度

类别	工业	商业	地产	公用	综合	金融
2012 年-ρ_0	0.285	0.256	0.240	0.276	0.204	0.204
2012 年-α	0.836	0.842	0.845	0.841	0.868	0.865
2012 年-R^2	0.921	0.899	0.924	0.923	0.924	0.915
2013 年-ρ_0	0.462	0.459	0.219	0.386	0.209	0.201
2013 年-α	0.789	0.779	0.853	0.805	0.864	0.864
2013 年-R^2	0.958	0.907	0.851	0.96	0.902	0.932
2014 年-ρ_0	0.318	0.685	0.205	0.391	0.235	0.211
2014 年-α	0.822	0.732	0.857	0.798	0.851	0.858
2014 年-R^2	0.798	0.920	0.799	0.882	0.927	0.942
2015 年-ρ_0	0.563	0.627	0.236	0.360	0.232	0.206
2015 年-α	0.741	0.718	0.837	0.792	0.845	0.856
2015 年-R^2	0.967	0.951	0.850	0.968	0.913	0.908
2016 年-ρ_0	0.259	0.195	0.343	0.229	0.315	0.303
2016 年-α	0.844	0.866	0.811	0.854	0.830	0.833
2016 年-R^2	0.943	0.899	0.886	0.909	0.952	0.920

由表 7.1 可知，30 个资产收益率序列的拟合优度最低为 0.798，且回归方程的拟合优度大多在 0.9 以上。从而说明收益率序列的密度函数确实为幂率形式，表 7.1 所示的 30 个密度函数的两个参数具有较高的可靠性。根据表 7.1 的结果，利用（7.2）式和（7.6）式便可计算出 30 个收益率序列的分形期望和分形方差，见表 7.2。限于篇幅，表 7.2 仅罗列了数值，未罗列数组符号。

表 7.2 30 个收益率序列的分形期望和分形方差

类别	2012 年	2013 年	2014 年	2015 年	2016 年
工业期望	0.245，1.164	0.382，1.211	0.270，1.178	0.447，1.259	0.224，1.156
工业方差	0.060，2.328	0.146，2.422	0.073，2.356	0.200，2.518	0.050，2.312
商业期望	0.221，1.158	0.376，1.221	0.540，1.268	0.489，1.282	0.172，1.134
商业方差	0.049，2.316	0.141，2.442	0.292，2.536	0.239，2.564	0.030，2.268
地产期望	0.208，1.155	0.191，1.147	0.179，1.143	0.203，1.163	0.288，1.189
地产方差	0.043，2.310	0.036，2.294	0.032，2.286	0.041，2.326	0.083，2.378
公用期望	0.238，1.159	0.323，1.195	0.325，1.202	0.298，1.208	0.200，1.146
公用方差	0.057，2.318	0.104，2.390	0.106，2.404	0.089，2.416	0.040，2.292
综合期望	0.180，1.132	0.184，1.136	0.205，1.149	0.201，1.155	0.269，1.170
综合方差	0.032，2.264	0.034，2.272	0.042，2.298	0.040，2.310	0.072，2.340
金融期望	0.180，1.135	0.177，1.136	0.185，1.142	0.180，1.144	0.260，1.167
金融方差	0.032，2.270	0.031，2.272	0.034，2.284	0.032，2.288	0.067，2.334

在表 7.2 的基础上，利用（7.14）式便可计算出分形组合中各资产的投资权重，进而获得分形组合的风险。同理，根据 30 个收益率序列的传统期望和传统方差，利用（7.10）式便可计算出基准组合中各资产的投资权重，进而获得基准组合的风险。为便于比较，表 7.3 将 6 种既定收益水平下基准组合和分形组合的风险之差进行罗列。

表 7.3 既定收益下基准与分形组合的风险之差

u 值	2012 年	2013 年	2014 年	2015 年	2016 年
0.05	0.122	8.672	2.284	0.047	−0.181
0.10	0.155	0.616	2.468	0.295	−0.167
0.15	0.224	21.296	2.659	0.683	−0.127
0.20	0.331	70.712	2.858	1.211	−0.063
0.25	0.475	148.863	3.064	1.879	0.026
0.30	0.657	255.750	3.278	2.688	0.140

注：表中数据的单位为 0.001。

由表 7.3 可知，在所有 30 种情形中，基准与分形风险资产组合的风险之差有 26 种情形为正值，即在既定收益水平下，有 26 种分形风险资产组合的风险都小于基准风险资产组合的风险，占比为 86.67%。因此，在既定收益下，分形组合的风险大多小于基准组合的风险，分形组合在确保收益的同时更好地分散了风险。

综上可见，基于分形理论构建的分形期望和分形方差两个分形统计测度有利于克服非分形统计测度难以准确测量甚至无法测量证券风险与收益的缺陷。在此基础上，基于分形统计测度构建了分形组合模型，并给出了模型的解析解。随后，通过比较分形组合与传统投资组合的风险情况，从实证分析的视角验证了分形组合的有效性。尽管本节基于分形理论开创性地构建了分形期望和分形方差两个分形统计测度，并构建了分形组合，但本节的研究仍属于探索性研究。因此，无论是在一般形式的分形分布下构建分形期望和分形方差，还是高阶矩分形统计测度的构建探究，无论是含有背景风险的分形组合探讨，还是多阶段动态分形组合的探索，都有待深化。

第二节　分形统计测度在投资组合中的应用

众所周知，准确测量证券的风险和收益不仅对投资管理至关重要，而且对诸多金融理论的影响都举足轻重，甚至直接决定着理论研究成果向实践应用转化的有效性。仅以投资管理中冰山一角的投资组合管理为例，Black 和 Litterman（1991）早就指出，如果在风险和收益测量上失之毫厘，必将导致组合管理的绩效差之千里。因此，为了提升投资管理的绩效，优化理论研究成果，强化理论成果的应用，学术界和实务界对如何准确测度证券的风险和收益历来趋之若鹜。考虑到 Markowitz（1952）开创的现代投资组合理论不仅是现代金融学的开端，更被朱书尚等（2004）誉为现代金融理论研究的动力，加之风险和收益测量问题对投资组合的影响最为直接，因此，学术界和实务界通常在研究投资组合问题时对风险和收益的测量加以研究，甚至现有投资组合研究的大量成果主要是在风险和收益的测量方面给予创新。可见，优化对证券风险和收益的测量在投资组合研究中占据着重要地位。

尽管现有投资组合研究的大量成果均在风险和收益的测量方面给予了优化，极大地拓展了风险和收益的测量，丰富了现代投资组合理论。然而，无论是李爱忠等（2013）、徐维军等（2017）等广大学者在构建投资组合时利用下偏方差、模糊数学、条件在险价值、集成预测熵等方法对风险和收益的测量，还是 Alexander 等（2017）、李佳等（2017）等学者将背景风险、流动性风险等纳入投资组合研究框架时对风险和收益的测量；无论是常浩（2015）、Zhang 等（2017）等学者构建动态组合模型时在动态框架下对风险和收益的测量，还是 Barati 等（2016）、Mei 等（2016）等学者在有摩擦市场下构建组合模型时对风险和收益的测量；甚至连曾志耕等（2015）、Zeng 等（2015）等学者在构建风险投资、研发投入等其他领域的组合模型时对风险和收益的测量；如此等等，不一而足，在风险和收益测量方面仍然存在着未曾考虑证券价格普遍具有分形特征的缺陷。

之所以将现有研究在风险和收益测量方面未曾考虑证券价格具有的分形特征视为缺陷，原因在于：首先，Cont（2001）和林宇等（2015）等大量学者的研究明确指出，必须将金融市场的实际特征纳入金融理论与实证研究的框架之下，才有可能使研究结论具有明确的实际意义与应用价值，因此，要保证准确测量证券的风险和收益，便必须要对证券价格的实际特征加以考虑。其次，Yuan 等（2009）、Wang 等（2009）、宋光辉等（2015）等学者指出证券价格波动普遍具有明显的分形特征，Wu 等（2015）和吴栩等（2016）的研究进一步表明，证券价格出现分形特征具有必然性。由于分形具有无穷精细的复杂结构，对于具有分形特征的证券价格，Mandelbrot（1999）、Lux 和 Alfarano（2016）等学者的研究表明，只有采用分形统计分析方法来描述证券的收益和风险才可能得到准确的结果；否则，无论是采用线性方法，还是采用非线性方法，甚至是采用复杂性方法，都难以获得让人信服的结论。因此，现有相关研究并未充分考虑证券价格的分形特征，在证券价格具有分形特征的现实背景下难以有的放矢地构建测度，对风险和收益给予测量。此外，分形的统计自相似结构常常致使证券收益率遵循幂率厚尾分布。Stoyanov 等（2010）、耿志祥等（2013）等众多学者的研究表明，当证券收益率遵循幂率分布时，可能具有无限期望和方差。因此，现有研究利用下偏方差、在险价值等测度测量风险和收益时将不可避免地面临风险收益不可测或测不准的困境，致使所构建的投资组合难以用于投资实践。

综上可见，选用适当的测度对证券风险和收益准确测量具有重要意义。在证券价格普遍存在分形特征的现实背景下，只有将证券价格存在的分形特征纳入研究框架，使用分形统计分析方法构建风险和收益测度，才有可能摆脱风险收益测不准或不可测的困境，最终更好地提升投资管理绩效、完善金融理论研究、促进理论成果转化。基于此，本部分在证券价格普遍具有分形特征的约束下，基于分形理论构建了分形期望和方差两个分形统计测度来度量证券的收益和风险。在此基础上，基于分形期望和分形方差构建了投资组合模型，并对其解析进行了计算，随后利用实证分析对其有效性进行了验证。相对于现有研究，本节不同之处在于针对证券价格具有分形特征的现实背景构建了分形期望和分形方差两个分形统计测度，并基于分形统计测度构建了投资组合模型，将证券价格普遍存在的分形特征纳入投资组合的研究框架。

一、分形统计测度构建

正如前文所言，证券价格具有明显的分形特征，分形特征的统计自相似结构使得证券收益率分布遵循幂率分布，属于厚尾分布。此时，证券收益序列可能具有无限方差或者无限期望。例如，当随机变量 X 服从幂率分布，即对于常数 ρ_0 和 x_0，当 $x \geqslant x_0$ 时，随机变量 X 的密度函数为 $\rho(x)=\rho_0 x^{-\alpha}$，当 $x < x_0$ 时，随机变量 X 的密度函数 $\rho(x)=0$，则随机变量 X 的期望 $E(X)=\int_{-\infty}^{\infty} x\rho(x)dx$ 和方差 $\mathrm{Var}(X)=E(X^2)-[E(X)]^2$ 是否存在便会受到参数 α 取值的影响，当 $\alpha < 2$ 时，期望或方差便会趋于无穷。后文实证分析表明，证券收益率不仅遵循幂率分布，且有 $\alpha < 1$ 成立。同时，分形特征无穷精细的复杂结构也会致使基于非分形方法所构建的测度难以准确测量风险和收益。如下基于分形理论构建分形期望和分形方差两个分形统计测度以规避风险收益测不准或不可测的困境。

根据分形之父 Mandelbrot（1967）在测算英国海岸线长度时对分形理论的阐述可知，对于以 x_0 和 x_T 作为端点的曲线而言，令 $\varepsilon=d(x, y)$ 代表曲线上两点 x 和 y 之间的距离，记 x_1 为曲线上第 1 个使得 $d(x_0, x_1)=\varepsilon$ 成立的点，记 x_2 为曲线上第 2 个使得 $d(x_1, x_2)=\varepsilon$ 成立的点，以此类推，存在 $n=n(\varepsilon)$，使得当经过 $n=n(\varepsilon)$ 步选到 x_n 点时，必然有 $d(x_n, x_T) \leqslant \varepsilon$ 成立，从而曲线的长度可利用 $L(\varepsilon)=\varepsilon n(\varepsilon)$ 近似计算。由于曲线未必光滑，ε 取值越小，测量的曲线长度必然会越精确。按照传统观点，如果 $\lim_{\varepsilon\to 0} L(\varepsilon)$ 存在，假设 $\lim_{\varepsilon\to 0} L(\varepsilon)=L$，那么 L 便是曲线的长度；如果 $\lim_{\varepsilon\to 0} L(\varepsilon)$ 趋于无穷，那么得到的结果便毫无意义。但在分形观点下，当 $\lim_{\varepsilon\to 0} L(\varepsilon)$ 趋于无穷时，可以通过窥视 $\lim_{\varepsilon\to 0} L(\varepsilon)$ 趋于无穷的过程来获得有价值的潜含信息。此时，如果分形特征存在，那么伴

随 ε 趋于零，必然存在非负实数 d 和 m 使得 $\lim\limits_{\varepsilon\to 0} m^{-1}\varepsilon^{d}n(\varepsilon)=1$ 成立，即步数 $n(\varepsilon)$ 与 $m\varepsilon^{-d}$ 为同阶无穷大量。因此，当 ε 取值足够小时，有 $\varepsilon n(\varepsilon)$ 渐进趋于 $m\varepsilon^{1-d}$，即有 $L(\varepsilon)=\varepsilon n(\varepsilon)\approx m\varepsilon^{1-d}$ 成立。因此，由测量尺度 ε 变化引起的曲线长度变化可以由 d 和 m 反映。非负实数 d 即为曲线的分形维数或 Hausdorff 维数。分形维数的详细论述可参阅 Falconer（2003）的著作，限于篇幅，不再赘述。可见，在不同的测量尺度 ε 下，分形维数 d 和非负实数 m 是决定曲线长度 $L(\varepsilon)$ 的重要参数。

借鉴上述分形理论的思想，我们便可构建分形统计测度来克服非分形统计测度在风险收益方面测不准或不可测的缺陷。根据反常积分的性质可知期望可以写成极限形式，即对于任意常数 c，记 $E_c(X)=\int_{-c}^{c}x\rho(x)dx$，则有 $E(X)=\lim\limits_{c\to\infty}E_c(X)$ 成立。对于给定的非负实数 $c>x_0$，当 $\alpha\neq 2$ 时，必然有（7.15）式成立。由（7.1）式可知，当 $\alpha>2$ 时，$E_c(X)$ 有限，从而期望 $E(X)$ 有限；当 $\alpha<2$ 时，$E_c(X)$ 趋于无穷，从而期望 $E(X)$ 无限。当期望 $E(X)$ 无限时，类似于在分形观点下处理曲线长度 $L(\varepsilon)$ 的方法，亦可对其趋于无穷的过程予以分析；此时有（7.10）式成立，即 $E_c(X)$ 的变化过程由 $(2-\alpha)^{-1}\rho_0$ 和 $2-\alpha$ 确定，从而可使用数组 $\langle(2-\alpha)^{-1}\rho_0,\ 2-\alpha\rangle$ 来反映期望 $E(X)$。为了方便，记数组 $\langle(2-\alpha)^{-1}\rho_0,\ 2-\alpha\rangle=\langle E_X,\ e_X\rangle$。当期望 $E(X)$ 有限时，（7.16）式仍然成立，即期望 $E(X)$ 仍可利用数组 $\langle E_X,\ e_X\rangle$ 反映。可见，在分形观点下，期望 $E(X)$ 可以由数组 $\langle E_X,\ e_X\rangle$ 反映，因此本部分将 $E_f(X)=\langle E_X,\ e_X\rangle$ 称之为分形期望。

$$E_c(X)=\int_{-c}^{c}x\rho(x)dx=\int_{-c}^{c}\rho_0x^{1-\alpha}dx=\frac{\rho_0}{2-\alpha}(c^{2-\alpha}-x_0^{2-\alpha}) \tag{7.15}$$

$$\lim_{c\to\infty}(2-\alpha)\rho_0^{-1}c^{\alpha-2}E_c(X)=1 \tag{7.16}$$

类似于分形期望，对于二阶矩 $E^2(X)=\lim\limits_{c\to\infty}E_c^2(X)$，当 $\alpha\neq 3$ 时，有如（7.17）式成立。从而，当 $\alpha\neq 2$ 和 $\alpha\neq 3$ 时，方差可根据如下（7.18）式计算。根据（7.18）式可知，当 $\alpha<3$ 时，$\mathrm{Var}(X)$ 趋于无穷，此时有如（7.19）式成立；当 $\alpha>3$ 时，$\mathrm{Var}(X)$ 有限，如（7.19）式仍然成立。从而，分形观点下 $\mathrm{Var}(X)$ 可以由如（7.20）式定义数组 $\langle V_X,\ v_X\rangle$ 反映，因此本部分将 $\mathrm{Var}_f(X)=\langle V_X,\ v_X\rangle$ 称之为分形方差。

$$E^2(X)=\lim_{c\to\infty}E_c^2(X)=\lim_{c\to\infty}\int_{-c}^{c}x^2\rho(x)dx=\frac{\rho_0}{3-\alpha}(c^{3-\alpha}-x_0^{3-\alpha}) \tag{7.17}$$

$$\begin{aligned}\mathrm{Var}(X)&=\lim_{c\to\infty}\mathrm{Var}_c(X)=\lim_{c\to\infty}\{E_c^2(X)-[\lim_{c\to\infty}E_c(X)]^2\}\\&=\lim_{c\to\infty}\left[\frac{\rho_0(c^{3-\alpha}-x_0^{3-\alpha})}{3-\alpha}-\frac{\rho_0^2(c^{4-2\alpha}+x_0^{4-2\alpha}-2c^{2-\alpha}x_0^{2-\alpha})}{(2-\alpha)^2}\right]\end{aligned} \tag{7.18}$$

$$\begin{cases}\lim\limits_{c\to\infty}(3-\alpha)\rho_0^{-1}c^{\alpha-3}\mathrm{Var}(X)=1,\ \alpha>1\\ \lim\limits_{c\to\infty}(2-\alpha)^2\rho_0^{-2}c^{2\alpha-4}\mathrm{Var}(X)=1,\ \alpha<1\\ \lim\limits_{c\to\infty}(2^{-1}\rho_0-\rho_0^{\ 2})^{-1}c^{-2}\mathrm{Var}(X)=1,\ \alpha=1\end{cases} \tag{7.19}$$

$$\langle V_X,\ v_X\rangle=\begin{cases}\langle(3-\alpha)^{-1}\rho_0,\ 3-\alpha\rangle,\ \alpha>1\\ \langle 2^{-1}\rho_0-\rho_0^2,\ 2\rangle,\ \alpha=1\\ \langle(2-\alpha)^{-2}\rho_0^2,\ 4-2\alpha\rangle,\ \alpha<1\end{cases} \tag{7.20}$$

根据分形期望和分形方差的上述定义，容易证明如下运算规则成立：对任意的常数 a 和 b，对随机变量 X 和 Y 的分形期望 $E_f(X)$ 和 $E_f(Y)$，对于随机变量 X 和 Y 的分形方差 $\mathrm{Var}_f(X)$ 和 $\mathrm{Var}_f(Y)$，对于任意正实数 q，有 $[E_f(X)]^q = \langle E_X^q,\ qe_X\rangle$ 和 $[\mathrm{Var}_f(X)]^q = \langle V_X^q,\ qv_X\rangle$ 成立。如（7.21）式表明，分形期望类似于传统期望，具有线性可加性。如（7.22）式表明，分形方差不同于传统方差，虽然仍然不具有线性可加性，但与传统方差相比不再需要考虑变量间的协方差，明显地体现了分形方差的独特之处。

$$E_f(X) < E_f(Y) \Leftrightarrow (e_X < e_Y) \vee [(e_X = e_Y) \wedge (E_X < E_Y)] \tag{7.21}$$

$$\begin{cases} E_f(X)E_f(Y) = \langle E_XE_Y,\ e_X + e_Y\rangle \\ E_f(aX + bY) = aE_f(X) + bE_f(Y) = \begin{cases} \langle bE_Y,\ e_Y\rangle,\ e_X < e_Y \\ \langle aE_X,\ e_X\rangle,\ e_X > e_Y \\ \langle aE_X + bE_Y,\ e_X = e_Y\rangle \end{cases} \\ E_f(X)[E_f(Y)]^{-1} = \langle E_XE_Y^{-1},\ e_X - e_Y\rangle \end{cases} \tag{7.22}$$

$$\mathrm{Var}_f(X) < \mathrm{Var}_f(Y) \Leftrightarrow (v_X < v_Y) \vee [(v_X = v_Y) \wedge (V_X < V_Y)] \tag{7.23}$$

$$\begin{cases} \mathrm{Var}_f(X)\mathrm{Var}_f(Y) = \langle V_XV_Y,\ v_X + v_Y\rangle \\ a^2\mathrm{Var}_f(X) + b^2\mathrm{Var}_f(Y) = \mathrm{Var}_f(aX + bY) = \begin{cases} \langle b^2V_Y,\ v_Y\rangle,\ v_X < v_Y \\ \langle a^2V_X,\ v_X\rangle,\ v_X > v_Y \\ \langle a^2V_X + b^2V_Y,\ v_X = v_Y\rangle \end{cases} \\ \mathrm{Var}_f(X)[\mathrm{Var}_f(Y)]^{-1} = \langle V_XV_Y^{-1},\ v_X - v_Y\rangle \end{cases} \tag{7.24}$$

虽然随机变量线性组合的分形方差具有不需要考虑变量间的协方差的优势，但这不足为奇，因为根据如（7.25）式对 $\mathrm{Var}_f(aX + bY) = a^2\mathrm{Var}_f(X) + b^2\mathrm{Var}_f(Y)$ 的证明过程可知，变量间协方差 $\mathrm{Cov}_c(X,\ Y)$ 的幂指数小于变量方差 $\mathrm{Var}_c(X)$ 或 $\mathrm{Var}_c(Y)$ 的幂指数，从而 c 趋于无限时，$\mathrm{Cov}_c(X,\ Y)$ 的变动速度较之变量方差 $\mathrm{Var}_c(X)$ 或 $\mathrm{Var}_c(Y)$ 的变动速度慢得多，进而对 $\mathrm{Var}_c(aX + bY)$ 的变动速度的影响可以忽略，最终不会反映在线性组合的分形方差 $\mathrm{Var}_f(aX + bY)$ 上。尽管如此，但利用（7.9）式可知，当 $a + b = 1$ 且 $ab > 0$ 时，必有 $\mathrm{Var}_f(aX + bY) < a\mathrm{Var}_f(X) + b\mathrm{Var}_f(Y)$ 成立。因此，使用分形方差度量投资组合风险时仍可体现投资组合对风险的分散作用。

$$\begin{cases} \mathrm{Var}_f(aX + bY) = \lim\limits_{c\to\infty}\mathrm{Var}_c(aX + bY) \\ \mathrm{Var}_c(aX + bY) = a^2\mathrm{Var}_c(X) + b^2\mathrm{Var}_c(Y) + 2ab\mathrm{Cov}_c(X,\ Y) \\ |\mathrm{Cov}_c(X,\ Y)| = |E_c\{[X - E_c(X)][Y - E_c(Y)]\}| \leqslant \sqrt{\mathrm{Var}_c(X)}\sqrt{\mathrm{Var}_c(Y)} \\ \lim\limits_{c\to\infty}2ab\mathrm{Cov}_c(X,\ Y)[a^2\mathrm{Var}_c(X) + b^2\mathrm{Var}_c(Y)]^{-1} = 0 \\ \lim\limits_{c\to\infty}\mathrm{Var}_c(aX + bY) = \lim\limits_{c\to\infty}[a^2\mathrm{Var}_c(X) + b^2\mathrm{Var}_c(Y)]^{-1} \\ \lim\limits_{c\to\infty}[a^2\mathrm{Var}_c(X) + b^2\mathrm{Var}_c(Y)] = a^2\mathrm{Var}_f(X) + b^2\mathrm{Var}_f(Y) \end{cases} \tag{7.25}$$

至此，上文在证券价格普遍具有分形特征的现实背景下，针对基于非分形方法所构建的测度存在风险收益测不准或不可测的缺陷，我们基于分形观点构建了分形期望和分形方差两个分形统计测度，并对两个分形统计测度的运算规则进行了论证，为下文阐述上述两个分形统计测度在投资组合中的应用奠定了基础。

二、分形统计测度下的组合模型

根据 Markowitz（1952）开创的 MTP 可知，最优投资组合便是通过对不同资产分配投资权重以实现投资者效用最大化，通常由构建最优风险资产组合和构建最优投资组合两步完成。若记 M 和 N 为两个风险资产，风险资产组合 P 由 M 和 N 按权重 ω_M 和 $\omega_N = 1-\omega_M$ 组合而成，则构建最优风险资产组合便是通过如下式求出 ω_M 和 ω_N 的值，使得风险资产组合 P 的资本配置线斜率最大。在此基础上，记 F 为无风险资产，A 和 U 分别为投资者的风险厌恶系数和效用函数，投资组合 K 由 P 和 F 按权重 ω_P 和 $\omega_F = 1-\omega_P$ 组合而成，则构建最优投资组合便求出 ω_P 和 ω_F 的值，使得投资者效用最大。r_K、r_P、r_M、r_N 和 r_F 分别代表着 K、P、M、N 和 F 的收益率，且只需要求出 ω_P 和 ω_M 即可。记 $R_M = E(r_M) - E(r_F)$ 和 $R_N = E(r_N) - E(r_F)$，则 ω_P 和 ω_M 的解为如（7.28）式所示。最终，$\omega_F = 1-\omega_P$、$\omega_M\omega_P$ 和 $\omega_N\omega_P = (1-\omega_M)\omega_P$ 分别为最优投资组合中无风险资产 F、风险资产 M 和 N 的权重。

$$\max S_P = \frac{\omega_M E(r_M) + \omega_N E(r_N) - E(r_F)}{\omega_M^2 \mathrm{Var}(r_M) + \omega_N^2 \mathrm{Var}(r_N) + 2\omega_M\omega_N \mathrm{Cov}(r_M, r_N)} \tag{7.26}$$

$$\max U = E(r_F) + \omega_P[E(r_P) - E(r_F)] - 0.5A\omega_P^2 \mathrm{Var}(r_P) \tag{7.27}$$

$$\begin{cases} \omega_M = \dfrac{R_M \mathrm{Var}(r_N) - R_N \mathrm{Cov}(r_M, r_N)}{R_M \mathrm{Var}(r_N) + R_N \mathrm{Var}(r_M) - (R_M + R_N)\mathrm{Cov}(r_M, r_N)} \\ \omega_P = [A\mathrm{Var}(r_P)]^{-1}[E(r_P) - E(r_F)] \end{cases} \tag{7.28}$$

记 $R_M^f = E_f(r_M) - E_f(r_F)$ 和 $R_N^f = E_f(r_N) - E_f(r_F)$，按照 MTP 所示的投资组合模型，结合上式所示的运算规则容易推断，基于分形期望和分形方差的投资组合模型如（7.29）式和（7.30）式所示，求得 ω_M^f、ω_N^f、ω_P^f 和 ω_F^f 的解如（7.31）式所示。

$$\max\{(\omega_M^f R_M^f + \omega_N^f R_N^f)[(\omega_M^f)^2 \mathrm{Var}_f(r_M) + (\omega_N^f)^2 \mathrm{Var}_f(r_N)]^{-1}\} \tag{7.29}$$

$$\max\{\omega_F^f E_f(r_F) + \omega_P^f E_f(r_P) - 0.5A(\omega_P^f)^2 \mathrm{Var}_f(r_P)\} \tag{7.30}$$

$$\begin{cases} \omega_M^f = \dfrac{\sqrt{\mathrm{Var}_f(r_M)(R_N^f)^2 + \mathrm{Var}_f(r_N)(2R_N^f - R_M^f)^2}}{(R_M^f - R_N^f)\sqrt{\mathrm{Var}_f(r_M) + \mathrm{Var}_f(r_N)}} + \dfrac{R_N^f}{R_N^f - R_M^f} \\ \omega_N^f = \dfrac{\sqrt{\mathrm{Var}_f(r_N)(R_M^f)^2 + \mathrm{Var}_f(r_M)(2R_M^f - R_N^f)^2}}{(R_N^f - R_M^f)\sqrt{\mathrm{Var}_f(r_N) + \mathrm{Var}_f(r_M)}} + \dfrac{R_M^f}{R_M^f - R_N^f} \\ \omega_P^f = [E_f(r_P) - E_f(r_F)][A\mathrm{Var}_f(r_P)]^{-1} \\ \omega_F^f = [E_f(r_F) - E_f(r_P) + A\mathrm{Var}_f(r_P)][A\mathrm{Var}_f(r_P)]^{-1} \end{cases} \tag{7.31}$$

虽然（7.31）式给出了分形期望和分形方差下最优投资组合中各个资产权重，但（7.31）式所示的权重以数组形式表达。由于直接根据数组权重分配投资资金存在困难，从而需要将数组权重转换为数值权重，以便服务于投资实践。对此，不妨设 $\omega_M^f = \langle W_M, w_M \rangle$、$\omega_N^f = \langle W_N, w_N \rangle$、$\omega_P^f = \langle W_P, w_P \rangle$ 和 $\omega_F^f = \langle W_F, w_F \rangle$，由分形期望和分形方差的定义可知，有如（7.18）式成立，即对比较大的 c 有 $\omega_M^f \approx W_M c^{w_M}$、$\omega_N^f \approx W_N c^{w_N}$、

$\omega_P^f \approx W_P c^{w_P}$ 和 $\omega_F^f \approx W_F c^{w_F}$ 成立。因此，可利用 $\underset{i=M,\ N}{\omega_i^f} \approx W_i c^{w_i}(W_M c^{w_M} + W_N c^{w_N})^{-1}$ 将两个风险资产 M 和 N 数组权重转化为数值权重；同理，风险资产组合 P 和无风险资产 F 按数值权重 $\underset{i=P,\ F}{\omega_i^f} = W_i c^{w_i}(W_P c^{w_P} + W_F c^{w_F})^{-1}$ 分配资金。可见，在分形统计测度下，包含两个风险资产和一个无风险资产的最优投资组合中，无风险资产 F 的投资权重为 $\omega_F^f = W_F c^{w_F}(W_P c^{w_P} + W_F c^{w_F})^{-1}$，两个风险资产的权重为如（7.32）式所示。

$$\underset{i=M,\ N}{\omega_i^f} = W_i c^{w_i}(W_M c^{w_M} + W_N c^{w_N})^{-1} W_P c^{w_P}(W_P c^{w_P} + W_F c^{w_F})^{-1} \tag{7.32}$$

$$\lim_{c \to \infty} \omega_M^f W_M^{-1} c^{-w_M} = \omega_N^f W_N^{-1} c^{-w_N} = \omega_P^f W_P^{-1} c^{-w_P} = \omega_F^f W_F^{-1} c^{-w_F} = 1 \tag{7.33}$$

由上可见，基于前文所构建的两个分形统计测度，不仅在理论上可以构建最优投资组合，还可以通过将数组权重转换为数值权重，应用于投资实践。从而，完整地解决了分形统计测度下的投资组合问题，克服了非分形方法下组合模型构建存在风险收益测不准或不可测的缺陷。为了下文表述的方便，下文将基于分形期望和分形方差两个分形统计测度所构建的投资组合模型简称为分形组合。

三、分形组合的有效性分析

尽管前文理论分析表明，分形组合能克服非分形组合模型面临的困境，但为了避免理论脱节于实践，下文将通过实证分析，对分形组合的有效性进行进一步验证。根据 Alexander 等（2017）和李佳等（2017）等众多学者的研究可知，如果分形组合的业绩优于基准组合的业绩则表明分形组合有效。因此，下文在选择基准组合的基础上，对分形组合与基准组合的业绩给予比较。在基准组合的选取上，考虑到分形组合较之 Markowitz 传统组合模型主要是在风险和收益测度上进行改进，选用 Markowitz 传统组合模型作为基准组合有利于比较分形期望和分形方差在证券价格分形波动下对收益和风险的测量情况。因此本部分以 Markowitz 传统组合模型作为基准组合。在业绩测度的选择上，本部分以投资收益率作为业绩测度。

在样本选取上，如果以个股为风险资产便存在个股选择问题，如果将所有个股全部作为样本，虽然具有较强的代表性，但存在着巨大的计算量；如果采用随机抽样来选取个股，虽然大大减少了工作量，但却未必具有代表性；考虑到行业指数虽然与个股存在差异，但仍然存在非系统风险，仍能够揭示组合模型对非系统风险的分散作用，且上海证券交易所共 6 种行业指数，即使全部选择计算量也较为适当。

本部分以上海证券交易所的所有行业指数作为风险资产样本，考察 6 种行业指数两两组合所构成的最优风险资产组合的业绩，共 15 种情形；以 1 年期国债收益率作为无风险资产，考察风险资产组合与最优风险资产组合构成的最优组合的业绩，共 15 种情形。在样本区间选取上，为了反映分形组合在不同市场行情下的效果，以 2012 年 1 月 1 日至 2017 年 1 月 1 日为整个样本区间，并以每一年的日数据为基础构建组合观察所构建的组合在下一年的投资收益率，共 60 个风险资产组合和 60 个投资组合。数据来源于聚源数据库。

为了构建分形组合，首先需要计算出收益率序列的密度函数，在此基础上计算出分形期望和分形方差，最后确定分形组合中各资产的权重。若收益率序列 $\{r_t\}_{t=1}^{m}$ 的密度函数为 $\rho(x) = \rho_0 x^{-\alpha}$，则 $x_0 = 0$ 时，收益率的分布 $F(x)$ 有 $\ln F(x) = \ln\rho_0(1-\alpha)^{-1} +$

$(1-\alpha)\ln x$ 成立。将收益率序列按从小到大排列并记为 $\{\overline{r_t}\}_{t=1}^{m}$，记 p_t 为每个收益率 $\overline{r_t}$ 对应的累积概率，设 $\ln p_t$ 和 $\ln \overline{r_t}$ 回归结果为 $\ln p_t = \theta \ln \overline{r_t} + \eta$。若回归方程的拟合优度 R^2 较高，则说明假设密度函数为 $\rho(x)=\rho_0 x^{-\alpha}$ 成立，从而便可根据 $\alpha = 1-\theta$ 和 $\rho_0 = \theta e^{\eta}$ 求出收益率序列的密度函数。

按照该方法，便可计算出 6 个风险资产和 1 个无风险资产在 5 个时间区间下的收益率序列的密度函数。表 7.4 和表 7.5 分别为 30 个风险资产收益率序列的密度函数的两个参数和拟合优度。

表 7.4　30 个收益率序列的密度函数的两个参数

区间	2012 年		2013 年		2014 年		2015 年		2016 年	
	ρ_0	α	ρ_0	α	ρ_0	α	ρ_0	α	ρ_0	α
工业	0.285	0.836	0.462	0.789	0.318	0.822	0.563	0.741	0.259	0.844
商业	0.256	0.842	0.459	0.779	0.685	0.732	0.627	0.718	0.195	0.866
地产	0.240	0.845	0.219	0.853	0.205	0.857	0.236	0.837	0.343	0.811
公用	0.276	0.841	0.386	0.805	0.391	0.798	0.360	0.792	0.229	0.854
综合	0.204	0.868	0.209	0.864	0.235	0.851	0.232	0.845	0.315	0.830
金融	0.204	0.865	0.201	0.864	0.211	0.858	0.206	0.856	0.303	0.833

表 7.5　30 个密度函数的拟合优度

区间	2012	2013	2014	2015	2016	区间	2012	2013	2014	2015	2016
工业	0.921	0.958	0.798	0.967	0.943	公用	0.923	0.960	0.882	0.968	0.909
商业	0.899	0.907	0.920	0.951	0.899	综合	0.924	0.902	0.927	0.913	0.952
地产	0.924	0.851	0.799	0.850	0.886	金融	0.915	0.932	0.942	0.908	0.920

由表 7.5 可知，30 个风险资产收益率序列的拟合优度最低为 0.798，且回归方程的拟合优度大多在 0.9 以上，从而说明收益率序列的密度函数确实为幂率形式，表 7.4 所示的 30 个收益率序列的幂率密度函数的两个参数具有较高的可靠性。根据表 7.4 的计算结果，利用（7.2）式和（7.6）式便可计算出 30 个收益率序列的分形期望和分形方差，见表 7.6。

表 7.6　30 个收益率序列的分形期望和分形方差

区间	2012 年	2013 年	2014 年	2015 年	2016 年
工业期望	<0.245，1.164>	<0.382，1.211>	<0.270，1.178>	<0.447，1.259>	<0.224，1.156>
工业方差	<0.060，2.328>	<0.146，2.422>	<0.073，2.356>	<0.200，2.518>	<0.050，2.312>
商业期望	<0.221，1.158>	<0.376，1.221>	<0.540，1.268>	<0.489，1.282>	<0.172，1.134>
商业方差	<0.049，2.316>	<0.141，2.442>	<0.292，2.536>	<0.239，2.564>	<0.030，2.268>
地产期望	<0.208，1.155>	<0.191，1.147>	<0.179，1.143>	<0.203，1.163>	<0.288，1.189>
地产方差	<0.043，2.310>	<0.036，2.294>	<0.032，2.286>	<0.041，2.326>	<0.083，2.378>
公用期望	<0.238，1.159>	<0.323，1.195>	<0.325，1.202>	<0.298，1.208>	<0.200，1.146>
公用方差	<0.057，2.318>	<0.104，2.390>	<0.106，2.404>	<0.089，2.416>	<0.040，2.292>

表7.6(续)

区间	2012 年	2013 年	2014 年	2015 年	2016 年
综合期望	<0.180, 1.132>	<0.184, 1.136>	<0.205, 1.149>	<0.201, 1.155>	<0.269, 1.170>
综合方差	<0.032, 2.264>	<0.034, 2.272>	<0.042, 2.298>	<0.040, 2.310>	<0.072, 2.340>
金融期望	<0.180, 1.135>	<0.177, 1.136>	<0.185, 1.142>	<0.180, 1.144>	<0.260, 1.167>
金融方差	<0.032, 2.270>	<0.031, 2.272>	<0.034, 2.284>	<0.032, 2.288>	<0.067, 2.334>

为了全面地体现分形组合的有效性，下文首先验证分形风险资产组合的有效性，在此基础上验证分形组合的有效性。在表7.7的基础上便可求得6种行业指数两两间构建最优风险资产组合时的权重，从而便可构建分形统计测度下的最优风险资产组合，并容易获得最优风险资产组合在下一年的收益率。同理，根据30个收益率序列的传统期望和传统方差便可获得 Markowitz 传统组合下最优风险资产组合中各资产的权重，进而获得 Markowitz 传统组合下最优风险资产在下一年的收益率。为便于比较，表7.7将分形组合和 Markowitz 传统组合下最优风险资产组合的收益率给予罗列。

表7.7 分形风险资产组合与基准风险资产组合的收益率

区间	2013 年		2014 年		2015 年		2016 年	
	分形	传统	分形	传统	分形	传统	分形	传统
工商	−0.017	1.081	0.441	−13.350	0.256	0.291	−0.132	−0.333
工地	−0.115	−0.196	0.727	0.375	0.034	0.034	0.059	0.949
工公	−0.016	0.068	0.626	1.254	0.108	0.106	−0.069	0.016
工综	−0.078	−0.142	0.620	0.457	0.004	0.009	−0.058	0.038
工金	−0.085	−0.127	0.795	0.179	−0.080	−0.052	−0.023	0.057
商地	−0.051	−0.357	0.738	3.810	0.092	0.116	0.001	−0.990
商公	0.026	0.002	0.653	1.181	0.227	0.099	−0.113	−0.736
商综	−0.021	−0.543	0.599	−1.981	0.156	0.177	−0.109	−0.322
商金	−0.046	−0.264	0.766	−28.833	0.000	0.094	−0.082	−0.567
地公	−0.065	1.035	0.805	0.228	0.043	0.086	0.035	−0.275
地综	−0.120	−0.166	0.793	0.723	0.005	0.001	0.039	0.195
地金	−0.117	−0.137	0.865	0.869	−0.061	−0.037	0.037	0.527
公综	−0.029	0.170	0.699	0.795	0.042	0.076	−0.072	−0.089
公金	−0.042	0.658	0.807	0.346	−0.043	0.042	−0.053	−0.194
综金	−0.095	−0.105	0.817	1.370	−0.089	−0.240	−0.031	0.105

由表7.7可知，2013年、2014年、2015年和2016年四个时间区间里，分别有10、9、4和8个分形风险资产组合的收益率大于传统风险资产组合的收益率，在同一年所有15种组合中分别占比66.67%、60%、26.67%和53.33%。考虑到2015年中国股市出现过千股停牌避险的极端情形，即相对而言，2015年的代表性不足2013年、2014年和2016年这三年强，因此从具有较强代表性的三年来看，分形风险资产组合优于传统风险资产组合。同时，60个分形风险资产组合的最大亏损为-0.132，远小于传统风险

资产组合的最大亏损-28.333；60个分形风险资产组合的总收益率为10.003，远大于60个传统风险资产组合的总收益率-32.417。由此可见，总体而言，分形风险资产组合优于传统风险资产组合，从而分形风险资产组合具有一定的有效性。为了进一步考察含有无风险资产时分形组合的有效性，表7.8罗列了风险厌恶系数为4时含有无风险资产的分形组合与传统组合的收益率情况。对于其他风险厌恶系数，有相似的结果，限于篇幅，不再赘述。

表7.8　分形组合与基准组合的收益率

区间	2013年		2014年		2015年		2016年	
	分形	传统	分形	传统	分形	传统	分形	传统
工商	-0.016	0.995	0.440	-8.472	0.288	0.291	0.105	-0.325
工地	-0.114	-0.197	0.726	1.064	0.035	0.034	0.122	1.433
工公	-0.015	-0.955	0.625	-4.387	0.107	0.106	0.110	0.087
工综	-0.077	-0.018	0.618	13.311	-0.003	0.009	0.117	0.127
工金	-0.085	-0.106	0.794	-0.857	-0.091	-0.052	0.118	0.051
商地	-0.051	-0.355	0.737	3.314	0.121	0.116	0.104	-0.899
商公	0.027	0.537	0.652	-0.274	0.192	0.099	0.106	-0.614
商综	-0.021	-0.528	0.598	-1.776	0.102	0.177	0.106	-0.303
商金	-0.046	-0.234	0.765	18.391	0.030	0.094	0.107	-0.531
地公	-0.065	1.057	0.805	0.225	0.044	0.086	0.109	-0.226
地综	-0.120	-0.157	0.792	2.229	0.003	0.001	0.119	0.192
地金	-0.117	-0.046	0.864	3.318	-0.045	-0.037	0.118	0.538
公综	-0.029	0.202	0.697	1.061	0.053	0.076	0.112	-0.085
公金	-0.041	0.663	0.806	0.345	0.003	0.042	0.101	-0.198
综金	-0.094	-0.073	0.816	0.728	-0.093	-0.240	0.116	0.128

由表7.8可知，含有无风险资产时，分形组合收益率超过传统组合收益率的情形超过一半；在不考虑2015年极端行情的情况下，分形组合收益率超过传统组合收益率的情形共25种，占比达55.56%。同时，60个分形组合的最大亏损为-0.120，远小于传统风险资产组合的最大亏损-8.472。由此可见，总体而言，分形组合优于传统组合，具有一定的有效性。综上所述，无论是不考虑无风险资产时的分形风险资产组合，还是考虑无风险资产时的分形资产组合，均具有一定的有效性，表明将本部分所构建的分形期望和分形方差应用于构建投资组合具有可行性。

第三节　交易成本

随着证券市场和计算机网络通信技术的快速发展以及交易所之间日益激烈的竞争，算法交易正势不可挡地席卷全球金融市场。算法交易策略的交易成本主要产生于执行投资决策的过程中。交易成本的出现提高了投资成本，减少了投资组合利润。由于投资者交易成本占其总收益的比例较大，所以只有那些高度关注交易成本，并积极控制交易成本的投资者才能获得较高的投资收益。根据成本最小化原则，即便是一个具有某种优势的投资组合，如果在执行过程中交易成本过高，那么此投资组合的收益可能会远低于预期值。因此，对交易成本进行全面和细致的分析，减少交易成本，对于提高投资收益，改善市场效率具有非常重要的现实意义。

交易成本，也称为交易费用，是指投资者在整个交易过程中所付出全部费用的总和（Shleifer，1986；赵胜民，2010）。交易成本按照交易前是否可以在市场或历史交易数据中直接观测分为显性交易成本（explicit cost）和隐性交易成本（implicit cost）。交易成本一般还可以分为固定成本和可变成本。其中，固定成本是指手续费和各种税费等，其大小是按照交易金额的一定比例进行计算的，并且这部分费用不会随着投资者交易策略的不同而变化；可变成本一般不会按照交易金额的固定比例收取，与投资者具体的交易策略有关，投资者采用不同的交易策略，其交易成本也会存在很大差异。投资者在交易过程中所面临交易成本的具体分类，如表 7.9 所示。

表 7.9　交易成本的构成与分类

	固定成本	可变成本
显性成本	佣金 交易费 税费	买卖价差
隐性成本	—	延误成本 价格升量 冲击成本 择时风险 机会成本

隐性交易成本是在证券交易过程中由于市场环境等因素的不确定产生的，主要包括市场冲击成本、机会成本、延误成本、价格升量、择时风险等。由于隐性交易成本无法在交易前进行准确估计，在交易后也无法准确测量，并且隐性交易成本是总交易成本中的最主要组成部分，所以对隐性交易成本的研究显得尤为重要。

一、市场冲击

市场冲击（Price impact）是指由投资者某一订单的执行而引起的股票价格的变化（Kissell，2003），如图 7.1 所示。图中虚线表示的是由于投资者的订单提交到市场后对股票价格造成的影响，实线表示在市场上没有此订单时的股票价格变化趋势。市场冲击的大小等于该订单执行时股票价格和市场上不存在该订单时股票价格之间的差额，其一般会受到订单大小、市场流动性、波动性以及市场其他投资者交易量等因素的影响（Barron & Karpoff，2004）。

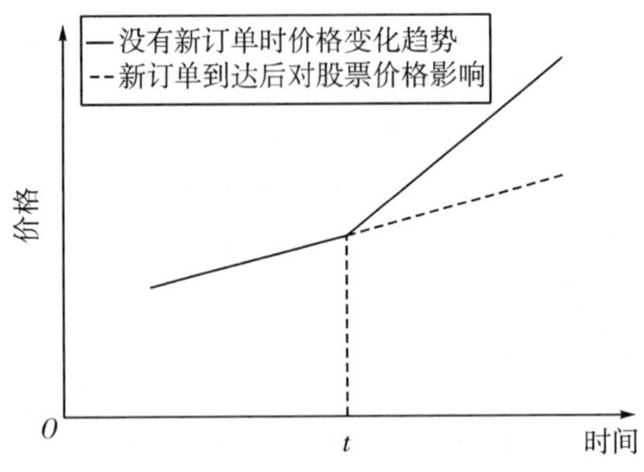

图 7.1　市场冲击对股票价格的影响

市场冲击是交易成本的主要组成部分之一，学术界与实业界都十分关注对市场冲击的研究和控制（Freyre-Sanders et al.，2004；Dufour & Engle，2000；Bessembinder，2003；Holthausen et al.，1983）。市场冲击可以分为临时性市场冲击成本和永久性市场冲击成本。其中，临时性市场冲击是指证券价格的变动仅仅是由于证券的临时性供需不平衡所导致的，经过一段时间的调整后证券价格会恢复到原水平，如图 7.2 所示。如果由于投资者的新订单所传递的信息改变了市场对证券未来价格的预期，使得证券的内在价值发生了变化，那么这种冲击就被称为永久性市场冲击，这种冲击对证券价格的冲击会持续很长时间，并且证券价格不会再调整到原有的价格水平上，如图 7.3 所示。

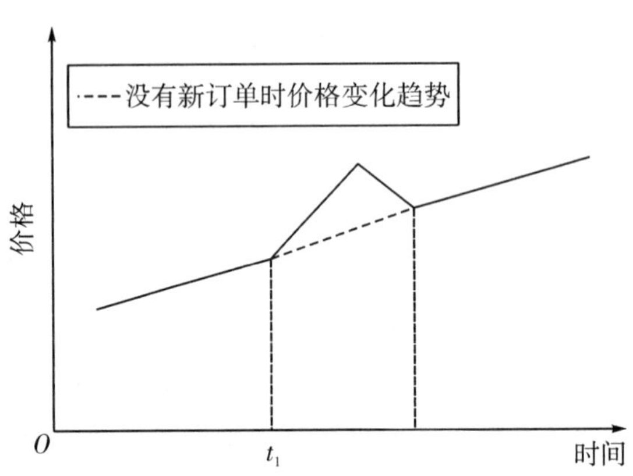

图 7.2　临时性市场冲击对股票价格的影响

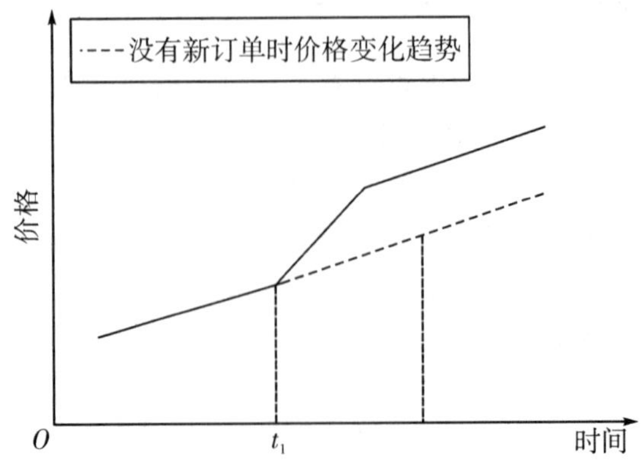

图 7.3　永久性市场冲击对股票价格的影响

由于市场冲击成本是交易成本的重要组成部分之一，而且它总是会使得价格向反方向变化，因此，投资者要降低交易成本、增加投资收益必须要研究和控制市场冲击成本。Kissell 和 Glantz（2003）提出了一种计算市场冲击的方法，假设投资者计划在未来 m 个交易时期内利用分阶段交易策略 $x=(x_1, x_2, \cdots, x_m)'$，交易总量为 S 的证券。其中，$x_t(t \in [1, m])$ 是投资者在 t 时期的订单大小，瞬时冲击成本为 I①，令 α 表示临时性市场冲击成本占总市场冲击成本的比例，且 $\alpha \in [0, 1]$，则临时性市场冲击成本为 αI；永久性市场冲击成本为 $(1-\alpha)I$。

市场冲击成本等于临时性冲击成本与永久性冲击成本的总和，可以表示为

$$PI = \alpha I + (1-\alpha)I \tag{7.34}$$

在 t 时期内的临时性和永久性市场冲击成本分别为

$$PI_t^{temp} = \frac{\alpha I x_t}{S} \tag{7.35}$$

$$PI_t^{perm} = \frac{(1-\alpha) I x_t}{S} \tag{7.36}$$

假设在整个交易过程中只有流动性需求者才会受到临时性市场冲击的影响。因此，在 t 时期单位证券的临时性市场冲击成本为

$$PI_{t,\ share}^{temp} = \frac{\alpha x_t I}{v_t^d S} \tag{7.37}$$

其中，v_t^d 表示在 t 时期流动性需求者的交易量。

永久性市场冲击是由于订单本身所传递的信息导致证券价格发生变化。当一个买单提交到市场上交易，这一买单所传达的信息会使得证券价格在一定程度上提高；若一个卖单提交到市场上交易，则会使得证券价格降低。同时，为了简化分析，假设相同规模的卖单和买单所传递的信息恰好可以相互抵消。因此，在 t 时期单位证券的永久性市场冲击成本为

$$PI_{t/share}^{perm} = \frac{(1-\alpha) I}{S} \tag{7.38}$$

通过以上分析可知，采用交易策略 x 的投资者在整个交易过程中的市场冲击成本为

$$PI(x) = \sum_{t=1}^{m} x_t \left[\frac{\alpha x_t I}{v_t^d S} + \frac{(1-\alpha) I}{S} \right] \tag{7.39}$$

在 t 时期流动性需求者的交易量包括市场的流动性需求者的交易量和投资者订单，即 $v_t^d = x_t + 0.5 v_t$，其中 v_t 是在 t 时期市场的总成交量。因此，上式可以简化为

$$PI(x) = \sum_{t=1}^{m} x_t \frac{\alpha I x_t}{X(x_t + 0.5 v_t)} + (1-\alpha) I \tag{7.40}$$

由上式可以看出，永久性市场冲击的大小并不会受到交易策略的影响，其原因在

① 如果投资者在某段时间内需要交易总量为 X 的证券，且采用不拆单交易策略，即将所有订单以市价订单的形式一次性提交至证券市场进行交易，此时投资者所受到的冲击成本称为瞬时冲击成本。Kissell 和 Glantz（2003）提出了如下方法进行估计：$I = a_1 (S/ADV)^{a2} \sigma P_0 S$，其中，$S$ 表示交易量；ADV 表示市场的日均交易量；σ 表示证券收益的年波动率；P_0 表示证券交易初始价格。

于永久性市场冲击成本是由于订单本身所传递的信息造成的，与采用何种交易策略无关。

二、机会成本

当投资者提交限价订单时，受市场流动性不足和证券价格快速变化的影响，投资者在不同阶段提交的订单可能会未全部被执行。因此，除了市场冲击成本，投资者在交易过程中还可能面临一项新的成本——机会成本（opportunity cost）。机会成本是指未能执行完全部订单而损失的那部分收益（Kissell，2011）。

如果投资者订单趋向于全部执行，那么机会成本将相应地逐渐减少直至完全消失。通常情况下，为了减少在交易过程中产生的机会成本，投资者会尽可能地促使订单全部执行。但是，当面对不利的市场环境时，如果投资者仍然选择执行全部订单，无疑会大幅增加市场冲击成本。正如 Chriss（1997）所说：交易会冲击市场，不进行交易则会被市场所冲击。因此，对于采用算法交易的投资者而言，机会成本也是其制定交易策略时的一项不可忽视的重要因素。

假设投资者还是将在未来 m 个交易时期内利用分阶段的交易策略 $x=(x_1,x_2,\cdots,x_m)'$ 交易总量为 S 的证券，即 $S=\sum_{t=1}^{m}x_t$。投资者在交易时期 t 的机会成本与将来未成交证券数量、价格变化量有关。投资者采用此交易策略时所承担的机会成本的期望值可表示为

$$E(OC(x))=\sum_{t=1}^{m}x_t(1-\rho_t)[E(P_m)-P_0] \tag{7.41}$$

其中，ρ_t 为 t 时期订单的成交概率，$\rho\in[0,\ 1]$；P_0 和 P_m 分别表示是第一个和最后一个交易时期的证券价格。

由于临时性市场冲击不会改变证券的内在价值，并且假设临时性市场冲击只是影响当前的一个交易时期，因此最后一个交易时期证券价格的期望值可以表示为

$$E(P_m)=P_0+\frac{(1-\alpha)I}{X} \tag{7.42}$$

其中，X 表示所有时期总的订单成交数量，即 $X=\sum_{i}^{m}x_i\rho_i$。

下面考虑一种极端情况，如果投资者仅仅关注机会成本，并不考虑其他交易成本对算法交易策略的影响，那么投资者总的交易成本就是各个时期机会成本之和。此模型可以表示为

$$\text{Min TC}(x)=\sum_{t=1}^{m}\left(X-\sum_{i=1}^{t}x_i\right)(1-\rho^t)\ [E(P_t)-P_0] \tag{7.43}$$

$$s.t.\quad X=\sum_{t=1}^{m}x_t \tag{7.43a}$$

求解此模型，可得：$x_1=X$，$x_t=0(t\in[2,\ m])$。

通过以上分析可知，采用高频交易的投资者如果在交易过程中只考虑机会成本，其最优交易策略就是在第一个交易时期就提交所有订单。在此情形下，投资者采用此交易策略的总交易成本（机会成本）最小。

三、择时风险

择时风险（timing risk）是指由于证券的市场价格、市场流动性等因素在不同时期内的变动所带来的风险。

为了简化分析，本书考虑的择时风险是指证券价格波动带来的风险。假设投资者将在 m 个交易时期内，利用订单提交策略 $x=(x_1,\ x_2,\ \cdots,\ x_m)'$ 交易总量为 S 的证券，即

$$S=\sum_{t=1}^{m}x_t \tag{7.44}$$

择时风险可表示为

$$\Re(x)=\sqrt{\sum_{t=1}^{m}\left(\sum_{k=t}^{m}x_k\right)^2\sigma^2} \tag{7.45}$$

其中，σ 是每一时期内证券价格的波动率。

如果投资者仅考虑择时风险对交易策略的影响，那么其构建最优交易策略问题可以表示为

$$\text{Min TC}(x)=\sqrt{\sum_{t=1}^{m}\left(\sum_{k=t}^{m}x_k\right)^2\sigma^2} \tag{7.46}$$

$$\text{s.t.}\quad x_t\geqslant 0 \tag{7.46a}$$

求解此模型易知，最优交易策略为 $x=(S,\ 0,\ 0,\ \cdots,\ 0)'$，即投资者在第一个时期内提交全部订单，此时的总交易成本为 $S\sigma$。

择时风险随着时间的推移而增加，市场冲击成本则随时间的推移而减小。如果投资者只是考虑择时风险和市场冲击的共同影响，那么投资者面临一个两难的选择。如图 7.4 所示，投资者选择快速执行交易将产生较大的市场冲击成本；如果是为了减少市场冲击成本而选择拆分订单进行交易，则这种交易方式又会增大择时风险。因此，投资者需要在两种隐性交易成本之间进行权衡，以期望达到最小的总交易成本。

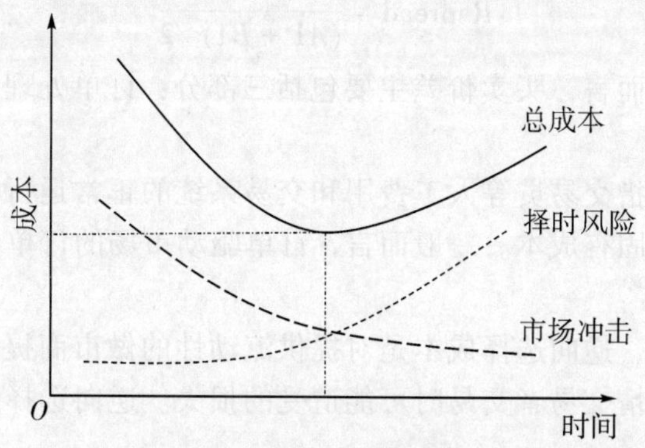

图 7.4　市场冲击和择时风险的关系

四、价格升量

价格升量（appreciation cost）是指证券价格的自然变化，是证券价格的内在变化趋势，描述了证券在没有不确定性因素影响下的证券价格变动情况。一般而言，价格升

量被认为是价格变化情况，是证券价格在没有受其他因素影响下的自然上涨。

价格升量是指证券价格的内在变化趋势，描述了如果证券市场上没有不确定性因素、意外事件以及噪声的影响下证券价格的变动情况。一般地，价格升量可以理解为价格变化趋势或漂移项等，是投资者隐性交易成本中的重要组成部分之一。

假设投资者还是计划将利用分阶段的交易策略 $x=(x_1, x_2, \cdots, x_m)'$，在未来 m 个交易时期内执行订单规模为 S 的交易，即 $S=\sum_{t=1}^{m}x_t$。投资者在交易时期 t 的价格升量与未来交易量、交易时期以及价格变化量有关。在整个交易期间，投资者总的价格升量为

$$PA(x)=\sum_{t=1}^{m}tx_t\Delta p \tag{7.47}$$

其中，Δp 表示在每一交易时期内股票价格的平均变化量，即

$$\Delta p=\frac{1}{m}(p_m-p_0) \tag{7.48}$$

五、买卖价差

买卖价差（bid-ask spread）是指证券市场上的最优卖价和最优买价之间的差额，用来衡量潜在的订单执行成本，也可以看作市场对做市商提供及时性交易服务的补偿。买卖价差可分为绝对买卖价差和相对买卖价差。绝对买卖价差是最优卖出报价减去最优买入报价。同时，买卖价差一般会随着股票价格的变化而变化，为了去除股票价格对其的影响，所以可以利用绝对买卖价差与最优买卖价格平均值的比值，这就是所谓的相对买卖价差。

假设 $B1$ 是最优买价，$A1$ 是最优卖价，则绝对买卖价差（Spread）和相对买卖价差（Rspread）可以分别表示为

$$\text{Spread}=A1-B1 \tag{7.49}$$

$$\text{Rspread}=\frac{A1-B1}{(A1+B1)/2} \tag{7.50}$$

对于做市商市场而言，买卖价差主要包括三部分：订单处理成本、逆向选择成本以及存货成本。

订单处理成本是指交易员等人工费用和交易系统的正常运行费用，是交易商撮合买卖双方完成交易的固有成本。一般而言，订单驱动市场的订单处理成本要低于做市商市场。

在做市商市场中，逆向选择成本是对提供流动性的做市商提供一种补偿，以弥补与拥有私人信息的知情交易者交易时可能遭受的损失。逆向选择成本通常与交易量呈正比。

存货成本是做市商因为存货所付出的成本，做市商根据订单的变化情况制定相应的报价以确保一个稳定的存货水平。

六、延误成本

延误成本（delay cost）是指从投资者做出投资决策直到订单被提交到市场这段时

间内所造成的损失（Kritzman et al，2006）。在投资者选择"追涨杀跌"的交易行为时，延误成本显得尤为重要。投资者的延误成本与订单规模、价格变化量有关。

假设投资者在时刻 t_d 当股票价格为 p_d 的做出投资决策，计划在未来利用某一交易策略买入总量为 S 的股票。投资者在 t_0 时刻将订单提交到市场，此时股票价格为 p_0。则投资者的延误成本为

$$DC(S) = (p_0 - p_d)\ S \tag{7.51}$$

七、显性交易成本

显性交易成本可以在交易前进行准确测算，也可以比较容易地从市场历史交易数据中获得，一般包括手续费、税费、交易费等。相对于隐性交易成本而言，显性交易成本占总交易成本的比例较小。

证券交易费用是指投资者在委托买卖证券时应支付的各种税收和费用的总和，通常包括印花税、佣金、过户费、监管费、其他费用等几个方面的内容。我国上海证券交易所和深圳证券交易的证券交易费明细，如表 7.10 所示。

印花税是根据国家税法的规定，在股票成交后对买卖双方投资者按照规定的税率分别征收的税费。印花税的收取是由证券经营机构在同投资者交割中代为扣收，并在证券经营机构同证券交易所或登记结算机构的清算交割中集中结算，最终由登记结算机构统一收取。

印花税是投资者交易费用的主要组成部分，是调节投资者交易成本的一个重要手段。我国证券交易印花税率经历过多次调整，最初深圳市于 1990 年 6 月 28 日颁布《关于对股权转让和个人持有股票收益征税的暂行规定》，首先开征股票交易印花税，由卖出股票者按成交金额的 0.6%缴纳。后历经 10 余次调整，目前收费标准是按照成交金额的 1‰进行单项收取（卖方缴纳）。

佣金是投资者按照成交金额的一定比例支付给证券公司的费用，主要包括券商的经纪佣金、管理机构的监管费等。2012 年 9 月 1 日起最新佣金收费标准为：不得高于成交金额的 0.3%，也不得低于代收的证券交易监管费和证券交易经手费。

过户费是投资者在完成交易后向证券公司支付的费用，主要是用以弥补证券公司为买卖双方变更股权登记的费用。此项费用一般是由证券交易机构在与投资者清算交割时代为收取。2012 年 9 月 1 日起最新过户费的收费标准为：上海证券交易所 A 股过户费为成交金额的 0.06%，没有最低的收费标准；深圳证券交易所不收取 A 股和基金的过户费。

表 7.10　我国上交所和深交所的证券交易费用明细表（2017 年）

	上海证券交易所		深圳证券交易所	
	A 股	B 股	A 股	B 股
印花税	出让方按成交金额的 0.1%收取，受让方不再征收	出让方按成交金额的 0.1%收取，受让方不再征收	出让方按成交金额的 0.1%收取，受让方不再征收	出让方按成交金额的 0.1%收取，受让方不再征收

表7.10(续)

	上海证券交易所		深圳证券交易所	
	A股	B股	A股	B股
佣金	不得高于成交金额的0.3%，也不得低于代收的证券交易监管费和证券交易经手费，起点5元	不得高于成交金额的0.3%，也不得低于代收的证券交易监管费和证券交易经手费，起点5港元	不得高于成交金额的0.3%，也不得低于代收的证券交易监管费和证券交易经手费，起点5元	不得高于成交金额的0.3%，也不得低于代收的证券交易监管费和证券交易经手费，起点5港元
过户费	按成交金额双边收取0.06%	出让方按成交金额的0.05%收取	—	—
证管费	按成交金额双边收取0.002%	按成交金额双边收取0.002%	按成交额双边收取0.002%	按成交额双边收取0.002%
经手费	按成交额双边收取0.006 96%	按成交金额双边收取0.026%	按成交额双边收取0.006 96%	按成交额双边收取0.030 1%

数据来源：上海证券交易所和深圳证券交易所官方网站。

其他费用主要包括委托费（通信费）、查询费、开户费、撤单费等，这些费用主要弥补证券公司在通信、设备、单证制作等方面所付出的成本。这些费用的收取一般都是由券商根据自身需要而设定的，并没有一个明确的收费标准，但是这个收取比例必须要得到当地物价部门的批准。目前，许多证券经营机构出于市场竞争等方面的考虑都会减免部分或全部此类费用。

第四节　算法交易

一、算法交易概念

现代投资组合理论为投资者如何合理、有效地构建投资组合提供了重要的理论依据。投资者通过均值-方差模型的启发，利用分散投资的方式，根据自身风险偏好有效地权衡投资组合的收益和风险。投资者在短时间内大量买入或卖出证券会对证券价格造成较大的冲击，导致投资者很难在交易前预期的价格上完成交易。因此，机构投资者会专门雇佣交易员负责交易，尽可能地减少交易过程中产生的交易成本，以期获得有利的成交价格。在一定程度上，算法交易（algorithmic trading）替代了交易员在这一方面的工作。采用算法交易后，交易员不用再紧盯着交易平台，时刻准备进行手工执行，计算机会自动帮助交易员选择交易时间、订单大小、成交价格等指标，并在市场满足的条件下自动进行操作。

目前，学术界和业界对算法交易的定义还没有形成统一的认识。Domowitz 和 Yegerman（2006）认为算法交易是为达到某一特定目标，利用计算机程序自动执行订单的交易方法。Hendershott 和 Mouiton（2011）认为算法交易是利用计算机程序和算法自动提交订单，并对所提交的订单进行后续管理的交易方法。刘逖（2012）认为对算法交易的理解可以从两个方面来分析：从广义上看，算法交易是利用计算机程序自动制定交易决策、提交订单，并在整个交易过程中有效管理订单的一种交易技术，包含了投资组合选择、交易策略制定与执行等；从狭义上看，算法交易是一种订单执行策略，是借助计算机的高速运算速度，利用特定数学模型，并依据交易前确定好的目标和约束条件，制定订单提交策略，以便完成预定数量的证券交易。

一般而言，算法交易是利用计算机程序和算法，根据一定规则自动决定订单的提交时间、订单规模、委托价格以及订单类型的交易方法。本书所研究的算法交易主要是指狭义上的算法交易，分析的重点是针对投资者已构建投资组合的执行问题，也就是在整个投资过程中的订单执行部分。

算法交易自 20 世纪 70 年代末出现于金融市场以来，受到了众多机构投资者的青睐。在证券市场上，由算法交易所完成交易量的比重也在逐年增加。现在许多机构投资者都将算法交易作为促进自身发展的重要源泉。

美国 Aite Group 的统计数据显示：在 2006 年的欧洲和美国股票市场上，由自动交易系统或算法交易完成的交易量大约占市场总交易量的 1/3。在 2011 年的美国证券市场上采用算法交易完成的交易量已占美国证券市场上总交易量的 63%，而在欧洲市场上这一占比也已经达到 32%。相对而言，亚洲市场发展得略显滞后，在 2011 年亚洲市场上的总交易量中大约有 20%是采用算法交易完成的。

随着经济全球化的高速发展，资本市场日益繁荣，出现了许多规模巨大的养老基金、对冲基金等机构投资者。由于受到证券流动性有限的影响，机构投资者在短时间内大量买入或卖出证券会产生较高的交易成本①。为了减少这种交易成本，投资者迫切需要一种低廉高效的交易方法；同时，计算机技术、通信技术的不断进步促进了交易市场电子化的快速发展。算法交易正是产生于这一背景下，算法交易利用计算机程序制定具体的交易策略，决定投资者的交易时间、交易价格、交易数量。

与国外的研究相比，我国对于算法交易的研究起步较晚，对算法交易的相关研究还比较少，但随着计算机和通信技术的快速发展，我国证券市场已初步具备实施算法交易的硬件条件，而且量化思想也开始为普通投资者所接受。目前，国内的一些证券公司也已经逐步认同算法交易，并对算法交易开展了一定的研究，甚至有些公司已经推出了一些算法交易的相关产品，如深圳国泰安信息技术有限公司推出了“国泰安算法交易系统”、上海海通证券也推出了“海通彩虹算法交易平台”，同时光大证券、中银国际、招商证券等公司也都在积极研究和开发各自的算法交易系统。但是大多数证券公司对算法交易的研究和使用还仅限于介绍和引进，目前所提出的算法交易策略也是最简单的几种交易策略，如交易量加权平均价格交易策略、时间加权平均价格交易策略等。2013 年，光大证券量化交易平台出现的“乌龙指”事件，也表明我国证券公司对算法交易的研究还有待于进一步提高。因此，结合我国证券市场特点，对算法交易开展相应研究具有十分重要的实际意义。

① 此处的交易成本主要是指市场冲击等交易成本。市场冲击是由投资者订单的执行而对股票价格造成的影响，这种影响一般是由于短时间内市场流动性不足或订单所传递的信息造成的。显然，投资者的订单越大，其传递的信息越多，对市场上短时间内流动性的需求也就越大，也越容易对股票价格造成较大的影响。

二、常见的算法交易策略

算法交易策略可以分为被动型算法交易、主动型算法交易以及综合型算法交易。被动型算法交易，又称为结构型算法交易，这种交易策略主要利用历史数据估计交易模型的关键参数，按照一个既定的交易方法或策略进行交易，并不会根据证券市场的具体运行情况积极主动地调整交易的时间、数量以及订单类型等因素。这类策略的核心是减少滑价，所谓的滑价是指目标价与实际成交价之间的差额。滑价的多少也在一定程度上反映了交易策略的优劣。

例如，某一个投资者的算法交易策略需要购买某种股票100万股，被动型算法交易策略将根据证券市场当前的交易量情况进行分析，确定在未来一段时间内的交易量分布，以便可以在市场流动性比较好的时候，向证券市场提交较大的委托单；在证券市场流动性比较差的时候，向证券市场上提交订单规模比较小的委托单，这样使得市场冲击成本尽可能地低。目前，从整个证券市场来看，被动型算法交易是最为成熟的，使用也是最为广泛的。

主动型算法交易，也称为机会型算法交易，这种交易策略是根据市场具体状况做出适时的决策，判断是否交易、交易的数量和价格等。这种交易订单是根据证券市场的具体情况及时下达的，但是由于证券市场环境的复杂性和瞬息万变，投资者的订单有可能无法完成全部交易。主动型算法交易，一方面是努力减少滑价；另一方面则是重点关注价格的趋势预测，比如如果交易员认为证券的价格在向有利于本人的方向变化时，那么交易员一般就会推迟此订单的执行；相反，如果交易员认为证券价格在向不利于本人的方向变化时，则应该加速进行交易，促使交易可以在一个较短的时间内迅速完成。当市场价格存在较强的均值回复现象时，那么交易员也要抓住每一次有利于自己的变化。

主动型算法交易是否能够取得成功，取决于交易员对市场的判断是否准确。这种判断一般又分为趋势判断和反向判断两大类。如果某个采用算法交易的交易员认为某一股票未来会有一次明显的趋势波动行情，那么显然该交易员所采用的交易程序将会主动发起攻击，追踪该趋势的价格进行主动买入、卖出的交易行为。这个趋势有多头趋势和空头趋势两种；反向判断则认为股票价格在未来一段时间内会出现反向运行。

综合型算法交易是主动型算法交易和被动型算法交易的结合，既包含了既定的交易目标，并且具体在实施过程中也会对这一交易进行一定的主观判断。综合型算法交易策略比较常见的方式是：先把总的订单拆分为若干个子订单，并分布到不同的时间段内，具体每一个时间段内应该如何操作，则再由主动型算法决定。通过这两者的结合，综合型算法交易策略可以达到更好的一种交易效果，这是单独的主动型交易策略或被动型交易策略所无法达到的。例如，投资者利用主动型交易算法判断出，未来30分钟某股票将出现一波上涨的趋势行情，那么此时就可以再利用被动型算法交易策略来制订这段时间内的订单提交计划，以期获得超额利润。

近年来，算法交易的发展历程可以分为两个阶段，第一阶段的算法交易已经被广泛使用，这类算法会假设市场成交量是比较平稳的，并且是可以在交易之前进行准确预测的；第二阶段的算法使用的是金融理论模型和计量方法确定订单提交策略。

第一阶段中又有两类代表性算法。第一代算法是使用历史交易记录对现状的交易进行指导，已经在实际交易中被广泛使用。这一阶段的算法主要是基于市场流量是平滑的且可测的假设，比如交易量加权平均价格（VWAP）、交易时间加权平均价格（TWAP）及目标交易量（Target Volume）等。第二代主要是使用金融理论模型和计量方法来确定最优的执行路径，代表性算法主要有执行差额（Implementation Shortfall）算法，包括到达价格（Arrival Price）、开盘价（At Open）、收盘价（At Close）和隐藏（Hidden）等。

第二阶段中的代表性算法是第三代算法，这类算法主要是从单只股票扩展到多只股票组合，同时搜寻隐藏流动性的方法，将心理学和博弈论的方法应用到股票交易中，比如眼镜蛇（Cobra）、游击战（Guerrilla）、埋伏（Ambush）、匕首（Dagger）和夜鹰（Nightawk）等，要注重多种不同资产之间相互影响的平台建立。

在证券市场上，投资者会根据自身的交易需要设计不同的算法交易策略。经过近几十年的快速发展，证券市场上已经出现了许多有效的交易算法，如交易量加权平均价格算法、时间加权平均价格算法、交易量固定百分比算法等。本章将介绍几种常见的算法交易策略。

1. 交易量加权平均价格交易策略（VWAP）

交易量加权平均价格交易策略（volume weight average price，VWAP）是将大额订单拆分为多个中小规模的子订单，并根据市场环境的变化择机逐次提交，以使其成交价尽可能接近市场交易量加权平均价格的一种交易策略（Madhavan，2002）。此交易策略可以有效地减少短时间内大额订单对证券价格的冲击，是实业界较为常用的一种算法交易策略。根据 THE TRADE 公司的相关统计，2005 年美国证券市场上采用算法交易执行的交易量中，约有 50% 都是利用 VWAP 交易策略完成的。其中，直接利用 VWAP 交易策略完成交易的约占 27%，还有 23% 左右的交易量是利用特别定制的 VWAP 交易策略完成的。

近年来，各种算法交易策略层出不穷，原本占主流的 VWAP 算法交易策略很快衰落。在 2004 年 VWAP 的使用比例还高达 61%，但是仅几年之后，这一比例就只有不到 30%，目前更是下降到了 10% 左右，而执行价差等策略的使用量也只有 10% 左右。虽然 VWAP 算法交易策略的使用已经越来越少，但是 VWAP 算法交易策略已经逐渐作为一个基准，来衡量其他交易策略的优劣，因此无论是在学术界还是在实业界，VWAP 算法交易策略依然还是一种非常重要的算法交易策略。

VWAP 交易策略的目的是利用合适的订单提交策略，最小化投资者的交易成本。由于投资者并不清楚未来交易日当天市场的总交易量情况，因此投资者需要根据最近一段时间（通常是一个月）内的交易数据来预测交易日当天的市场预期成交量，并将整个交易时期划分为多个交易时间段，根据每个时间段内市场交易量占总交易量的比值确定此时段内应该提交的订单规模。因此，VWAP 交易策略的制定一般可以分为两个步骤：将交易日划分为多个时间段，预测每一时间段内市场交易量占整个交易日内市场交易量的比例；按照这一比例将总订单拆分为多个子订单，并在每一交易时段初始时分别进行提交。

在没有其他额外信息，且对股票价格趋势没有任何预测的情况下，VWAP 交易策略是最优的算法交易策略，其订单的执行价格等于一段时间内的市场成交量加权平均价格。假设投资者将在未来 m 个交易时期内，利用某一交易策略 $x = (x_1, x_2, \cdots, x_m)'$ 交易总量为 S 的证券。投资者的目标就是使得订单的平均成交价格等于交易量加权平均价格。投资者在整个交易时期内的订单平均成交价格为

$$Cost = \sum_{t=1}^{m} x_t p_t \tag{7.52}$$

其中，p_t 表示在 t 时期订单的成交价格。

在整个交易时期内的交易量加权平均价格可以表示为

$$VWAP = \frac{\sum_{t=1}^{m} v_t p_t}{\sum_{t=1}^{m} v_t} = \sum_{t=1}^{m} \alpha_t p_t \tag{7.53}$$

其中，α_t 表示在 t 时期内市场的成交量占整个交易时期内市场总成交量的比值。

采用这一交易策略的投资者的目标就是使得订单的平均成交价格等于交易量加权平均价格，因此可以用如下数学模型表示：

$$\mathrm{Min}\,\eta = (VWAP - Cost)^2 \tag{7.54}$$

由一阶条件可知

$$\frac{\mathrm{d}\eta}{\mathrm{d}x} = 2(x - \alpha)^T p^2 = 0 \tag{7.55}$$

求解上式可得

$$x = \alpha \tag{7.56}$$

其中，α 是一个 $m \times 1$ 维的列向量。

由于该问题的二阶条件大于零，即

$$\mathrm{d}^2\eta/\mathrm{d}x^2 > 0 \tag{7.57}$$

因此，VWAP 交易策略就是投资者的最优交易策略。

投资者在使用 VWAP 交易策略时，通常可以分为以下四个步骤：

（1）把整个交易日分为若干时间段，按照某一个比例分配订单提交的规模，这个比例就是投资者所预测每一个时间段内交易量占整个计划期内预测的总交易量的比例。

（2）在每个时间区间的初期提交一个指定数量的限价单。

（3）如果在第一个交易时期内，订单没有被完全执行，而且成交价远离投资者所预期的计划价格，则需要调整价格重新下单。

（4）如果每一个交易时期到期时仍未完成交易，则投资者将会利用市价订单来完成全部交易。

当然，为了提高算法的效率及隐藏交易行为的目的，投资者在使用 VWAP 交易策略时可以适当加入一些主观的交易机会判断，以及随机决定下单时间等因素。

2. 时间加权平均价格交易策略（TWAP）

时间加权平均价格交易策略（time weighted average price，TWAP），是投资者将整个交易时期划分为多个特定的时间段，并在每个时间段内平均提交订单的交易策略。

TWAP 交易策略是一种非常简单的平均提交订单策略，其目的在于最小化市场冲

击的同时，促使投资者达到一个平均成交价格。此交易策略主要是应用于投资者无法获取历史交易信息，或投资者订单规模远小于市场流动性的情况。

3. 交易量固定百分比交易策略（VP）

交易量固定百分比交易策略（Volume participation，VP）是指投资者按照市场交易量的某一比例提交订单的交易策略。

采用此交易策略的投资者主要是希望紧跟市场变化趋势，如果市场的交易量在某一时间突然增加，则此时投资者所提交的订单规模也会相应增大；相反，如果股票交易量减小，则投资者的订单规模也会相应减少。由于此交易策略总是跟风操作，所以其交易成本可能会比较大。

4. 执行短缺算法交易策略（IS）

对于规模较大的证券交易，如果投资者一次性全部按市价提交订单，这种交易行为将会造成很大的市场冲击。为减少这种市场冲击，投资者可能会将此订单拆分为多个中小规模的子订单进行分别提交，但是这种交易方式会使得投资者面临未来股票价格、市场流动性等因素发生变动的风险。

执行短缺算法交易策略（implementation shortfall，IS）是按照投资者的风险偏好，权衡交易过程中的成本和风险。IS 为订单的实际成交金额与预期目标金额之间的差额，再去除交易过程中的一些固定交易成本等。这种算法交易策略在一定的风险承受水平下，使得订单成交价格和预期目标价格之间的差额最小，其在开盘初期的订单提交量比较大，是一种比较典型的前期大量成交的算法交易策略。

下面将介绍 Almgren 和 Chriss（2000）提出的执行短缺交易策略。在市场流动性有限的情形下，投资者在执行交易过程中会面临巨大的市场冲击成本。因此，为了减少这种市场冲击成本，投资者一般都会将大额的订单拆分为多个中小规模的子订单择机进行提交。

假设投资者计划在未来 T 个时期内交易总量为 X 的证券，交易开始时的股票价格为 S_0，每个交易时期的长度为：$\tau = T/N$。n_1，…，n_T 表示在给定的风险厌恶程度下，投资者在整个交易时期内的最优交易策略。其中 n_k 表示投资者在交易时期 k 所提交的订单规模为 n_k，$k \in [1, T]$。

投资者在每一个交易时期所持有的证券数量为

$$x_k = X - \sum_{j=1}^{k} n_j, \quad k = 0, \cdots, N \tag{7.58}$$

市场冲击又可以分为永久性市场冲击和临时性市场冲击。所谓的永久性市场冲击主要是指在交易结束之前关于市场冲击的这种影响都会一直存在。在第 k 个交易时期，在考虑了永久性市场冲击影响下的订单执行价格可以表示为

$$S_k = S_{k-1} + \sigma\tau^{1/2}\xi_k - \tau g\left(\frac{n_k}{\tau}\right) \tag{7.59}$$

其中，σ 是波动率；ξ_k 是一个具有零均值和单位方差的随机变量；$g(v)$ 是一个关于交易速率 v 的永久性市场冲击成本函数。

与永久性市场冲击成本不同，临时性市场冲击是由于证券市场一段时间内流动性供需不平衡导致的，一般只会存在于一个较短的时间内。假设临时性市场冲击只是影

响当期交易的股票价格，在下一期交易开始时上一期的这部分影响将会消失。在第 k 个交易时期，在考虑了临时性市场冲击影响下的订单执行价格可以表示为

$$\tilde{S}_k = S_{k-1} - h\left(\frac{n_k}{\tau}\right) \tag{7.60}$$

其中，$h(v)$ 是一个关于交易速率 v 的临时性市场冲击成本函数。

投资者交易数量为 X 的证券的总交易成本等于各交易时期股票价格与交易数量的乘积，即

$$\sum_{k=1}^{N} n_k \tilde{S}_k = XS_0 + \sum_{k=1}^{N} x_k \left[\sigma\tau^{1/2}\xi_k - \tau g\left(\frac{n_k}{\tau}\right)\right] - \sum_{k=1}^{N} n_k h\left(\frac{n_k}{\tau}\right) \tag{7.61}$$

执行短缺（IS）等于投资者在整个交易过程中的总交易成本与股票初始价值的差额，即

$$C(x) = XS_0 - \sum_{k=1}^{N} n_k \tilde{S}_k = \sum_{k=1}^{N} x_k \left[\tau g\left(\frac{n_k}{\tau}\right) - \sigma\tau^{1/2}\xi_k\right] + \sum_{k=1}^{N} n_k h\left(\frac{n_k}{\tau}\right) \tag{7.62}$$

此交易成本的均值和方差可以分别表示为

$$\mathrm{E}(C(x)) = \sum_{k=1}^{N} x_k \tau g\left(\frac{n_k}{\tau}\right) + \sum_{k=1}^{N} n_k h\left(\frac{n_k}{\tau}\right) \tag{7.63}$$

$$V(C(x)) = \sigma^2 \sum_{k=1}^{N} \tau x_k^2 \tag{7.64}$$

在 Markowitz 的均值-方差模型框架下，风险厌恶的投资者在最小化总交易成本的目标下的交易策略模型可以表示为

$$\underset{x_k}{\mathrm{Min}}\, \mathrm{E}(C(x)) + \lambda V(C(x)) \tag{7.65}$$

其中，λ 表示风险厌恶程度。

假设永久性和临时性市场冲击成本函数都是关于交易速率的线性函数，可以分别表示为

$$g\left(\frac{n_k}{\tau}\right) = \gamma \frac{n_k}{\tau} \tag{7.66}$$

$$h\left(\frac{n_k}{\tau}\right) = \eta \frac{n_k}{\tau} \tag{7.67}$$

其中，γ 和 η 为常数。

因此，交易成本的均值可以表示为

$$\mathrm{E}(C(x)) = \frac{1}{2}\gamma X^2 + \frac{\tilde{\eta}_k}{\tau} \sum_{k=1}^{N} n_k^2 \tag{7.68}$$

其中，$\tilde{\eta}_k = \tilde{\eta} - \frac{1}{2}\gamma\tau$。

在此基础上，投资者的最优算法交易策略模型可以简化为如下形式：

$$\underset{x_k}{\mathrm{Min}}\ \frac{1}{2}\gamma X^2 + \frac{\tilde{\eta}_k}{\tau} \sum_{k=1}^{N} n_k^2 + \lambda\sigma^2 \sum_{k=1}^{N} \tau x_k^2 \tag{7.69}$$

此时可以将原问题化简为一个二阶齐次线性差分方程，即

$$\frac{1}{\tau^2}(x_{j-1} - 2x_j + x_{j+1}) = x_j\kappa^2, \quad j = 0, \cdots, N \tag{7.70}$$

其中，

$$\tilde{\kappa}^2 = \frac{\lambda\sigma^2}{\tilde{\eta}} = \frac{\lambda\sigma^2}{\eta\left(1 - \frac{\gamma\tau}{2\eta}\right)} \tag{7.71}$$

求解此方程可以得到此问题的最优交易策略：

$$x_j = \frac{\sinh(\kappa(T - j))}{\sinh(\kappa T)}, \quad j = 0, \cdots, N \tag{7.72}$$

$$n_j = \frac{2\sinh\left(\frac{1}{2}\kappa\tau\right)}{\sinh(\kappa T)}\cosh(\kappa(T - j)), \quad j = 0, \cdots, N \tag{7.73}$$

5. 基准价算法交易策略（price in line）

如果股票价格与基准价格接近，则此交易策略将加大订单的提交数量；若股票价格远离基准价格，则减少订单数量。同时，此交易策略还必须在规定时间内完成交易。此交易策略总的基准价格一般是股票交易的前一天收盘价。此交易策略适用于那些对基准价格比较敏感的投资者。

6. 隐藏交易单算法交易策略（hidden）

在股票价格未达到投资者预期值时，投资者的订单会一直处于隐藏状态。一旦市场中的股票委托价达到预期值，投资者将会立即提交订单，以尽量确保订单在该价位上成交。如果在预期值价格下市场上的委托量不能满足投资者的要求，此交易策略会要求投资者继续等待，直至出现合适的交易机会。

7. 紧盯市场算法交易策略（PEG）

紧盯市场算法交易策略是随时根据市场环境变化情况调整所提交的限价订单规模，如果投资者计划买入或卖出一定数量的股票，则可以按照以下步骤进行：

（1）对于买入订单，需要按照当前的最高买价提交一定数量的限价交易指令，并等待结果；相反，如果是卖出订单，则需要按照当前最低的卖价提交一定数量的限价订单，并等待结果。

（2）如果订单未执行，并且市场上股票的成交价格已经渐渐偏离预计成交价格，则应撤销此限价订单，然后重新按现有市场情况执行第一步。

（3）如果提交的所有限价订单全部执行完毕，则重复第一步，直至完成所有交易或到执行交易的最后期限。

8. 搜寻者算法交易策略（sniffers）

此交易策略是先提交少量订单，并以此订单为诱饵，判断是否存在对手的算法交易策略。若存在对手的交易策略，则可以根据对手情况调整交易策略。搜寻者算法交易策略通常用于搜寻其他交易商的交易行为以及其所运用的算法。此交易策略的目标是寻找市场中其他交易商正在使用的算法交易软件，从中获得交易机会。

9. 下单路径优选策略（SOR）

下单路径优选策略是与欧美市场上的证券交易制度多样化密切相关的，投资者一方面可以从做市商处买卖所需证券，另一方面还可以通过直接渠道在交易所进行交易，部分投资者也可以参与交易所之外的暗池交易。当然，不同交易途径所获得的报价和交易量都是不同的。下单路径优选策略就是要对不同渠道的实时交易数据进行详细科学的分析，以便可以在保证成交量的前提下，寻求最优的成交价格。

三、基于市场冲击成本与机会成本的算法交易策略

随着证券市场和计算机网络通信技术的快速发展以及交易所之间竞争的日益激烈，高频交易（high-frequency trading）正以势不可当的趋势席卷欧美金融市场。据纽约市场研究公司 Tabb Group 发布的相关数据，截至 2010 年年底，高频交易已占据全球金融交易市场的三分之二左右。与传统的低频交易不同，采用高频交易的投资者会密切关注不断变化的市场情况，捕捉一切可盈利的交易机会。虽然每笔高频交易的收益非常微薄，但通过大量频繁的交易却可能获得较高的投资收益。据《纽约时报》报道，在金融危机最为严重的 2008 年，华尔街采用低频交易的机构投资者中大约有 70%都出现了严重亏损，但绝大部分采用高频交易的机构投资者的盈利情况却较为可观。

采用高频交易就一定能盈利吗？显然，答案是否定的。事实上，由于受每次交易较低收益的影响，只有那些高度关注交易成本并且努力减少交易成本的高频交易者才可能盈利。因此，对于掌握大量资金的机构投资者而言，在整个高频交易过程中，它们不但要考虑如何捕捉最优的交易机会，还必须尽可能地减少在交易过程中产生的交易成本。在证券交易过程中，交易成本一般可分为显性交易成本和隐性交易成本。其中，显性交易成本由各种手续费和税费构成，而隐性交易成本主要包括市场冲击成本（market impact）、机会成本（opportunity cost）、择时风险（timing risk）等。由于证券交易的手续费一般是实行固定比例收费制度，所以投资者进行交易时所承担的显性成本比较容易计算。相对而言，隐性成本由于市场环境因素的不确定性，不容易在交易前进行准确估计。考虑到隐性成本在高频交易中的重要性和不易事前估计的特性，机构投资者要想获得较高投资收益必须重视对隐性成本的有效管理。

对任一机构投资者而言，一旦交易机会出现，并且拟配置的资金已确定，那么需要交易的证券数量（指令大小）就基本确定。但是，受到市场流动性有限影响，当交易者提交大额指令时，会对证券市场上的价格造成冲击，从而增加市场冲击成本。为了减少市场冲击成本，高频交易者通常会考虑将大额指令拆分成若干小额指令择机逐次提交，这种交易行为又称为算法交易（algorithmic trading）。算法交易的关键在于根据市场环境的变化设计相应的最优交易策略，以便确定提交指令的时间、指令的价格和数量，从而最大限度地降低高频交易的成本。随着计算机和通信技术的不断发展，越来越多的经纪商和机构投资者在证券交易过程中开始采用算法交易。2007 年，美国已有超过 90%的对冲基金采用了算法交易，而 2009 年美国证券市场大约 73%的交易量都是采用算法交易完成的。

采用算法交易的目的是尽量降低交易成本，而关键在于如何在交易前正确测度和估计各种隐性成本。为了最大限度地降低市场冲击成本，Berkowitz 等（1988）提出利用交易量加权平均价格与买价（或卖价）的差额来衡量市场冲击成本的大小，并在此基础上提出了交易量加权平均价格交易策略（volume weighed average price，VWAP）。

但是，如果价格冲击成本函数是线性的，且股票价格服从随机游走过程，Bertsimas 和 Lo（1998）指出，在最小化预期交易成本的目标下，采取平均交易策略（在每一个交易时期交易相同数量的证券）才是最优交易策略。进一步，Almgren 和 Chriss（2001）将市场冲击分为临时性市场冲击和永久性市场冲击。其中，临时性市场冲击是指证券价格的变动仅仅是由于证券的临时性供需不平衡所导致的，经过一段时间的调整后证券价格会恢复到原水平；永久性市场冲击是由于新订单所传递的信息使得股票内在价值发生变化。在此基础上，Kissell 等（2004）着重分析了市场冲击成本和择时风险两个因素对交易策略的影响，提出了一种基于市场不平衡量的成本分配模型，并分别在开盘价基准和收盘价基准下构建了最小化交易成本的优化模型和最小化交易成本与风险的优化模型。Kissell 和 Malamut（2006）分析了投资者同时考虑市场冲击成本和择时风险时的最优交易策略问题，引入一个常数交易速率，并对所有时期的预期市场成交量都相等的特殊情形给出了解析解。

方兆本和镇磊（2011）提出了一种新的交易算法，除了利用 VWAP 算法来决定指令大小之外，还可以基于自回归条件持续期模型（autoregressive conditional duration，ACD）来选择具体的交易时间。仲黎明等（2002）假设市场冲击成本为线性情形，考虑了机构投资者在既定风险承受能力下期望损失最小的最优变现策略。林辉等（2011）构建了基于流动性调整的算法交易模型，认为在行情看涨时，若初始持仓过量则应采取 U 形的卖出交易策略；若初始持仓适量，则应采取递增型的卖出交易策略；若初始持仓较少，则应先采取递增型的买入交易策略，然后再采取递增型卖出交易策略。此外，Hendershott 等（2011）利用纽约证券交易所 2001 年 2 月至 2005 年 12 月的数据，以 2003 年纽约证券交易所启动自动化报价为背景，研究了算法交易对流动性的影响，发现算法交易确实可以改善证券市场的流动性。

从现有关于算法交易的研究来看，大部分文献主要关注市场冲击成本，部分文献涉及了择时风险，在构造交易策略时也只是考虑了这两种隐性交易成本。如果投资者总是采用市价指令的方式提交委托单，那么只考虑市场冲击成本是可行的。但是，在证券市场上，为了获得有利的成交价格，绝大部分投资者会采用限价指令的方式提交委托单。在这种情况下，由于市场的高度不确定性，投资者在事前制定的指令提交策略并不能保证不同阶段的指令都能全部成交。Thatch 和 Alam（2007）通过分析特拉维夫证券交易所的数据发现，在所有分拆的限价指令中，只有大约 48%的指令能够成交。换言之，在高频交易中，指令执行的机会成本是一项不可忽视的重要因素。然而，就笔者所知，目前尚缺乏同时考虑市场冲击成本与机会成本的算法交易模型。

市场冲击是指由某一特定指令引起证券价格的变化，其大小等于该指令发生时的证券价格和该指令不发生时证券价格的差额。市场冲击成本一般会受到指令的大小、证券的流动性、证券价格的波动性以及在一段时期内证券市场的交易量等因素的影响。事实上，准确测量市场冲击成本非常困难，因为需要同时观察在两种不同情况下的证券价格变化情况。然而，在现实市场上，我们无法同时观察到这两组数据。

下面将简要介绍 Kissell 等（2004）提出的一种间接估计市场冲击成本的方法。假设某投资者在某段时间内需要交易总量为 S 的证券，并且采用分阶段的交易策略 $x=(x_1, x_2, \cdots, x_m)'$，其中，$x_t(t \in [1, m])$ 表示此投资者在交易时期 t 提交指令的大

小，且指令大小恰好等于市场的不平衡量，则此交易策略的市场冲击成本可以表示为

$$MI_{\$}^{total}(x) = \sum_{t=1}^{m} x_t \left[\frac{\alpha I x_t}{S(x_t + 0.5v_t)} + \frac{(1-\alpha)I}{S} \right] \tag{7.74}$$

其中，m 表示交易时期个数；v_t 表示在 t 时期预期的市场交易量；α 表示临时性市场冲击成本占总市场冲击成本的比例，且 $\alpha \in [0, 1]$；I 表示瞬时冲击成本；S 表示所有时期总的指令大小，即 $S = \sum_{t=1}^{m} x_t$。

下面将考虑一种极端情况。如果投资者仅关注市场冲击成本对交易策略的影响，那么在交易过程中的总交易成本就是各个时期市场冲击成本的总和。因此，此优化模型可表示为

$$\text{Min TC}(x) = \sum_{t=1}^{m} x_t \left[\frac{\alpha I x_t}{S(x_t + 0.5v_t)} + \frac{(1-\alpha)I}{S} \right] \tag{7.75}$$

$$\text{s.t.} \quad S = \sum_{t=1}^{m} x_t \tag{7.75a}$$

$$x_t \geqslant 0 \tag{7.75b}$$

此问题的解为

$$x_t = S\frac{v_t}{V}, \quad t \in [1, m] \tag{7.76}$$

其中，V 表示所有时期总的预期市场成交量，即 $V = \sum_{i=1}^{m} v_i$。

显然，对于采用高频交易的投资者而言，如果在交易过程中只关注市场冲击成本，那么其最优交易策略为 VWAP 交易策略，即根据历史成交量制定未来某段时间所提交指令的大小，使得交易平均执行价格尽可能等于交易量加权平均价格。

当投资者提交限价指令时，证券市场上的流动性不足和证券价格的快速剧烈变化可能会导致投资者在不同阶段提交的指令不能被全部执行。因此，除了市场冲击成本，投资者在交易过程中还可能面临一项新的成本——机会成本。机会成本是指未能执行完全部指令而损失的那部分收益。当指令趋向于全部执行的时候，机会成本将相应减少至零。通常情况下，采用高频交易的投资者为了减少在交易过程中产生的机会成本会尽可能地促使指令全部执行。但是，当面对不利的市场环境时，如果仍然选择全部执行指令，无疑会大幅增加市场冲击成本。正如 Neil A. Chriss 所说：交易会冲击市场，不进行交易则会被市场冲击。因此，采用高频交易的投资者在制定交易策略时，机会成本同样是一项不可忽视的重要因素。

下面将介绍如何估计某一具体交易策略的机会成本。假设某投资者在某段时间内需要交易总量为 S 的证券，同样采用分阶段的交易策略 $x = (x_1, x_2, \cdots, x_m)'$，即 $S = \sum_{t=1}^{m} x_t$，且在任意交易时期 t，投资者所面临的机会成本与将来可能无法执行交易的证券数量和证券价格变化量有关。因此，机会成本的期望值可以表示为

$$\text{E}(OC(x)) = \sum_{t=1}^{m} x_t(1 - \rho_t)[\text{E}(P_m) - P_0] \tag{7.77}$$

其中，ρ_t 为在任意时期 t 指令成交的概率，且 $\rho \in [0, 1]$；P_m 和 P_0 分别是证券在最后一个交易时期和期初的价格。由于临时性市场冲击不会改变证券的内在价值，且假设

临时性市场冲击仅影响当前一个交易时期，因此，在最后一个交易时期证券价格的期望值可以表示为

$$\mathrm{E}(P_m) = P_0 + \frac{(1-\alpha)I}{X} \tag{7.78}$$

其中，X 表示所有时期指令成交的数量，即 $X = \sum_i^m x_i\rho_i$。

如果仅考虑市场冲击成本，那么采取 VWAP 交易策略可以实现交易成本（市场冲击成本）最小；如果只考虑机会成本对交易策略的影响时，那么采取不拆单的交易策略可以最小化交易成本（机会成本）。但是，在现实的高频交易中，投资者很少仅仅关心这两种因素中的某一项，而是需要同时考虑市场冲击成本和机会成本对交易策略的影响。

假设某投资者计划在未来 m 个交易时期内交易总数量为 S 的指令，并且采用分阶段的交易策略 $x = (x_1, x_2, \cdots, x_m)'$。其中，$x_t$ 表示投资者在时期 t 准备提交的指令数量，对应的成交概率为 ρ_t。若投资者同时考虑市场冲击成本和机会成本，那么他面临的决策模型可以表示为

$$\mathrm{Min}\ E(\mathrm{TC}(x)) = \sum_{t=1}^{m} x_t\rho_t\left[\frac{\alpha I x_t\rho_t}{X(x_t\rho_t + 0.5v_t)} + \frac{(1-\alpha)I}{X}\right] + \sum_{t=1}^{m}\frac{x_t(1-\rho_t)(1-\alpha)I}{X} \tag{7.79}$$

$$\text{s.t.} \quad X = \sum_{t=1}^{m} x_t\rho_t \tag{7.79a}$$

$$S = \sum_{t=1}^{m} x_t \tag{7.79b}$$

$$x_t \geqslant 0 \tag{7.79c}$$

1. 每一交易时期的指令执行概率都相等

首先考虑一种特殊情形。对于采用分阶段交易策略的投资者而言，假设在交易过程中所有阶段指令执行的概率都相等，即 $\rho_t = \rho$，其中，ρ_t 为在任意时期 t 指令成交的概率，$\rho \in [0, 1]$，$t = 1, 2, \cdots, m$。在这种情况下，投资者同时考虑市场冲击成本和机会成本的模型可以表示为如下形式：

$$\mathrm{Min}\ E(\mathrm{TC}(x)) = \sum_{t=1}^{m} x_t\rho\left[\frac{\alpha I x_t\rho}{S\rho(x_t\rho + 0.5v_t)} + \frac{(1-\alpha)I}{S\rho}\right] + \sum_{t=1}^{m}\frac{x_t(1-\rho)(1-\alpha)I}{S\rho} \tag{7.80}$$

$$\text{s.t.} \quad S = \sum_{t=1}^{m} x_t \quad \cdots$$

$$\mathrm{MinTC}(x) = \sum_{t=1}^{m} x_t \cdot \left[\frac{aIx_t}{X(x_t + 0.5v_t)} + \frac{(1-\alpha)I}{X}\right] + (S - X)\cdot[E(p_m) - p_0] \quad \cdots \tag{7.80a}$$

$$x_t \geqslant 0 \tag{7.80b}$$

对于以上模型，利用 Kuhn-Tucker 条件求解可得

$$\frac{\alpha I}{S\rho}\begin{bmatrix}\frac{x_1^2+x_1v_1}{(x_1+0.5v_1)^2}\\ \frac{x_2^2+x_2v_2}{(x_2+0.5v_2)^2}\\ \vdots\\ \frac{x_m^2+x_mv_m}{(x_m+0.5v_m)^2}\end{bmatrix}-\lambda^*\begin{bmatrix}1\\1\\ \vdots\\1\end{bmatrix}=0 \tag{7.81}$$

其中，λ^* 是拉格朗日乘子。由式（7.80a）和式（7.80b）可得

$$x_t=S\frac{v_t}{V},\quad t\in[1,\ m] \tag{7.82}$$

其中，$V=\sum_{i=1}^{m}v_i$。由于 Kuhn-Tucker 条件只是最优解的必要条件，所以下面将分析此最优解的充分性。此模型目标函数的 Hessian 阵为

$$\nabla^2\mathrm{TC}(x)=\frac{\alpha I}{S\rho}\begin{bmatrix}\frac{2(0.5v_1)^2}{(x_1+0.5v_1)^3} & 0 & \cdots & 0\\ \vdots & \vdots & \vdots & \vdots\\ 0 & 0 & \cdots & \frac{2(0.5v_m)^2}{(x_m+0.5v_m)^3}\end{bmatrix} \tag{7.83}$$

显然，Hessian 阵 $\nabla^2\mathrm{TC}(x)$ 的特征值都大于零，所以此 Hessian 阵为正定矩阵。而此模型的约束条件式为线性函数，且可行域为凸集，所以此问题为凸规划。对于凸规划问题而言，Kuhn-Tucker 条件既是最优解的必要条件，也是充分条件。因此，上述解是此模型的全局最优解。

事实上，由于受不同阶段指令成交概率的影响，在任意时期 t，投资者在考虑指令未全部执行情形下应提交的最优指令大小 x_t^* 为

$$x_t^*=x_t\rho_t=\rho S\frac{v_t}{V},\quad t\in[1,\ m] \tag{7.84}$$

显然，此最优交易策略是一个 VWAP 交易策略，但由于受不同阶段指令成交概率的影响，与普通的 VWAP 交易策略或投资者在仅考虑市场冲击成本情形下的最优交易策略相比，此最优交易策略每一时期的指令大小都根据指令成交概率同比例减少。

2. 所有交易时期指令的成交概率不一致

现在考虑一般情形，即所有交易时期指令的成交概率不一致的情形。在此情形下，通常无法获得算法交易的解析解，但是，在投资者可以预期总的可执行指令大小的特殊情况下，可以得到此模型解的解析解。

假设投资者预期总可成交的指令大小为：$X=S\bar{\rho}$，其中 $\bar{\rho}=\frac{1}{m}\sum_{t=1}^{m}\rho_t$。在此情形下，投资者同时考虑市场冲击成本和机会成本时的数学模型可以表示为

$$\text{Min } E(\text{TC}(x)) = \sum_{t=1}^{m} x_t\rho_t\left[\frac{\alpha I x_t\rho_t}{S\bar{\rho}(x_t\rho_t + 0.5v_t)} + \frac{(1-\alpha)I}{S\bar{\rho}}\right] + \sum_{t=1}^{m}\frac{x_t(1-\rho_t)(1-\alpha)I}{S\bar{\rho}} \tag{7.85}$$

$$\text{s.t.} \quad S = \sum_{t=1}^{m} x_t \tag{7.85a}$$

$$x_t \geqslant 0 \tag{7.85b}$$

对于以上模型，利用 Kuhn-Tucker 条件求解可得

$$\frac{\alpha I}{S\bar{\rho}}\begin{bmatrix}\dfrac{x_1^2\rho_1^3 + x_1\rho_1^2 v_1}{(x_1\rho_1 + 0.5v_1)^2}\\ \dfrac{x_2^2\rho_2^3 + x_2\rho_2^2 v_2}{(x_2\rho_2 + 0.5v_2)^2}\\ \vdots \\ \dfrac{x_m^2\rho_m^3 + x_m\rho_m^2 v_m}{(x_m\rho_m^2 + 0.5v_m)^2}\end{bmatrix} - \lambda^*\begin{bmatrix}1\\1\\ \vdots\\1\end{bmatrix} = 0 \tag{7.86}$$

其中，λ^* 是拉格朗日乘子。将上式化简可得

$$x_t = \frac{0.5v_t}{\rho_t}\left[\left(1 - \frac{S\bar{\rho}\lambda^*}{\alpha I\rho_t}\right)^{-\frac{1}{2}} - 1\right], \quad t \in [1, m] \tag{7.87}$$

为了简化计算，不妨令：$f(\lambda^*) = \left(1 - \frac{S\bar{\rho}\lambda^*}{\alpha I\rho_t}\right)^{-\frac{1}{2}}$，并将 $f(\lambda^*)$ 在 $\lambda^* = 0$ 处进行泰勒展开可得

$$f(\lambda^*) = 1 + \frac{S\bar{\rho}\lambda^*}{2\alpha I\rho_t} + O(\lambda^*) \tag{7.88}$$

因此可以得到

$$x_t = \frac{0.5v_t S\bar{\rho}\lambda^*}{2\alpha I\rho_t^2}, \quad t \in [1, m] \tag{7.89}$$

将以上各式联立求解，可得

$$\lambda^* = \frac{1}{\sum_{i=1}^{m}\dfrac{0.5v_i\bar{\rho}}{2\alpha I\rho_i^2}} \tag{7.90}$$

因此，可得

$$x_t = S\frac{v_t}{\rho_t^2\sum_{i=1}^{m}\dfrac{v_i}{\rho_i^2}}, \quad t \in [1, m] \tag{7.91}$$

与所有时期指令执行概率都相等的情形相同，此模型也是一个凸规划问题，所以是此模型的全局最优解。因此，在任意时期 t，投资者考虑指令未全部执行情形下应提交的最优指令大小 x_t^* 为

$$x_t^* = x_t\rho_t = S\frac{v_t}{\rho_t\sum_{i=1}^{m}\dfrac{v_i}{\rho_i^2}}, \quad t \in [1, m] \tag{7.92}$$

通过上式可以看出，此情形下的最优交易策略不是VWAP交易策略，但是如果在交易过程中的所有时期指令成交概率都相等，即$\rho_t=\rho$，$t\in[1, m]$，那么上式可以简化为

$$x_t^* = \rho S\frac{v_t}{V}, \quad t\in[1, m] \tag{7.93}$$

显然，在这种情况下得到的结果与前文所考虑的所有时期指令成交概率都相等情形下的结果相同。

3. 投资者不能预期总的可执行指令大小的情形

假如在所有交易时期指令的成交概率不一致，那么对于采用高频交易的投资者而言，会由于同时考虑市场冲击成本和机会成本的模型过于复杂无法得到解析解，下面将通过数值示例来分析。

当不同阶段的指令成交概率ρ为递减情形时，在保持总指令大小、瞬时冲击成本、交易时期个数以及临时性市场冲击成本的比例等参数不变的情形下，图7.5给出了当投资者采用MIOC交易策略与VWAP交易策略的关系，横坐标轴代表交易时期，纵坐标轴代表交易量。x和xvwap分别表示投资者采用MIOC交易策略和VWAP交易策略时在每一时期提交指令的大小。不同阶段的指令成交概率为递减形式。若投资者只考虑市场冲击成本因素，则投资者所采用的最优交易策略为VWAP交易策略。由图7.5可知，当投资者同时考虑市场冲击成本和机会成本，并且各个时期的指令成交概率不相等时，MIOC交易策略与VWAP交易策略存在明显不同。即在前8个交易时期内，受市场冲击成本的影响，MIOC交易策略所提交的指令明显小于VWAP交易策略；在后8个交易时期内，MIOC交易策略中每一时期所提交的指令都大于VWAP交易策略的指令大小。

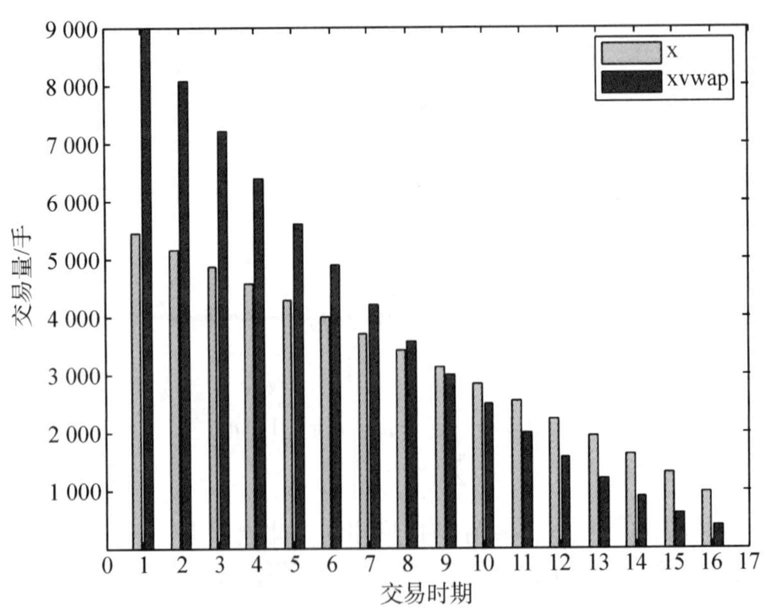

图7.5　MIOC和VWAP交易策略的对比（ρ递减）

从林辉等（2011）的研究结论不难看出，在行情看跌时，不论是买入还是卖出，所采用的最优交易策略都是递减型的，而本部分所考虑的成交概率为递减情形可在一

定程度上理解为林辉等（2011）考虑的行情看跌情形。显然，本部分在成交概率为递减情形下的结论和林辉等（2011）的结论一致，都是采用递减型的交易策略。

当不同阶段的指令成交概率ρ为递减情形时，图7.6给出了投资者采用MIOC交易策略下各交易成本间的关系，横坐标轴代表交易时期，纵坐标轴代表交易成本。不同阶段的指令成交概率为递减形式。由图7.6可知，在整个交易时期（$1 \leqslant m \leqslant 16$）内，随着交易的进行，市场冲击成本逐渐减小，而受指令成交概率逐渐减小的影响，机会成本逐渐增大，市场冲击成本和机会成本呈反方向变化。

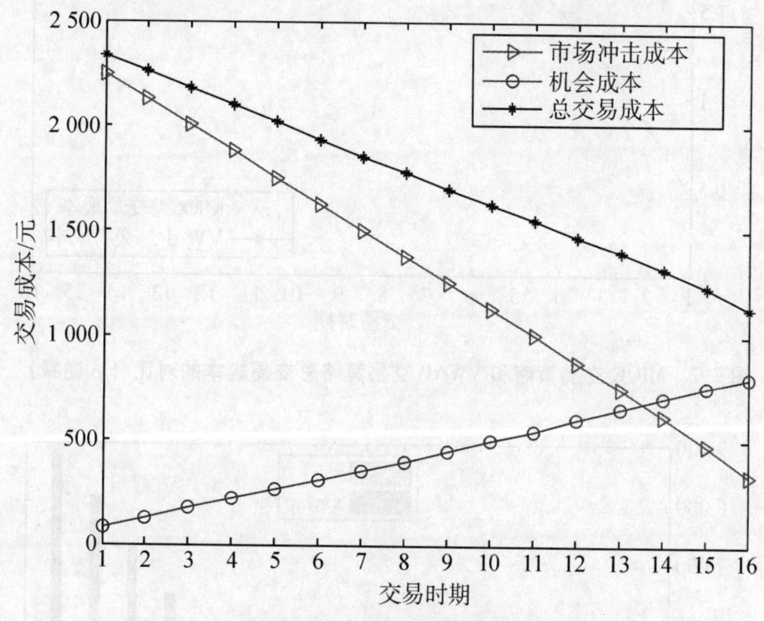

图7.6 MIOC交易策略的交易成本（ρ递减）

当不同阶段的指令成交概率ρ为递减情形时，图7.7给出了投资者采用MIOC交易策略和VWAP交易策略总的交易成本的关系，横坐标轴代表交易时期，纵坐标轴代表交易成本。MIOC总交易成本和VWAP总交易成本分别表示投资者采用MIOC交易策略和VWAP交易策略时的总交易成本。不同阶段的指令成交概率为递减形式。由图7.7可知，在整个交易时期中，投资者采用MIOC交易策略的总交易成本始终明显小于VWAP交易策略。

当不同阶段的指令成交概率ρ为递增情形时，在保持总指令大小、瞬时冲击成本、交易时期个数以及临时性市场冲击成本的比例等参数不变的情形下，图7.8给出了当投资者采用MIOC交易策略与VWAP交易策略的关系，横坐标轴代表交易时期，纵坐标轴代表交易量。x和xvwap分别表示投资者采用MIOC交易策略和VWAP交易策略时在每一交易时期所提交的指令大小。不同阶段的指令成交概率为递增形式。若投资者只考虑市场冲击成本因素，则投资者所采用的最优交易策略为VWAP交易策略。由图7.8可知，当投资者同时考虑市场冲击成本和机会成本，并且各个时期的指令成交概率不相等时，MIOC交易策略与VWAP交易策略存在明显不同。在前8个交易时期（$1 \leqslant m \leqslant 8$）内，MIOC交易策略所提交的指令明显大于VWAP交易策略；在后8个交易时期（$9 \leqslant m \leqslant 16$）内，MIOC交易策略中每一时期所提交的指令大小都小于VWAP交易策略。

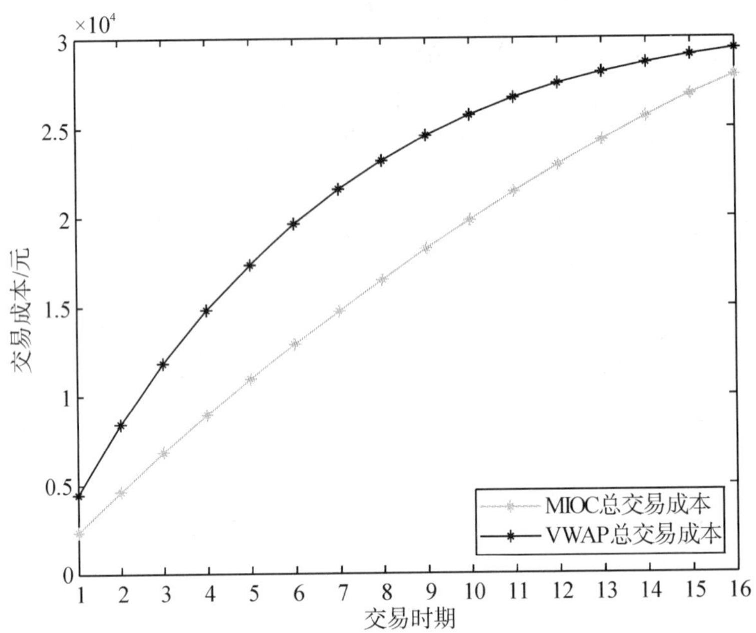

图 7.7 MIOC 交易策略和 VWAP 交易策略总交易成本的对比（ρ 递减）

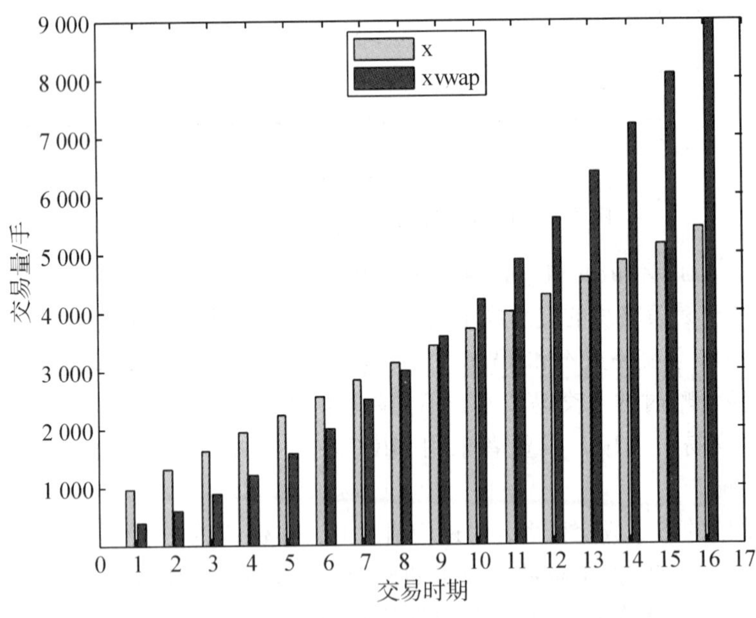

图 7.8 MIOC 和 VWAP 交易策略的对比（ρ 递增）

本部分所考虑的成交概率ρ为递增的情形可在一定程度上理解为林辉等（2011）考虑的行情看涨情形，显然，本部分在ρ为递增情形下的结论和林辉等（2011）的研究结论一致，都是采用递增型的交易策略。

在不同阶段的指令成交概率ρ为递增时，图 7.9 给出了投资者采用 MIOC 交易策略下各交易成本间的关系，横坐标轴代表交易时期，纵坐标轴代表交易成本。不同阶段的指令成交概率为递增形式。由图 7.9 可知，在整个交易时期（$1 \leqslant m \leqslant 16$）内，随着交易的进行，市场冲击成本逐渐增大，而受指令成交概率逐渐减小的影响，机会成本逐渐减小，市场冲击成本和机会成本呈反方向变化。

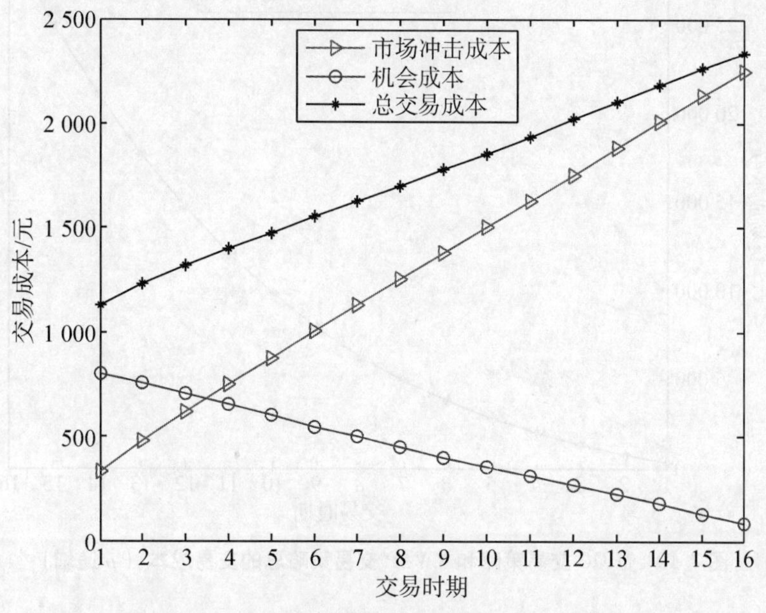

图 7.9　MIOC 交易策略的交易成本（ρ 递增）

当不同阶段指令成交概率 ρ 为递增情形时，图 7.10 给出了投资者采用 MIOC 交易策略和 VWAP 交易策略总的交易成本的关系，横坐标轴代表交易时期，纵坐标轴代表交易成本。MIOC 总交易成本和 VWAP 总交易成本分别表示投资者采用 MIOC 交易策略和 VWAP 交易策略时的总交易成本。不同阶段的指令成交概率为递增形式。由图 7.10 可知，从整个交易时期来看，投资者采用 MIOC 交易策略的总交易成本小于 VWAP 交易策略。

当不同阶段的成交概率 ρ 为 U 形时，在保持总指令大小、瞬时冲击成本、交易时期个数以及临时性市场冲击成本的比例等参数不变的情形下，图 7.11 给出了投资者采用 MIOC 交易策略与 VWAP 交易策略的关系，横坐标轴代表交易时期，纵坐标轴代表交易量。x 和 xvwap 分别表示投资者采用 MIOC 交易策略和 VWAP 交易策略时在每一交易时期所提交的指令大小。不同阶段的指令成交概率为 U 形。若投资者只考虑市场冲击成本因素，则投资者所采用的最优交易策略为 VWAP 交易策略。由图 7.11 可知，当投资者同时考虑市场冲击成本和机会成本，并且各个时期的指令成交概率不相等时，MIOC 交易策略与 VWAP 交易策略存在明显不同。在开始的 4 个交易时期和最后的 3 个交易时期内，受市场冲击成本的影响，MIOC 交易策略所提交的指令小于 VWAP 交易策略；在其他交易时期（$5 \leqslant m \leqslant 13$）内，MIOC 交易策略中每一时期所提交的指令大小都大于 VWAP 交易策略。

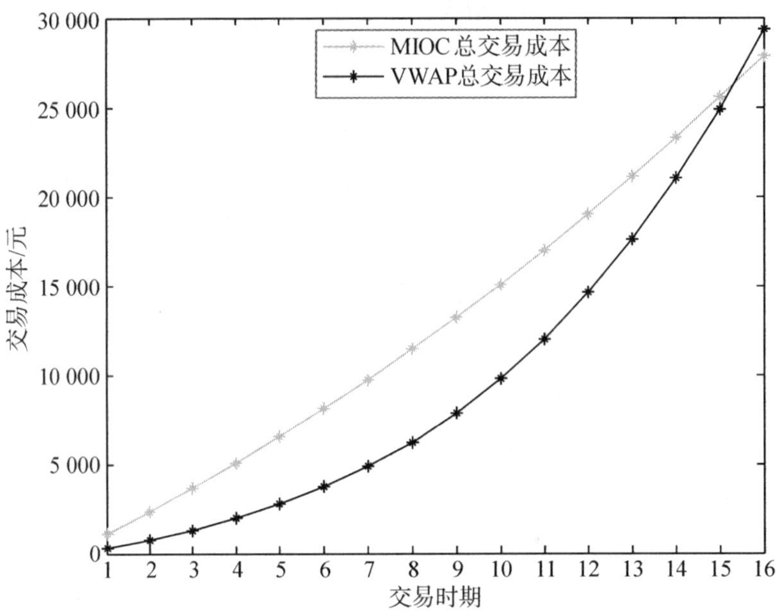

图 7.10　MIOC 交易策略和 VWAP 交易策略总的交易成本（ρ 递增）

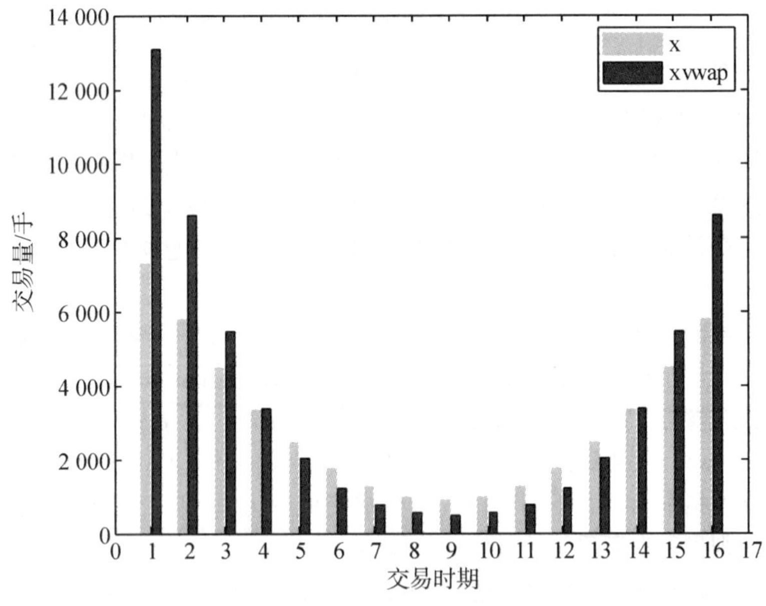

图 7.11　MIOC 和 VWAP 交易策略的对比（ρ 为 U 形）

当不同阶段的成交概率为 U 形时，图 7.12 给出了投资者采用 MIOC 交易策略下各交易成本间的关系，横坐标轴代表交易时期，纵坐标轴代表交易成本。不同阶段的指令成交概率为 U 形。由图 7.12 可知，在前 6 个交易时期（$1 \leqslant m \leqslant 6$）内，随着交易的进行，市场冲击成本逐渐减小，而受指令成交概率逐渐减小的影响，机会成本逐渐增大；在最后 4 个交易时期（$13 \leqslant m \leqslant 16$）内，市场冲击成本逐渐增大，而受市场指令成交概率逐渐增大的影响，机会成本逐渐减小。从整个交易时期来看，市场冲击成本和机会成本大体上是呈反方向变化。

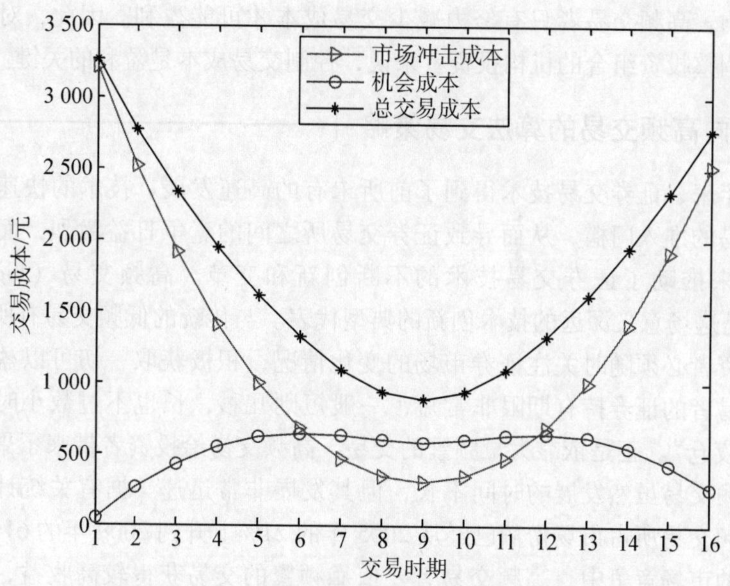

图 7.12 MIOC 交易策略的交易成本（ρ 为 U 形）

当不同阶段成交概率 ρ 为递增情形时，图 7.13 给出了投资者采用 MIOC 交易策略和 VWAP 交易策略总的交易成本的关系，其中横坐标轴代表交易时期，纵坐标轴代表交易成本。MIOC 总交易成本和 VWAP 总交易成本分别表示投资者采用 MIOC 交易策略和 VWAP 交易策略时的总交易成本。不同阶段的指令成交概率为 U 形。由图 7.13 可知，在整个交易时期，投资者采用 MIOC 交易策略的总交易成本始终小于 VWAP 交易策略。

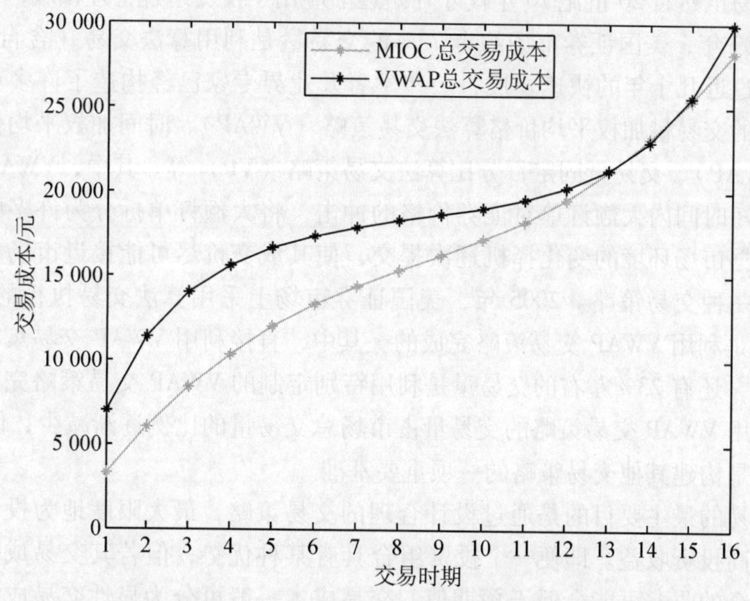

图 7.13 MIOC 交易策略和 VWAP 交易策略总的交易成本（ρ 为 U 形）

随着证券市场的快速发展和交易所之间竞争的加剧，高频交易正受到越来越多投资者的关注。采用高频交易的投资者会密切关注市场上的交易情况，捕捉一切可以盈利的交易机会，利用大量频繁的交易实现较高的投资收益。同时，由于受每次交易有限收益的影响，高频交易者只有努力减少交易成本才可能盈利。因此，对于从事大额交易和频繁调整投资组合的机构投资者来说，控制交易成本是盈利的关键。

四、面向高频交易的算法交易策略

近几十年来，证券交易技术得到了前所未有的高速发展。技术的快速发展降低了证券市场交易的准入门槛，从而导致证券交易所之间的竞争日益激烈，而激烈的市场竞争又反过来推动了证券交易技术的不断创新和变革。高频交易（high-frequency trading）正是这场意义深远的技术创新的典型代表。与传统的低频交易有所不同，高频交易要求投资者必须随时关注证券市场的变化情况，积极获取一切可以盈利的交易机会。高频交易者的证券持有期限非常短，一般短则几秒，长也不过数小时，且一般不会持有“隔夜仓”。正是依靠大量频繁的交易，高频交易给投资者带来了聚沙成塔式的高收益。高频交易虽然发展的时间不长，但其发展非常迅速。据有关统计，在美国股票市场，高频交易所占市场份额已经从2005年的21%上升到2009年的61%。

在激烈的市场竞争中，高频交易者要依靠频繁的交易获得较高收益，就必须通过有效的方法或技术迅速、低成本地执行其买卖决策。算法交易就是这一交易技术的典型代表。目前，学术界和业界对算法交易的定义还没有形成统一的认识，Domowitz和Yegerman认为算法交易是为达到某一特定目标，利用计算机程序自动执行订单的交易方法。Hendershott等认为算法交易是利用计算机程序和算法自动提交订单，并对所提交的订单进行后续管理的交易方法。一般而言，算法交易是利用计算机程序和算法，根据一定规则自动决定交易的时机、数量、价格以及订单类型的交易方法。

算法交易虽然自20世纪70年代才开始逐渐应用于投资组合管理领域，但其发展非常迅猛。2009年，美国证券市场约有73%的交易量是利用算法交易（含自动化交易）完成的。经过近几十年的快速发展，一些学者及业界专家已经构造了许多算法交易策略，如常用的交易量加权平均价格算法交易策略（VWAP）、时间加权平均价格算法交易策略（TWAP）、交易量固定百分比算法交易策略（VP）等。其中，VWAP交易策略是为了减少短时间内大额订单对证券价格的冲击，将大额订单拆分为许多中小规模的订单，并根据市场环境的变化择机逐次提交，使其成交价尽可能接近市场交易量加权平均价格的一种交易策略。2005年，美国证券市场上采用算法交易执行的交易量中，约有50%都是利用VWAP交易策略完成的。其中，直接利用VWAP交易策略完成交易的约占27%，还有23%左右的交易量是利用特别定制的VWAP交易策略完成的。近年来，虽然采用VWAP交易策略的交易量占市场总交易量的比例逐渐减少，但VWAP交易策略仍然是构建其他交易策略的一项重要基准。

算法交易的最主要目的是通过设计合理的交易策略，最大限度地为投资者降低交易成本，提高投资收益。即便一个投资组合具有某种优势，但若其交易成本过高，那么此投资组合的收益可能会低于预期值。交易成本一般可分为显性交易成本和隐性交易成本。其中，显性交易成本可以直接观察和测量，包括手续费、印花税等。隐性交易成本主要包括市场冲击（market impact）、机会成本（opportunity cost）、价格升量（price appreciation）以及择时风险（timing risk）。相对而言，隐性交易成本作为总交易成本中的重要组成部分，却不容易被直接观察和测量。因此，业界和学术界的专家、学者都十分关注隐性交易成本的控制和研究。Huberman 和 Stanzl、Almgren 等从理论上证明了永久性市场冲击成本与交易量的关系是线性的，而临时性市场冲击与交易量间的关系可以是线性的，也可以是非线性的。Keim 和 Madhavan 发现投资者在证券市场上提交买入或卖出订单所受到的市场冲击成本存在明显差异，Hu 进一步认为造成这种差异的原因在于计算冲击成本时采用了不同的价格基准（如昨日收盘价或当日收盘价基准）。

算法交易的关键在于如何根据市场环境的变化设计合理的交易策略，以确定订单最优的提交时间、价格和数量。Berkowitz 等给出了一种测量市场冲击成本的方法，并在最小化交易成本的目标下提出了著名的 VWAP 交易策略。Bertsimas 和 Lo、Almgren 和 Chriss 考虑了当证券价格为一个随机变量时，投资者如何在最小化总冲击成本（交易量的线性函数）的目标下构建最优交易策略的问题。进一步，Konishi 对于证券价格和交易量都是随机变量，提出了一种按照 VWAP 基准进行交易的静态最优交易策略。Kissell 和 Malamut、Monch、林辉等分别从订单执行的交易速率或证券流动性的角度，分析了投资者所承担的交易成本情况，并给出了相应的最优交易策略。从现有算法交易的研究来看，大部分研究文献所考虑的交易成本主要是市场冲击成本，而较少考虑订单如果受市场环境影响没有全部执行而带来的机会成本以及不同时期证券价格变动所带来的风险。事实上，Alam 和 Thatch 通过分析特拉维夫证券交易所数据发现，大约只有 48%的分拆订单能够完全成交。因此，在证券的交易过程中，机会成本也是一项不可忽视的因素。燕汝贞等分析了机会成本对投资者制定交易策略的影响，并在最小化市场冲击和机会成本的目标下给出了相应的最优交易策略。

如果投资者将大额订单一次性提交到市场上，可能会对证券价格产生较大冲击。相反，若将大额订单拆分成多个中小规模订单提交，则可在一定程度上减少价格冲击成本。然而，这种将订单拆分并逐次提交的交易方式增加了总的交易时间，投资者可能要承担证券价格变动的风险，以及订单未全部成交而造成的损失。

在制定交易策略时，一些机构投资者或资金量较大的个人投资者可能出于仓位调整等目的，必须在规定时间内执行一定数量的订单。针对这种情况，下文分析了具有最低成交量限制的投资者如何制定最优交易策略的问题。同样，假设投资者将在 m 个交易时期内，利用交易策略 $x=(x_1, x_2, \cdots, x_m)'$ 交易总量为 S 的证券，并且投资者在整个交易时期内必须要交易数量为 S_0 的证券。其中，x_t 表示投资者在 t 时期提交订单的大小。假设 ρ_t 表示 t 时期的订单成交概率，则投资者在整个交易时期内的总成交量为 X，即 $X=\sum_{t=1}^{m} x_t\rho_t$。在最小化总隐性交易成本的目标下，投资者应该如何制定交易策略的问题可用如下模型表示：

$$\begin{aligned}\text{Min } E(\text{TC}(x)) = & \sum_{t=1}^{m}\left[\frac{\alpha I x_t^2\rho_t^2}{X(x_t\rho_t+0.5v_t)}+\frac{x_t\rho_t(1-\alpha)I}{X}\right]+\sum_{t=1}^{m}x_t\rho_t t\Delta p \\ & +\sum_{t=1}^{m}x_t(1-\rho_t)\left(m\Delta p+\frac{(1-\alpha)I}{X}\right)+\lambda\sqrt{\sum_{t=1}^{m}\left(\sum_{k=t}^{m}x_k\right)^2\sigma^2}\end{aligned} \tag{7.94}$$

$$\text{s.t.}\quad S=\sum_{t=1}^{m}x_t \tag{7.94a}$$

$$X\geqslant S_0 \tag{7.94b}$$

$$x_t\geqslant 0 \tag{7.94c}$$

模型目标函数中的第一项表示市场冲击成本，是整个交易时期内所有已成交证券市场冲击成本的总和；第二项表示价格升量，是在整个交易时期内所有已成交证券价格升量的总和；第三项表示机会成本，是在整个交易时期内所有未成交证券所带来损失的总和；第四项表示择时风险，是在整个交易时期内证券价格波动风险的总和。

如果投资者仅关注机会成本和市场冲击成本对其交易策略的影响，燕汝贞等对这种情况进行了分析，并在最小化市场冲击和机会成本的目标下给出了最优交易策略（market impact and opportunity cost，MIOC）。如果风险中性的投资者能够根据历史交易情况预期未来的成交量 S_0，那么，投资者在同时考虑价格冲击、价格升量以及机会成本时的最优交易策略问题可表示为

$$\begin{aligned}\text{Min } E(\text{TC}(x))=&\sum_{t=1}^{m}\left[\frac{\alpha I x_t^2\rho_t^2}{X(x_t\rho_t+0.5v_t)}+\frac{x_t\rho_t(1-\alpha)I}{X}\right]+\sum_{t=1}^{m}x_t\rho_t t\Delta p\\&+\sum_{t=1}^{m}x_t(1-\rho_t)\left(m\Delta p+\frac{(1-\alpha)I}{X}\right)\end{aligned} \tag{7.95}$$

$$\text{s.t.}\quad S=\sum_{t=1}^{m}x_t \tag{7.95a}$$

$$x_t\geqslant 0 \tag{7.95b}$$

由于投资者可预期未来成交量 S_0，故可将 $S_0=X$ 带入模型，从而将原问题简化为

$$\text{Min } E(\text{TC}(x))=\sum_{t=1}^{m}\frac{\alpha I x_t^2\rho_t^2}{S_0(x_t\rho_t+0.5v_t)}+\sum_{t=1}^{m}x_t(1-\rho_t)m\Delta p+\sum_{t=1}^{m}x_t\rho_t t\Delta p+\frac{(1-\alpha)SI}{S_0} \tag{7.96}$$

$$\text{s.t.}\quad S=\sum_{t=1}^{m}x_t \tag{7.96a}$$

$$x_t\geqslant 0 \tag{7.96b}$$

利用 Kuhn-Tucker 条件求解得

$$x_t=\frac{0.5v_t}{\rho_t}\left[\left(1+\frac{S_0\Delta pt}{\alpha I}+\frac{S_0\lambda}{\alpha I\rho_t}\right)^{-\frac{1}{2}}-1\right],\quad t\in[1,m] \tag{7.97}$$

其中，λ 为拉格朗日乘子。为了方便后面的计算，不妨令

$$f(\lambda)=\frac{0.5v_t}{\rho_t}\left[\left(1+\frac{S_0\Delta pt}{\alpha I}+\frac{S_0\lambda}{\alpha I\rho_t}\right)^{-\frac{1}{2}}-1\right] \tag{7.98}$$

将 $f(\lambda)$ 在 $\lambda=0$ 处进行泰勒展开：

$$f(\lambda)=\left(1+\frac{S_0\Delta pt}{\alpha I}\right)^{-\frac{1}{2}}-\frac{S_0\lambda}{2\alpha I\rho_t}\left(1+\frac{S_0\Delta pt}{\alpha I}\right)^{-\frac{3}{2}}-1+O(\lambda) \tag{7.99}$$

将上式与模型中的第一个约束条件联立求解得

$$x_t = A_t \frac{S - \sum_{i=1}^{m} B_i}{\sum_{i=1}^{m} A_i} - B_t, \quad t \in [1, m] \tag{7.100}$$

其中，$A_t = \frac{0.5v_t}{\rho_t^2}\left(1 + \frac{S_0 \Delta pt}{\alpha I}\right)^{-\frac{3}{2}}$，$B_t = \frac{0.5v_t}{\rho_t}\left(1 + \frac{S_0 \Delta pt}{\alpha I}\right)^{-\frac{1}{2}} - \frac{0.5v_t}{\rho_t}$。

由于此模型目标函数的 Hessian 阵 $\nabla^2 TC(x)$ 为正定矩阵，约束条件式为线性函数，可行域为凸集，所以此优化模型是一个凸规划问题。而对于凸规划问题，Kuhn-Tucker 条件是最优解存在的充要条件。因此，上式是此问题的全局最优解。

在最小化总隐性交易成本目标下，模型描述了投资者在同时考虑市场冲击成本、机会成本、择时风险、价格升量四种隐性成本时如何制定最优交易策略的问题。由于此优化模型非常复杂，无法直接求得其解析解，因此本部分利用数值示例进行分析。针对不同交易时期的订单成交概率分别为单调增加、单调减少、U 形的情形，本部分将对比分析投资者同时考虑多种隐性交易成本时的最优交易策略（MIOCTRPA）与 MIOC、VWAP 交易策略之间的差异。

假设投资者将在 m 个交易时期内，利用某一交易策略交易总量为 S 的证券。由于受市场流动性等因素的影响，不同时期的订单成交概率有所不同。当不同交易时期的订单成交概率为单调递增时，图 7.14 描述了具有最低成交量限制的投资者分别采用 MIOCTRPA、MIOC、VWAP 交易策略在各时期所提交订单规模的差异。

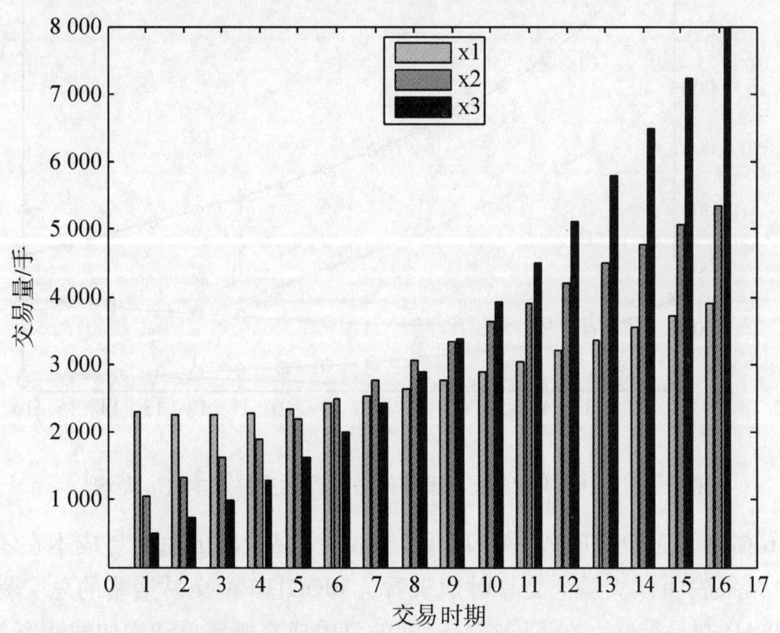

注：x1、x2 和 x3 分别表示 MIOCTRPA、MIOC 以及 VWAP 交易策略，下同。

图 7.14　MIOCTRPA、MIOC 和 VWAP 交易策略的对比（ρ 递增）

图 7.14 结果表明，无论是采用 MIOCTRPA、MIOC 还是 VWAP 交易策略，投资者所提交的订单规模均随订单执行概率的递增而增加。同时，MIOCTRPA 交易策略与 MIOC、VWAP 交易策略之间存在明显差异。MIOCTRPA 交易策略在前 5 个交易时期内

的订单规模都大于 MIOC 交易策略，而在其他交易时期内，情况恰好相反。与 VWAP 交易策略相比，MIOCTRPA 交易策略在第 7 个时期之前的订单规模都比较大，而在其他交易时期，情况恰好相反。其原因在于：交易初期的订单成交概率较小，投资者持有大量未提交订单，导致巨大的择时风险，此时择时风险对投资者交易策略的影响程度大于机会成本、市场冲击成本以及价格升量的总和。在交易后期，各时期提交的订单规模较大，因此价格冲击成本较大，此时价格冲击对投资者交易策略的影响程度大于择时风险等因素。

图 7.15 描述了 MIOCTRPA 交易策略的市场冲击成本、机会成本、择时风险以及价格升量在不同时期的变化情况。结果表明，随着各交易时期订单执行概率的增大，MIOCTRPA 交易策略的机会成本逐渐减小，而价格升量有所增加；随着交易的进行，投资者的证券持有量不断减少，MIOCTRPA 交易策略的择时风险逐渐减小。同时，随着交易的进行，投资者的订单规模逐渐增大，相应的价格冲击成本有所增加。从这四种隐性交易成本的共同影响来看，MIOCTRPA 交易策略在不同时期的总隐性交易成本逐渐减少。

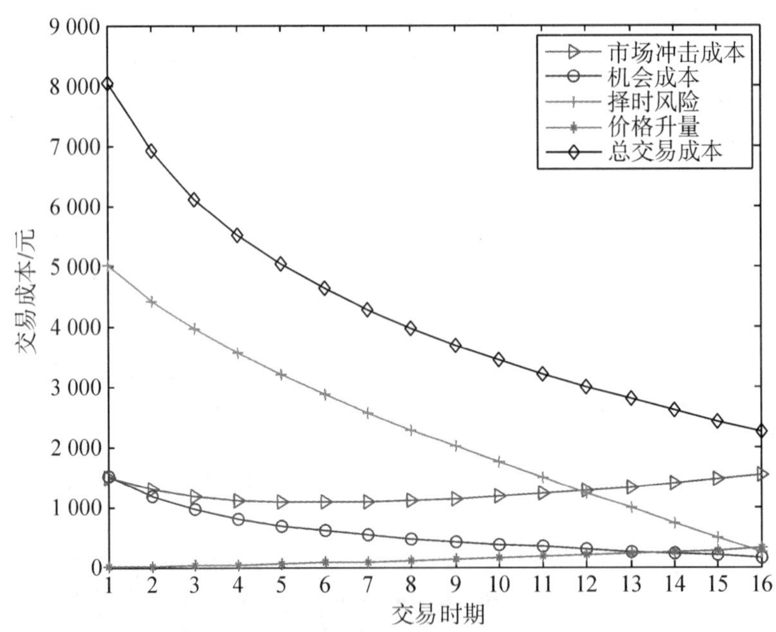

图 7.15　MIOCTRPA 交易策略的各项隐性交易成本（ρ 递增）

图 7.16 描述了 MIOCTRPA、MIOC 和 VWAP 交易策略的总交易成本在不同时期的变化情况。结果表明，从整个交易时期来看，MIOCTRPA 交易策略的总交易成本小于 MIOC 或 VWAP 交易策略；在不同交易时期的订单成交概率单调增加的情形下，本部分提出的 MIOCTRPA 交易策略要优于 MIOC 和 VWAP 交易策略。

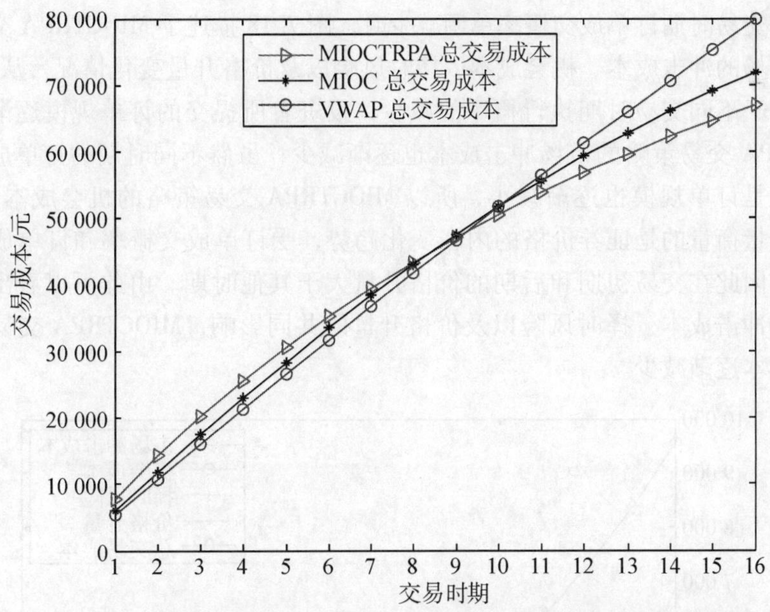

图 7.16　MIOCTRPA、MIOC 和 VWAP 交易策略的总交易成本（ρ 递增）

针对不同交易时期订单成交概率递减的情形，在保持投资者总订单规模、总交易时期数目等参数不变的情况下，图 7.17 描述了 MIOCTRPA、MIOC 以及 VWAP 交易策略在各交易时期所提交的订单规模。结果表明，投资者无论是采用 MIOCTRPA、MIOC 还是 VWAP 交易策略，其在各时期所提交的订单规模均随成交概率减小而减少；与 MIOC 交易策略相比，受择时风险的影响，MIOCTRPA 交易策略在前 6 个交易时期内所提交的订单规模较大，而在其他交易时期，情况恰好相反；MIOCTRPA 交易策略在第 5 个交易时期之前所提交的订单规模均大于 VWAP 交易策略，而在其他交易时期内，情况则相反。

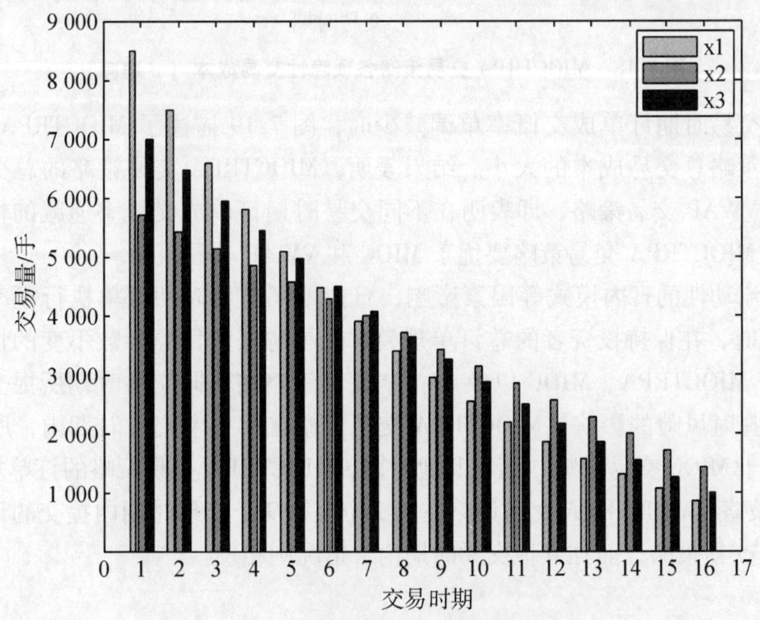

图 7.17　MIOCTRPA、MIOC 和 VWAP 交易策略的对比（ρ 递减）

在不同交易时期订单成交概率单调减少时，图 7.18 描述了 MIOCTRPA 交易策略在不同时期市场的冲击成本、机会成本、择时风险以及价格升量变化情况。从图 7.18 可以看出，由于不同交易时期执行概率的减少，投资者所提交的订单规模逐渐减小，因此 MIOCTRPA 交易策略的市场冲击成本也逐渐减少；虽然不同时期的订单成交概率逐渐减小，但是订单规模也逐渐减小，所以 MIOCTRPA 交易策略的机会成本变化不大；由于价格升量衡量的是证券价格的内在变化趋势，受订单成交概率和订单成交数量的共同影响，因此在交易初期和后期的价格升量大于其他时期。由此可以看出，受机会成本、市场冲击成本、择时风险以及价格升量的共同影响，MIOCTRPA 交易策略的总隐性交易成本逐渐减少。

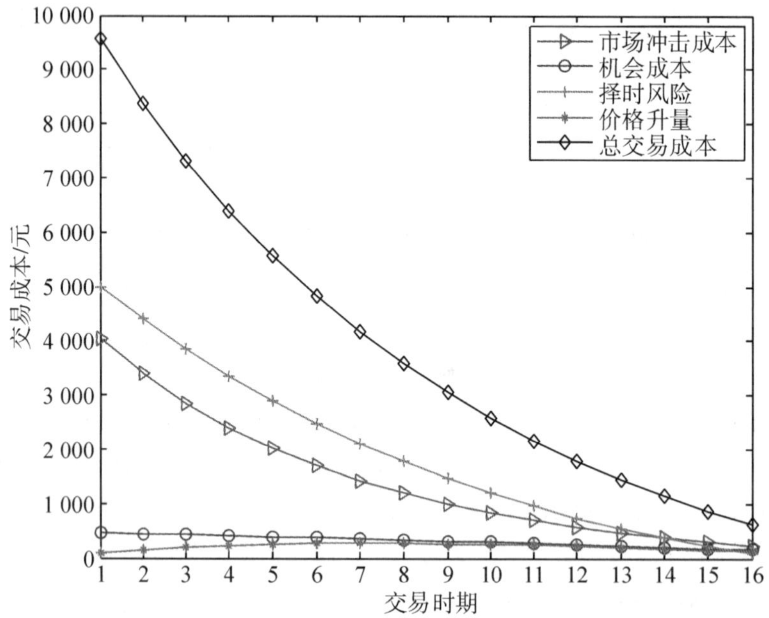

图 7.18　MIOCTRPA 交易策略各项隐性交易成本（ρ 递减）

在不同交易时期订单成交概率单调减少时，图 7.19 描述了 MIOCTRPA、MIOC 和 VWAP 交易策略总交易成本的大小。结果表明，MIOCTRPA 交易策略的总交易成本小于 MIOC 和 VWAP 交易策略，即表明在不同交易时期订单成交概率递减的情形下，本部分提出的 MIOCTRPA 交易策略要优于 MIOC 和 VWAP 交易策略。

受市场流动性的日内模式等因素影响，日内不同交易时期订单执行概率可能呈现为 U 形。此时，在保持投资者的总订单规模、交易时期数目等参数不变的情形下，图 7.20 给出了 MIOCTRPA、MIOC 以及 VWAP 交易策略在不同交易时期所提交订单规模的差异。受择时风险的影响，MIOCTRPA 交易策略在前 7 个交易时期内，所提交的订单规模都大于 MIOC 交易策略，而在其他时期，MIOCTRPA 交易策略的订单规模均小于 MIOC 交易策略。MIOCTRPA 交易策略在第 1 个至第 9 个交易时期内提交的订单规模均大于 VWAP 交易策略，而在其他交易时期内，情况则相反。

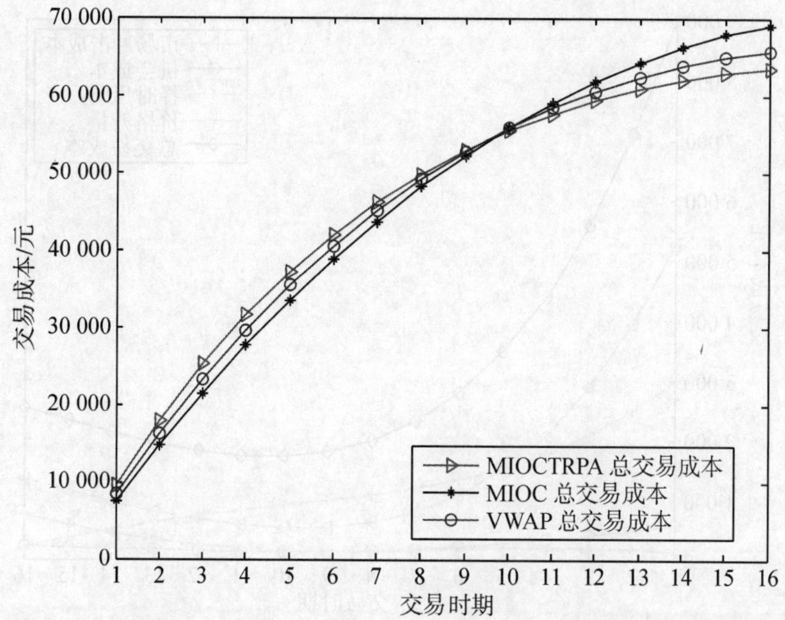

图 7.19 MIOCTRPA、MIOC 和 VWAP 交易策略总交易成本的对比（ρ 递减）

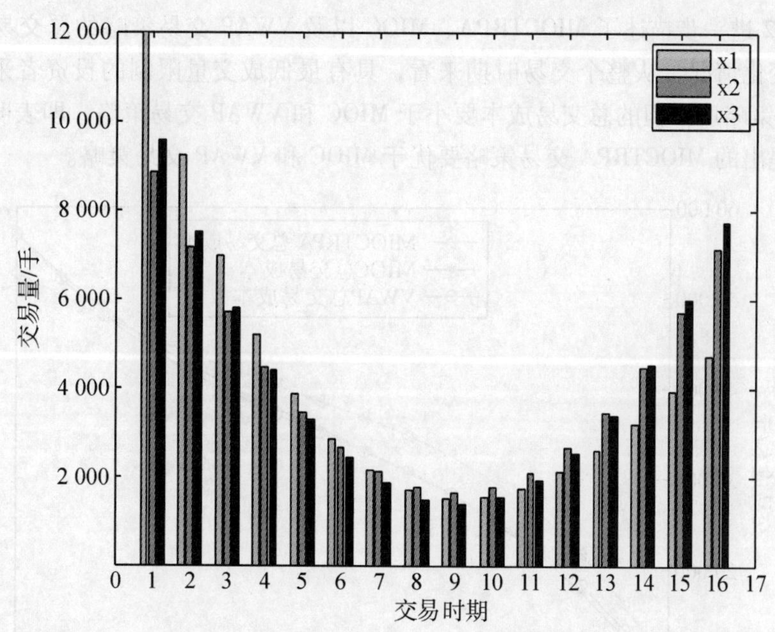

图 7.20 MIOCTRPA、MIOC 和 VWAP 交易策略的对比（ρ 为 U 形）

当订单成交概率为 U 形时，图 7.21 描述了 MIOCTRPA 交易策略在不同时期市场冲击成本、机会成本、择时风险以及价格升量之间的关系。从图 7.21 可以看出，在整个交易时期内，MIOCTRPA 交易策略的择时风险逐渐减小；在前 9 个交易时期内，受订单执行概率和订单规模逐渐减小的影响，市场冲击成本和机会成本逐渐变小，而价格升量是先增加后减少；从第 9 个交易时期开始，随着订单执行概率逐渐变大，市场冲击成本、价格升量以及机会成本逐渐增大。在整个交易时期内，受这四种隐性交易成本的共同影响，MIOCTRPA 交易策略的总交易成本呈现出先减小后增加的变化趋势。

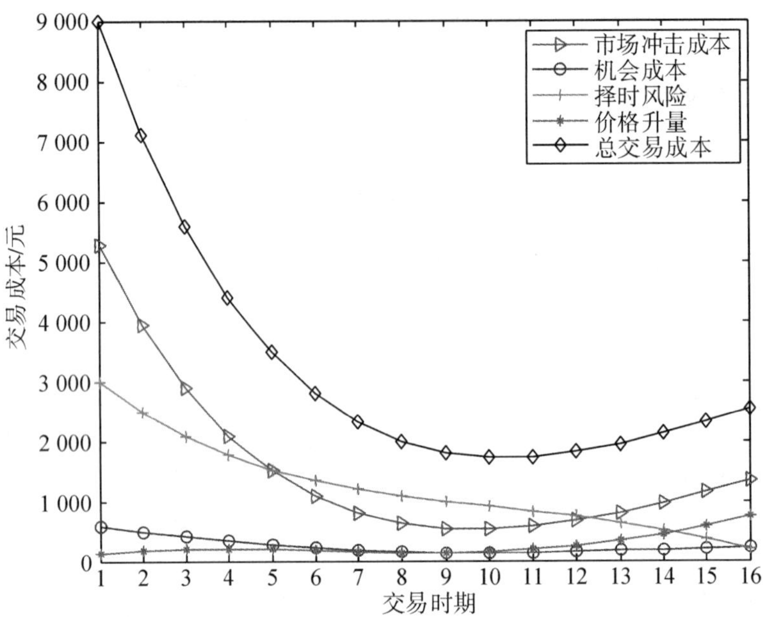

图 7.21　MIOCTRPA 交易策略的各项隐性交易成本（ρ 为 U 形）

图 7.22 进一步描述了 MIOCTRPA、MIOC 以及 VWAP 交易策略的总交易成本在不同时期的变化情况。从整个交易时期来看，具有最低成交量限制的投资者采用 MIOCTRPA 交易策略所承担的总交易成本要小于 MIOC 和 VWAP 交易策略，即表明在此情形下本部分提出的 MIOCTRPA 交易策略要优于 MIOC 和 VWAP 交易策略。

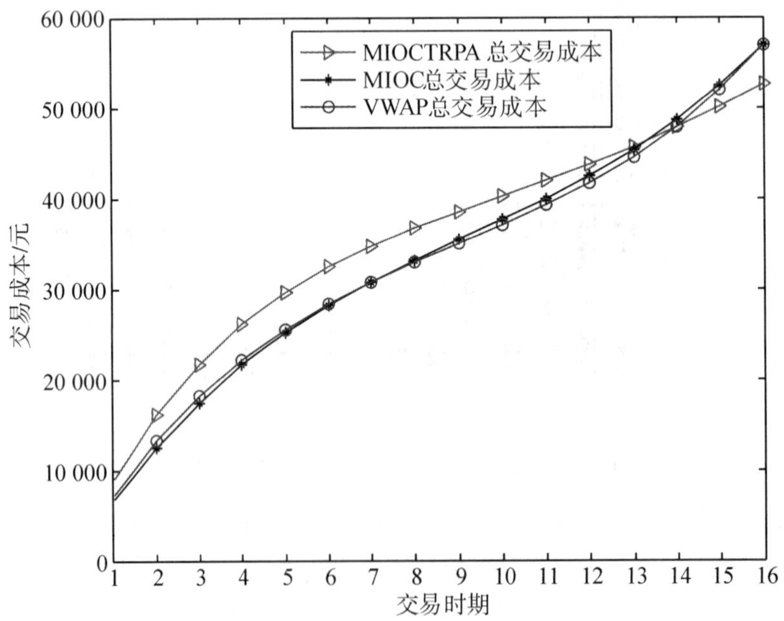

图 7.22　MIOCTRPA、MIOC 和 VWAP 交易策略的总交易成本的关系（ρ 为 U 形）

思考题

1. 简述分形理论对现代投资组合的影响。
2. 简述算法交易对投资组合选择的影响。

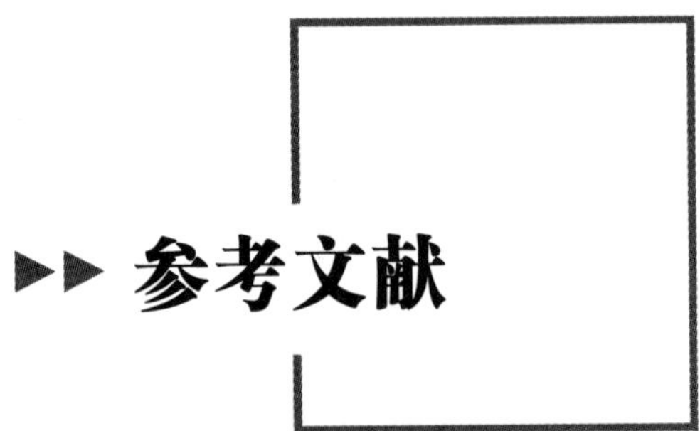

▶▶ 参考文献

AHN H, KANG J, RYU D, 2010. Information effects of trade size and trade direction: Evidence from the KOSPI200 options market [J]. Asia-Pacific Journal of Financial Studies, 39 (3): 301-339.

ALDRIDGE I, 2009. High-frequency trading: A practical guide to algorithmic strategies and trading systems [M]. New Jersey: John Wiley & Sons: 102-105.

ALEXANDER G J, BAPTISTA A M, YAN S, 2017. Portfolio selection with mental accounts and estimation risk [J]. Journal of Empirical Finance, 41 (3): 161-186.

ALZAHRANI A A, GREGORIOU A, HUDSON R, 2012. Can market frictions really explain the price impact asymmetry of block trades [J]. Emerging Markets Review (13): 202-209.

ALZAHRANI A A, GREGORIOU A, HUDSON R, 2013. Price impact of block trades in the Saudi stock market [J]. Journal of International Financial Markets, Institutions and Money (23): 322-341.

AMIBUD R, MENDELSON H, 1980. Dealership market: Market making with inventory [J]. Journal of Financial Economics (8): 31-53.

AMIHUD Y, MENDELSON H, 1989. The effects of beta, bid-ask spread, residual risk and size on stock returns [J]. Journal of Finance (44): 479-486.

ARNOTT R D, WAGNER W H, 1990. The measurement and control of trading costs [J]. Financial Analyst Journal (12): 73-80.

BARRON O E, KARPOFF J M, 2004. Information precision, transaction costs, and trading next term volume [J]. Journal of Banking and Finance (28): 1207-1223.

BERKE L J, 2010. US institutional equity brokerage 2010: Assets, commission management and concentration research report [M]. New York: TABB Group.

BERKOWITZ A S, LOGUE E D, 1988. The total cost of transactions on the NYSE [J]. Journal of Finance, 43 (1): 97-112.

BERTSIMAS D, LO A, 1998. Optimal control of execution costs [J]. Journal of Financial Markets, 1 (1): 1-50.

BESSEMBINDER H, 2003. Issues in assessing trade execution costs [J]. Journal of Financial Markets (6): 233-257.

BEST M J, HLOUSKOVA J, 2003. Portfolio selection and transactions costs [J]. Computational Optimization and Applications, 24 (1): 95-116.

BIALKOWSKI J, DAROLLES S, LE F G, 2008. Improving VWAP strategies: A dynamic volume approach [J]. Journal of Banking & Finance, 32 (9): 1709-1722.

BLUM G A, KRACAW W A, LEWELLEN W G, 1986. Determinants of the execution costs of common stock trades by individual investors [J]. Journal of Financial Research, 9 (4): 291-301.

BOWE M, HYDE S, MCFARLANE L, 2013. Duration, trading volume and the price impact of trades in an emerging futures market [J]. Emerging Markets Review (17): 89-105.

BRENNAN M, AVANIDHAR S, 1996. Market microstructure and asset pricing: On the compensation for illiquidity in stock returns [J]. Journal of Financial Economics (41): 441-464.

BROWN K, HARLOW W, TINIC S, 1988. Risk aversion, uncertain information and market efficiency [J]. Journal of Financial Economics, 22: 355-385.

BROWNLEES T C, CIPOLLINI F, GALLO M G, 2010. Intra-daily volume modeling and prediction for algorithmic trading [J]. Journal of Financial Econometrics, 9 (3): 489-518.

BROWNLEES T C, CIPOLLINI F, GALLO M G, 2010. Intra-daily volume modeling and prediction for algorithmic trading [J]. Journal of Financial Econometrics (8): 1-30.

BRUNNEMEIER M K, PEDERSEN L H, 2009. Market liquidity and funding liquidity [J]. Review of Financial Studies (22): 2201-2238.

CAJUEIRO D O, TABAK B M, 2009. Multifractality and herding behavior in the Japanese stock market [J]. Chaos Solitons & Fractals, 40 (1): 497-504.

CAO C, CHEN Y, LIANG B, et al., 2013. Can hedge funds time market liquidity [J]. Journal of Financial Economics, 109 (2): 493-516.

CAYÉ T, MUHLE-KARBE J, 2015. Liquidation with self-exciting price impact [J]. Mathematics and Financial Economics, 10 (1): 15-28.

CHAKRAVARTY S, 2001. Stealth-trading: Which traders' trades move stock prices [J]. Journal of Financial Economics, 61 (2): 289-307.

CHEN A H Y, JEN F C, ZIONTS S, 1971. The optimal portfolio revision policy [J]. Journal of Business, 44 (1): 51-61.

CHIYACHANTANA C N, JAIN P K, JIANG C, et al., 2004. International evidence on institutional trading behavior and price impact [J]. The Journal of Finance, 59 (2): 869-898.

CHORDIA T, ROLL R, SUBRAHMANYAM A, 2001. Market liquidity and trading activity [J]. Journal of Finance, 56 (2): 501-530.

CHOWDHRY B, NANDA V, 1991. Multi-market trading and market liquidity [J]. Review of Financial Studies (4): 483-511.

CHRISS N A, 1997. Black-scholes and beyond: Option pricing models [M]. Irwin: 69-90.

CONSIGH G, DEMPSTER M, 1998. Dynamic stochastic programming for asset-liability management [J]. Annals of Operations Research (81): 131-161.

CONT R, KUKANOV A, STOIKOV S, 2013. The price impact of order book events [J]. Journal of Financial Econometrics, 12 (1): 47-88.

CONT R, KUKANOV A, STOIKOV S, 2013. The price impact of order book events [J]. Journal of Financial Econometrics, 12 (1): 47-88.

COPELAND T E, GALAI D, 1983. Information effects on the bid-ask spread [J]. Journal of Finance (38): 1457-1469.

DANTZIG G, INFANGER G, 1993. Multi-stage stochastic linear programs for portfolio optimization [J]. Annals of Operations Research, 45 (1): 59-76.

DATAR V, NARAYAN N, ROBERT R, 1998. Liquidity and stock returns: An alternative test [J]. Journal of Financial Markets, 1 (2): 203-219.

DETEMPLE J, 2014. Portfolio Selection: A Review [J]. Journal of Optimization Theory & Applications, 161 (1): 1-21.

DOMOWITZ I, GLEN J, MADHAVAN A, 2001. Liquidity, volatility and equity trading costs across countries and over time [J]. International Finance, 4 (2): 221-255.

DOMOWITZ I, YEGERMAN H, 2006. The cost of algorithm trading a first look at comparative performance [J]. The Journal of Trading, 1 (1): 33-42.

DOYNE J F, GILLEMOT L, LILLO F, et al., 2004. What really causes large price changes [J]. Quantitative Finance, 4 (4): 383-397.

EASLEY D, HVIDKJAER S, O'HARA M, 2002. Is information risk a determinant of asset returns [J]. Journal of Finance (57): 2185-2221.

EASLEY D, KIEFER N, O'HARA M, et al., 1996. Liquidity, information, and infrequently traded stocks [J]. Journal of Finance (51): 1405-1436.

EASLEY D, O'HARA M, 2010. Microstructure and ambiguity [J]. The Journal of Finance, 65 (5): 1817-1846.

EASLEY D, O'HARA M, 1987. Price, trade size and information in securities market [J]. Journal of Financial Economics (19): 9-90.

EASTERWOOD J C, NUTT S R, 1999. Inefficiency in analysts' earnings forecasts: Systematic reaction or systematic optimism [J]. Journal of Finance, 54 (5): 1777-1797.

ELTON E J, GRUBER M J, 1974. The multi-period consumption investment problem and single period analysis [J]. Oxforad Economics Papers, 26 (2): 280-301.

ENGLE R, FERSTENBERG R, JEFFREY R, 2012. Measuring and modeling execution cost and risk [J]. The Journal of Portfolio Management, 38 (2): 14-28.

FALCONER K, 2003. Fractal Geometry: Mathematical Foundations and Applications (2nd Edition) [M]. Chichester: John Wiley&Sons, Inc.

FERSTENBERG R, 2000. Optimal execution strategies [J]. Berkeley Program in Finance Conference (4): 42-49.

FLOOD M, 1991. Microstructure theory and foreign exchange market [J]. Federal Reserve Bank of St. Louis, 73 (6): 52-70.

FOSTER F D, VISWANATHAN S, 1993. Variations in trading volume, return volatility, and trading costs: Evidence on recent price formation models [J]. The Journal of Finance, 48 (1): 187-211.

FOUCAULT T, 2003. Market making with costly monitoring: an analysis of the SOES controversy [J]. Review of Financial Studies, 16 (2): 345-384.

GABAIX X, GOPIKRISHNAN P, PLEROU V, et al., 2003. A theory of power-law distributions in financial market fluctuations [J]. Nature, 423 (6937): 267-70.

GABAIX X, 2009. Power Laws in Economics and Finance [J]. Quantitative Finance, 1 (1): 255-293.

GARMAN M, 1976. Market microstructure [J]. Journal of Financial Economics (3): 257-275.

GILBERT T, KOGAN S, LOCHSTOER L, et al., 2012. Investor inattention and the market impact of summary statistics [J]. Management Science, 58 (2): 336-350.

GLOSTEN L R, HARRIS L E, 1988. Estimating the components of the bid/ask spread [J]. Journal of Financial Economics, 21 (1): 123-142.

GLOSTEN L, MILGROM P, 1985. Bid, ask and transaction prices in a specialist market with heterogeneously informed traders [J]. Journal of Financial Economics (14): 71-100.

HAKANSSON N H, 1971. Multi-period mean-variance analysis: Toward a general theory of portfolio choice [J]. Journal of Finance, 26 (4): 857-884.

HAN J, RYU D, RYU D, et al., 2016. The price impact of futures trades and their intraday seasonality [J]. Emerging Markets Review (26): 80-98.

HAN L, RYU D, HAN J, 2016. The price impact of futures trades and their intraday seasonality [J]. Emerging Markets Review, 26: 80-98.

HARRIS L E, 1994. Minimum price variations, discrete bid-ask spreads, and quotation sizes [J]. Review of Financial Studies (7): 147-178.

HASBROUCK J, SCHWARTZ R A, 1988. Liquidity and execution costs in equity markets [J]. The Journal of Portfolio Management, 14 (3): 10-16.

HASBROUCK J, 2007. Empirical market microstructure: the institutions, economics, and econometrics of securities trading [J]. Oxford: Oxford University Press: 312-315.

HASBROUCK J, 2009. Trading costs and returns for U. S. equities: estimating effective costs from daily data [J]. Journal of Finance, 64 (3): 1445-1477.

HENDERSHOTT T, MOUITON P C, 2011. Automation, speed, and stock market quality: The NYSE's hybrid [J]. Journal of Financial Markets, 14 (4): 568-604.

HENDERSHOTT T, RIORDAN R, 2013. Algorithmic trading and the market for liquidity [J]. Journal of Financial and Quantitative Analysis, 48 (4): 1001-1024.

HILL J, 2001. Transaction costs and liquidity in Evolving markets [J]. Super bowl of Indexing Conference (2): 109-116.

HO T, STOLL H, 1981. Optimal dealer pricing under transactions and return uncertainty [J]. Journal of Financial Economics (9): 47-73.

HOLTHAUSEN R W, LEFTWICH R W, MAYERS D, 1990. Large-block transactions, the speed of response, and temporary and permanent stock-price effects [J]. Journal of Financial Economics (26): 71-96.

HOLTHAUSEN R, LEFTWICH R, MAYERS D, 1983. The effect of large block transactions on security prices: across-sectional analysis [J]. Journal of Financial Economics (19): 237-267.

HOPMAN C, 2007. Do supply and demand drive stock prices [J]. Quantitative Finance, 7 (1): 37-53.

HU G, 2009. Measures of implicit trading costs and buy-sell asymmetry [J]. Journal of Financial Markets, 12 (3): 418-437.

HUBERMAN G, STANZL W, 2004. Price manipulation and quasi-arbitrage [J]. Econometrica, 72 (4): 1247-1275.

HUH S W, 2014. Price impact and asset pricing [J]. Journal of Financial Markets (19): 1-38.

HUMPHERY-JENNER H L M, 2011. Optimal VWAP trading under noisy conditions [J]. Journal of Banking & Finance (35): 2319-2329.

IORI G, 2002. A Simulation Analysis of the Microstructure of Double Auction Markets [J]. Quantitative Finance, 2 (5): 346-353.

JACOBY G, FOWLER D, GOTTESMAN A, 2000. The capital asset pricing model and the liquidity effect: A theoretical approach [J]. Journal of Financial Markets (3): 69-81.

JONES C M, LIPSON M L, 1999. Execution costs of institutional equity orders [J]. Journal of Financial Intermediation (8): 123-140.

KANG J, RYU D, 2010. Which trades move futures prices: An analysis of futures trading data [J]. Emerging Markets Finance & Trade (46): 6-21.

KEIM D, MADHAVAN A, 1996. The upstairs markets for large-block transactions: analysis and measurement of price effects [J]. Review of Financial Studies, 9 (1): 1-36.

KIM K, 2010. Electronic and algorithmic trading technology: the complete guide [M]. New

York: Academic Press: 249-264.

KIRILENKO A A, KYLE A S, SAMADI M, et al., 2015. The flash crash: the impact of high frequency trading on an electronic market [M]. Social Science Electronic Publishing.

KISSELL R, GLANTZ M, MALAMUT R, 2004. A practical framework for estimating transaction costs and developing optimal trading strategies to achieve best execution [J]. Finance Research Letters, 1 (1): 35-46.

KISSELL R, MALAMUT R, 2006. Algorithmic decision-making framework [J]. The Journal of Trading, 1 (1): 12-21.

KISSELL R, 2011. TCA in the investment process: An overview [J]. The Journal of Index Investing, 2 (1): 60-64.

KITAMURA Y, 2016. The probability of informed trading measured with price impact, price reversal, and volatility [J]. Journal of International Financial Markets, Institutions and Money (42): 77-90.

KOGAN L, ROSS S A, WANG J, et al., 2006. The price impact and survival of irrational traders [J]. The Journal of Finance, 61 (1): 195-229.

KONISHI H, 2002. Optimal slice of a VWAP trade [J]. Journal of Financial Markets, 5 (2): 197-221.

KONNO H, YAMAZAKI H, 1991. Mean-absolute deviation portfolio optimization model and its application to Tokyo stock market [J]. Management Science (37): 519-531.

KRINSKY I, LEE J, 1996. Earnings announcements and the components of the bid-ask spread [J]. Journal of Finance (51): 1523-1535.

KRITZMAN M, MYRGREN S, PAGE S, 2006. Implementation shortfall [J]. The Journal of Portfolio Management, 33 (1): 25-30.

KUMARESAN M, KREJIĆ N, 2015. Optimal trading of algorithmic orders in a liquidity fragmented market place [J]. Annals of Operations Research, 229 (1): 521-540.

KYLE A S, 1985. Continuous auctions and insider trading [J]. Econometrical, 53 (6): 1315-1335.

LEIPPOLD M, TROJANI F, VANINI P, 2004. A geometric approach to multiperiod mean variance optimization of assets and liabilities [J]. Journal of Economic Dynamics and Control (28): 1079-1113.

LESHIK E, CRALLE J, 2011. An introduction to algorithmic trading: Basic to advanced strategies [J]. New Jersey: Wiley: 146-149.

LESLIE K, 2012. The next generation of execution consulting services: leveraging technology to build relationships [M]. New York: TABB Group.

LÉVY P, 1937. Théorie de L'addition des Variables Aléatoires [M]. Paris: Gauthier- Vilars.

LI D, NG W L, 2000. Optimal dynamic portfolio selection: Multiperiod mean-variance formulation [J]. Mathematical Finance, 10 (3): 387-406.

LILLO F, FARMER J D, MANTEGNA R N, 2003. Master curve for price-impact function [J]. Nature, 421 (9): 129-130.

LIM G, KIM S Y, LEE H, et al., 2007. Multifractal detrended fluctuation analysis of derivative and spot markets [J]. Physica A: Statistical Mechanics and its Applications, 386 (1): 259-266.

LIU W, LUO D, ZHAO H, 2016. Transaction costs, liquidity risk, and the CCAPM [J]. Journal of Banking & Finance (63): 126-145.

LIU W, 2006. A liquidity augmented capital asset pricing model [J]. Journal of Financial Economics, 82 (3): 631-671.

LOBO M S, FAZEL M, BOYD S, 2007. Portfolio optimization with linear and fixed transaction costs [J]. Annals of Operations Research, 152 (1): 341-365.

LODERER C, COONEY J W, DRUNEN L D V, 1991. The price elasticity of demand for common stock [J]. Journal of Finance, 46 (2): 621-651.

LOEB T F, 1983. Trading costs: The critical link between investment information and results [J]. Financial Analysts Journal, 39 (3): 39-43.

LORENZ J, ALMGREN R, 2011. Mean-variance optimal adaptive execution [J]. Applied Mathematical Finance (1): 1-28.

LUX T, ALFARANO S, 2016. Financial power laws: Empirical evidence, models, and mechanisms [J]. Chaos, Solitons & Fractals, 88 (7): 3-18.

MADHAVAN A N, 2002. VWAP strategies [J]. Trading (1): 32-38.

MANDELBROT B B, HUDSON R L, 2004. The (mis) behavior of markets: A fractal view of risk, ruin, and reward [M]. New York: Basic Books.

MANDELBROT B B, 1999. A multifractal walk down Wall Street [J]. Scientific American, 280 (2): 70-73.

MANDELBROT B B, 1967. How Long Is the Coast of Britain? Statistical Self-Similarity and Fractional Dimension [J]. Science, 156 (5): 636-638.

MANDELBROT B B, 1997. Three Fractal Models in Finance: Discontinuity, Concentration, Risk [J]. Economic Notes, 26 (2): 197-212.

MARKOWITZ H, 1952. Portfolio selection [J]. Journal of Finance, 7 (1): 77-91.

MASSIMB M, PHELPS B, 1994. Electronic trading, market structure and liquidity [J]. Financial Analysts Journal, 50 (1): 39-50.

MERTON R C, 1969. Lifetime portfolio Selection under uncertainty: The Continuous-time case [J]. Review of Ecomomics and Statistics, 51 (3): 247-257.

MERTON R C, 1972. An analytic derivation of the efficient portfolio frontier [J]. Journal of financial and quantitative analysis, 7 (4): 1851-1872.

MICHAEL J A, DOUGLAS J C, FENG Z, 2012. Identifying international start dates for algorithmic trading and high-frequency trading [D]. Sydney: University of New South Wales.

MITCHELL J E, BRAUN S, 2013. Rebalancing an investment portfolio in the presence of convex transaction costs, including market impact costs [J]. Optimization Methods and Software, 28 (3): 523-542.

MONCH B, 2009. Liquiding large security positions strategically: A pragmatic and empirical approach [J]. Financial Markets and Portfolio Management, 23 (2): 157-186.

MOSSIN J, 1968. Optimal multi-period portfolio policies [J]. Journal of Business, 41 (2): 215-229.

O'HARA M, GEORGE O, 1986. The microeconomics of market making [J]. Journal of Financial and Quantitative Analysis (21): 361-376.

O'BRIEN J P, DAVID P, YOSHIKAWA T, et al., 2014. How capital structure influences diversification performance: A transaction cost perspective [J]. Strategic Management Journal (35): 1013-1031.

PETERS E E, 1994. Fractal Market Analysis: Applying Chaos Theory to Investment and Economics [M]. New York: John Wiley&Sons, Inc.

PLISKA S R, 1997. Introduction to mathematical finance [M]. Malden: Basil Blackwell: 24-51.

REN F, ZHONG L X, 2012. Price impact asymmetry of institutional trading in Chinese stock market [J]. Physica A: Statistical Mechanics and its Applications (391): 2667-2677.

ROLL R, 1984. A simple implicit measure of the effective bid-ask spread in an efficient market [J]. Journal of Finance, 39 (4): 1127-1139.

RYU D, 2012. The effectiveness of the order-splitting strategy: An analysis of unique data [J]. Applied Economics Letters, 19 (6): 541-549.

RYU D, 2013. Price impact asymmetry of futures trades: Trade direction and trade size [J]. Emerging Markets Review (14): 110-130.

SAMORODNITSKY G, TAQQU M S, 1994. Stable non-Gaussian random processes: stochastic models with infinite variance [M]. Boca Raton: CRC Press Inc.

SCHMITZ J E, 2012. Algorithmic trading in the Iowa electronic markets [J]. Algorithmic Finance, 2 (1): 157-181.

SCHOLTUS M, VAN DIJK D, FRIJNS B, 2014. Speed, algorithmic trading, and market quality around macroeconomic news announcements [J]. Journal of Banking & Finance, 38 (9): 89-105.

SCHWARTZ J E, ROBERT A, FRANCIONI R, et al., 2006. Decision making in equity trading: Using simulation to get a grip [J]. Journal of Trading (4): 59-72.

SHAOXIANG C, 2004. The infinite horizon periodic review problem with setup costs and capacity constraints: a partial characterization of the optimal policy [J]. Operations Research, 52 (3): 409-421.

SHLEIFER A, 1986. Do demand curves for stocks slope down [J]. Journal of Finance (41): 579-590.

SORNETTE D, STAUFFER D, TAKAYASU H, 2002. Market fluctuations II: Multiplicative and percolation models, size effects, and predictions [J]. The Science of Disasters: 410-435.

STOYANOV S V, RACHEVA-IOTOVA B, RACHEV S T, et al., 2010. Stochastic models for risk estimation in volatile markets: a survey [J]. Annals of Operations Research, 176 (1): 293-309.

TANAKA H, GUO P, TÜRKSEN I B, 2000. Portfolio selection based on fuzzy probabilities and possibility distributions [J]. Fuzzy sets and systems, 111 (3): 387-397.

VEROUSIS T, GWILYM A O, 2013. Trade size clustering and the cost of trading at the London Stock Exchange [J]. International Review of Financial Analysis (27): 91-102.

WAGNER W H, BANKS M, 1992. Increasing portfolio effectiveness via transaction cost management [J]. Journal of Portfolio Management (19): 6-11.

WAGNER W H, EDWARDS M, 1993. Best execution [J]. Financial Analysts Journal, 49 (1): 65-71.

WANG Y D, LIU L, GU R B, 2009. Analysis of efficiency for Shenzhen stock market based on multifractal detrended fluctuation analysis [J]. International Review of Financial Analysis, 18 (5): 271-276.

WEBER P, ROSENOW B, 2005. Order book approach to price impact [J]. Quantitative Finance, 5 (4): 357-364.

WEI Y, WANG P, 2008. Forecasting volatility of SSEC in Chinese stock market using multifractal analysis [J]. Physica A: Statistical Mechanics and its Applications, 387 (7): 1585-1592.

WEI Y, WANG Y, HUANG D, 2011. A copula-multifractal volatility hedging model for CSI 300 index futures [J]. Physica A: Statistical Mechanics and its Applications, 390 (23): 4260-4272.

XU W J, DENG X, LI J, 2015. A New Fuzzy Portfolio Model on Background Risk Using MCFOA [J]. International Journal of Fuzzy Systems, 17 (2): 246-255.

YOUNG M R, 1998. A minimax portfolio selection rule with linear programming solution [J]. Management Science (44): 673-683.

YUAN Y, ZHUANG X T, JIN X, 2009. Measuring Multifractality of Stock Price Fluctuation Using Multifractal Detrended Fluctuation Analysis [J]. Physica A: Statistical Mechanics and its Applications, 388 (11): 2189-2197.

ZUNINO L, TABAK B M, FIGLIOLAF A, et al., 2008. A multifractal approach for stock market inefficiency [J]. Physica A: Statistical Mechanics and its Applications, 387 (26): 6558-6566.

陈梦根, 2013. 算法交易的兴起及最新研究进展 [J]. 证券市场导报 (9): 11-17.

陈收，李双飞，黎传国，2010. 订单差、交易量变化对股票价格的冲击［J］. 管理科学学报，13（9）：68-75.

陈志平，袁晓玲，郤峰，2005. 多约束投资组合优化问题的实证研究［J］. 系统工程理论与实践，25（2）：10-17.

池丽旭，庄新田，2010. 中国证券市场的投资者情绪研究［J］. 管理科学（3）：79-87.

方兆本，镇磊，2011. 基于非对称效应 ACD 模型和分时 VWAP 算法对 A 股市场算法交易的量化分析研究［J］. 中国科学技术大学学报，41（9）：753-759.

冯旭南，徐宗宇，2014. 分析师、信息传播与股价联动：基于中国股市信息溢出的研究［J］. 管理工程学报（4）：75-81.

高伟，贺昌政，肖进，2011. 基于 OCA 聚类集成的客户细分模型研究［J］. 情报杂志（6）：164-167，188.

郭朋，2012. 国外高频交易的发展现状及启示［J］. 证券市场导报（7）：56-61.

金秀，刘家和，苑莹，2014. 摩擦市场下加权极大-极小随机模糊投资组合模型及实证［J］. 系统工程理论与实践，34（7）：1662-1670.

金秀，王佳，高莹，2014. 基于动态损失厌恶投资组合模型的最优资产配置与实证研究［J］. 中国管理科学，22（5）：16-23.

林辉，张涤新，杨浩，等，2011. 流动性调整的最优交易策略模型研究［J］. 管理科学学报，14（5）：65-76.

刘逖，2012. 市场微观结构与交易机制设计：高级指南［M］. 上海：上海人民出版社：68-71.

屈文洲，吴世农，2002. 中国股票市场微观结构的特征分析：买卖报价价差模式及影响因素的实证研究［J］. 经济研究（1）：56-63.

饶育蕾，徐莎，彭叠峰，2014. 股价历史新高会导致股票收益异常吗？来自中国 A 股市场的证据［J］. 中国管理科学，22（12）：18-25.

任大源，徐玖平，黄南京，等，2012. 含交易成本和机会成本的极小极大多期投资组合选择模型［J］. 系统工程理论与实践，32（1）：11-19.

王春峰，余思婧，房振明，等，2015. 中国证券市场 Knight 不确定性度量及资产定价研究［J］. 系统工程理论与实践（5）：1116-1122.

徐正国，张世英，2004. 调整已实现波动率与 GARCH 及 SV 模型对波动的预测能力比较研究［J］. 系统工程，22（8）：60-63.

薛宏刚，张川，胡春萍，等，2011. 考虑大宗交易的均值-方差投资组合优化模型及其分支定界算法［J］. 系统工程理论与实践，31（9）：1617-1627.

燕汝贞，李平，曾勇，2014. 一种面向高频交易的算法交易策略［J］. 管理科学学报，17（3）：88-96.

燕汝贞，高伟，2016. 证券市场流动性视角下的市场冲击研究［J］. 投资研究（1）：19-30.

余秋玲，2015. 投资者情绪与股价联动：基于A股市场的面板数据分析［J］. 西南交通大学学报（社会科学版）（2）：109-117.

张伟，李平，曾勇，2008. 中国股票市场个股已实现波动率估计［J］. 管理学报（2）：269-273.

张玉龙，李怡宗，2013. 基于随机折现因子方法的流动性定价机制研究［J］. 管理世界（10）：35-48

张龙斌，2013. 沪深300指数期货在动态组合保险中的应用研究［J］. 管理工程学报，27（4）：137-141.

张艳磊，吴昱，秦芳，2015. 管理层风险承担与公司治理收益：基于中国股市牛熊市下的证据［J］. 投资研究（2）：142-156.

张峥，李怡宗，张玉龙，等，2014. 中国股市流动性间接指标的检验：基于买卖价差的实证分析. 经济学（季刊）（1）：233-262.

赵庆，王志强，2015. 现代投资组合理论应用及发展综述［J］. 浙江工商大学学报，130（1）：82-91.

赵胜民，2010. 算法交易与套利交易［M］. 厦门：厦门大学出版社：162-174.

镇磊，2010. 基于高频数据处理方法对A股算法交易优化决策的量化分析研究［D］. 合肥：中国科学技术大学.

仲黎明，刘海龙，吴冲锋，2002. 机构投资者的最优变现策略［J］. 管理科学学报（5）：18-22.

周忠宝，丁慧，马超群，等，2015. 考虑交易成本的投资组合效率估计方法［J］. 中国管理科学，23（1）：25-33.